PREVIDÊNCIA:
O DEBATE DESONESTO

Subsídios para a ação social e
parlamentar: pontos inaceitáveis da
Reforma de Bolsonaro

CB027614

CONTRACORRENTE

EDUARDO FAGNANI

PREVIDÊNCIA:
O DEBATE DESONESTO

Subsídios para a ação social e
parlamentar: pontos inaceitáveis da
Reforma de Bolsonaro

São Paulo

2019

CONTRACORRENTE

Dados Internacionais de Catalogação na Publicação (CIP)
(Ficha Catalográfica elaborada pela Editora Contracorrente)

F156   FAGNANI, Eduardo.
        Previdência: o debate desonesto: subsídios para a ação social e parlamentar: pontos inaceitáveis da Reforma de Bolsonaro | Eduardo Fagnani – São Paulo: Editora Contracorrente, 2019.

        ISBN: 978-85-69220-56-5

        Inclui bibliografia

        1. Previdência Social – Brasil. 2. Seguridade Social – Brasil. I. Título.

CDU: 364.3(81)

Impresso no Brasil
Printed in Brazil

SUMÁRIO

ÍNDICE DE FIGURAS

AGRADECIMENTOS

Agradeço as críticas e sugestões de André Calixtre, Jorge Abrahão de Castro e Marilane Oliveira Teixeira e o apoio de Charles Alcantara, Presidente da Fenafisco; Floriano Martins de Sá Neto, Presidente da Anfip; e Hélio Rodrigues de Andrade, Presidente do Sindicato dos Químicos de São Paulo.

NOTA DO AUTOR

Este livro é um ato exasperado diante da estúpida imposição de novo retrocesso no processo civilizatório brasileiro. Foi escrito em muitas horas e poucos dias. Era urgente escrever, porque ainda há tempo para agir. Não tive o tempo necessário para corrigir imprecisões, sintetizar o texto e afinar o tom; reutilizei trechos de estudos anteriores. Entrego trabalho visceral, como o momento impõe, e torço por novos tempos.

A redação foi concluída em 30 de maio de 2019. Nessa data, foi possível analisar apenas a proposta original do governo (PEC n. 6 de 2019). Posteriormente, essa proposta foi modificada na Comissão Especial (junho e julho) e no plenário da Câmara dos Deputados (julho). Assim, para atualizar o leitor, redigi um *post scriptum* que, em suas duas partes, analisa os principais pontos que foram alterados, respectivamente, na Comissão Especial e no plenário da Câmara dos Deputados, onde o governo teve fôlego para fazer a tramitação apenas em primeiro turno.

PREFÁCIO

É preciso coragem intelectual para marchar na contramão das unanimidades construídas em torno da Reforma da Previdência. Nas manchetes da mídia impressa e nos blá-blá-blás dos tediosos debates promovidos pelas emissoras de televisão, a cabo e abertas, a reforma é apresentada como a Panaceia Universal. Eduardo Fagnani vai além da coragem e nos oferece uma análise percuciente e abrangente das ameaças que rondam os brasileiros, embuçadas nos disfarces do equilíbrio fiscal e da justiça social.

"Na perspectiva democrática", diz Fagnani, "para que se façam ajustes, o diagnóstico técnico elaborado pelo governo, apontando os reais problemas a serem enfrentados, deve ser amplamente discutido pela sociedade. Entretanto, no Brasil, o diagnóstico é intencionalmente distorcido, impõe falsa ideia da realidade e induz intencionalmente ao erro. Não há debate real, de questões reais. O que se ouve é uma fala convulsiva, mentirosa, ativamente falseada, baseada na desonestidade intelectual de grande parte dos especialistas hoje no poder no Brasil, do próprio governo, do mercado e da mídia corporativa".

Passeio na História. Na década dos 80 do século XIX, Otto von Bismark, o Chanceler de Ferro sob o acicate da industrialização e das pressões do movimento socialista alemão, criou a Seguridade Social fundada no regime de repartição. Empregados e empregadores passaram a contribuir para o fundo comum destinado a prover defesas contra os infortúnios do mundo do trabalho. O Kaiser anunciou o programa em 1881. O auxílio-doença foi criado em 1883, o seguro contra acidentes do trabalho em 1882 e o sistema de aposentadorias em 1889. Os proventos dos aposentados eram modestos e o período de qualificação muito longo.

Nos Estados Unidos Franklin Delano Roosevelt entregou o *Social Security Act* ao povo americano em 1935. Na Inglaterra, na primeira eleição realizada depois de 1945, o trabalhista Clement Attlee derrotou o grande liberal Winston Churchill. Acompanhado por Aneurin Bevan, seu Ministro da Saúde, pai do *National Health Service*, Attlee desenhou a arquitetura do Estado do Bem-Estar britânico, inspirado no relatório preparado por outro liberal, Sir William Beveridge.

Em 1942, na Inglaterra ainda maltratada pela guerra, pelo racionamento e pela debilidade econômica, o liberal Sir William Beveridge, em seu lendário *Relatório*, fincou as estacas que iriam sustentar as políticas do Estado do Bem-Estar. O *Relatório Beveridge* recebeu a colaboração das concepções da *Teoria Geral do Juro, do Emprego e da Moeda* – obra magna do liberal, porém iconoclasta, John Maynard Keynes.

O liberal Beveridge apontou os "Demônios gigantes da vida moderna" que os governos estavam obrigados a enfrentar: carência, doença, ignorância, miséria e inatividade. Em seu *Relatório*, Beveridge proclamou que a ignorância é uma erva daninha que os ditadores cultivam entre seus seguidores, mas que a democracia não pode tolerar entre seus cidadãos.

Essa forma de financiamento da Seguridade Social, o regime de repartição, conheceu seu auge e glória na posteridade da Segunda Guerra, à sombra do Estado do Bem-Estar. O pleno emprego foi colocado como uma meta a ser perseguida pelas políticas econômicas. Muitas Constituições europeias consagraram este princípio. A nova Constituição dizia ser a Itália uma República baseada no direito ao trabalho, assegurado a todos os italianos no artigo 4º. Os Estados Unidos promulgaram uma lei. No pós-guerra, o rápido crescimento das economias capitalistas esteve apoiado numa forte participação do Estado, apoiada na elevação da carga tributária abrigada em um sistema tributário progressivo, medidas destinadas a impedir flutuações bruscas do nível de atividades e a garantir a segurança dos mais fracos diante das incertezas inerentes à lógica do mercado.

O Estado do Bem-Estar estava fundado, sobretudo, na articulação entre trabalhadores e capitalistas, empenhados na construção de instituições destinadas a reduzir a angústia de quem se propõe a assumir riscos e enfrentar os azares do mercado.

As políticas econômicas tinham o propósito de criar empregos e elevar, em termos reais, os salários e demais remunerações do trabalho. O continuado aumento da renda e do emprego fazia crescer a receita dos governos. Os regimes de Seguridade Social nasceram sob a consigna da solidariedade.

Há quem diga que o Brasil, ao promulgar a Constituição de 1988, entrou tardia e timidamente no clube dos países que apostaram na ampliação dos direitos e deveres da cidadania moderna. É um exagero. No primeiro governo Vargas, entre 1930 e 1945 as Caixas de Aposentadoria e Pensões, submetidas ao regime de capitalização, foram progressivamente substituídas pelos Institutos de Aposentadoria e Pensões ocupadas em servir suas respectivas bases profissionais. Assim surgiram o IAPI para os trabalhadores da indústria, o IAPC para os comerciários, entre tantos outros. As reformas de 1965-67 contemplaram a universalização do regime de repartição com a criação do INSS.

A Reforma da Previdência da dupla Guedes-Bolsonaro vem embalada nos conceitos e preconceitos que animam os paladinos do conservadorismo econômico. A inteligência brasileira, ou a falta dela, está a se afogar nas esperanças angustiadas da cura redentora. Entre tantas propriedades milagrosas da Reforma, a mais proclamada é a volta do crescimento vigoroso amparada nas expectativas favoráveis dos mercados, embevecidos com a coragem e presteza do novo governo. Finalmente, dizem, um governo empenhado em exorcizar definitivamente o demônio do desequilíbrio fiscal.

Os desconfiados que ainda deambulam nos vazios das certezas, indagam de seu bom senso se a badalada Reforma tem mesmo as virtudes apregoadas *urbe et orbi*. Os alegados propósitos de maior equidade estão negados nos golpes assentados nos miseráveis amparados pelos Benefícios de Prestação Continuada e nos trabalhadores rurais.

Os argumentos dos reformistas partem de um fenômeno demográfico: o Brasil envelheceu. Uma boa notícia: o IBGE informa que a esperança de vida dos brasileiros e brasileiras alcança 74,4 anos.

O envelhecimento juntou-se à queda acentuada da taxa de natalidade, promovida pela rápida urbanização que acompanhou a industrialização eloquente das três primeiras décadas do pós-guerra. Se há males que vêm para o bem, há bens que vêm para o mal. No regime de repartição, já foi dito, os que trabalham financiam os que estão aposentados. No galope do tempo, a "nova" dinâmica populacional promete um desequilíbrio perverso entre os que trabalham e contribuem com a Previdência e aqueles que se aposentam e abocanham os benefícios.

Os estudos sobre as consequências da globalização produtiva e da rápida introdução das novas tecnologias vislumbram o crescimento dos trabalhadores ditos independentes, em tempo parcial e a título precário, sobretudo nos serviços, e a destruição dos postos de trabalho mais qualificados na indústria. O inchaço do subemprego e da precarização não só achata, como torna incertos os rendimentos dos trabalhadores, além de desobrigar os empregadores de prestar sua contribuição.

Na nova economia "compartilhada", "do bico", ou "irregular", prevalece a incerteza a respeito dos rendimentos e das horas de trabalho. As projeções da Organização Internacional do Trabalho estimam que, nos próximos cinco anos, mais de 40% da força de trabalho global estará submetida ao emprego precário. Essas transformações nos mercados de trabalho fragilizaram inexoravelmente o regime de repartição. A carteira verde-amarela de Paulo Guedes vai jogar mais água na fervura.

É uma ilusão imaginar que o regime de capitalização possa remediar os riscos embutidos nas transformações em curso nos mercados de trabalho. A experiência das últimas décadas nos Estados Unidos revela os riscos das reformas previdenciárias apoiadas no regime de capitalização.

PREVIDÊNCIA: O DEBATE DESONESTO

Os professores Deborah Thorne, Pamela Foohey, Robert M. Lawless e Katherine Porter publicaram recentemente o estudo *A Falência dos Aposentados nos EUA: a vida em uma sociedade de risco*.

O estudo demonstra de forma cabal e insofismável que a rede de segurança social para os norte-americanos mais velhos encolheu nas últimas décadas. Para não maltratar a excelente introdução da pesquisa, em muitos parágrafos vou reproduzir quase *ipsis verbis* a argumentação dos autores.

Para começar, abro aspas: "Os riscos associados ao envelhecimento, redução da renda e aumento dos custos de saúde têm sido descarregados no lombo dos aposentados". Os velhos aposentados estão cada vez mais propensos a buscar a proteção da falência pessoal (*personal bankrupcy*), uma instituição inexistente no Brasil.

Os dados obtidos pelos professores comprovam que, desde 1991, dobrou a taxa anual de ingresso de idosos nos processos de falência e quase quintuplicou a porcentagem de idosos (mais de 65 anos) em situação de falência pessoal. A velocidade do crescimento das falências na população idosa é de tal ordem, diz o estudo, que fatores demográficos, como a expectativa de vida, explicam apenas uma parte modesta do fenômeno. "Nossos dados constataram que os fatores predominantes estão associados aos riscos financeiros, ou seja, rendimento insuficiente e aumento incontrolável dos custos dos cuidados com a saúde". Como resultado, aumentaram os encargos financeiros: entre os idosos que recorreram à falência pessoal, a mediana do patrimônio líquido acusa uma posição negativa de 17.390 dólares, em comparação com mais de 250 mil positivos para seus pares não falidos.

A história dos Estados Unidos registra um longo período de desprezo pelos mais velhos, vistos como párias. Muitos passaram seus últimos anos sem abrigo ou em um asilo igualmente horrível.

No início do século XX, as atitudes para com os norte-americanos mais velhos mudaram e os riscos da velhice diminuíram. Em vez de descartá-los, começou-se a aceitar o bem-estar do idoso como uma responsabilidade coletiva. Franklin Delano Roosevelt, como já foi dito, entregou o *Social Security Act* em 1935. O *act* fortaleceu o consumo de massa ao proteger os mais débeis dos problemas criados pela insegurança econômica. A elevação da carga tributária e o caráter progressivo dos impostos transferiram renda dos mais ricos para os mais pobres e remediados. A rede de segurança social para os idosos evoluiu para incluir na segurança social o *Medicare*, o *Medicaid* e a pensão de benefício definido. Consequentemente, o envelhecimento tornou-se uma condição de risco mitigado.

A preocupação nacional com o bem-estar dos mais velhos retrocedeu a partir do início da década de 1980. Conservadores, defensores do livre-mercado e a mídia promoveram a imagem dos velhos como "uma ameaça à viabilidade econômica", como ladrões de nossos filhos e como os "responsáveis por problemas econômicos da nação". Certamente, os atentos leitores perceberam que qualquer semelhança com a argumentação tosca das autoridades e comentaristas midiáticos brasileiros não é mera coincidência.

Nos momentos que se seguiram à apresentação das medidas, o governo prometeu uma reforma tributária. As propostas vão desde o imposto único sobre transações financeiras até o igualitarismo do Secretário de Política Econômica, Afonso Sachsida: todos pagam a mesma alíquota de imposto de renda, a mais baixa possível.

Fagnani argumenta com razão que os reformistas iludem a plateia com o "embuste fiscalista [que] foca apenas no aumento das despesas previdenciárias e omite a drástica redução das receitas provocada pela ´austeridade´ econômica praticada desde 2015 que colocou a economia, o mercado de trabalho, a Previdência e o bar da esquina ´no fundo do poço´". Não se admite o óbvio: a ampliação do desemprego e da informalidade derrubou as receitas da contribuição dos empregados e empregadores, para a Previdência; a atividade econômica débil reduziu o faturamento e os lucros das empresas sobre os quais incidem as contribuições sociais que financiam a Seguridade; a reforma trabalhista, que cria postos de trabalho temporários, parciais, precários e intermitentes, prejudicou a arrecadação previdenciária. E não se faz ajuste fiscal com reforma excludente da Previdência, porque há fortes movimentos de antecipação das aposentadorias, que ampliam os gastos".

PREVIDÊNCIA: O DEBATE DESONESTO

Especialistas da finança proclamam os efeitos deletérios dos direitos sociais, exigindo a revisão da Constituição de 1988, dizem eles, a culpada pela crise das finanças públicas – não obstante os superávits primários de 1998 a 2013. A pertinente e necessária demanda por equilíbrio ao longo do tempo entre receitas e despesas públicas encontra nos aposentados e trabalhadores os criminosos responsáveis pelo "ataque" ao orçamento público.

Sob o véu diáfano da economia científica (*sic*) abriga-se no orçamento o conflito de interesses entre quem recebe e quem paga no esforço coletivo de construção da riqueza social e de sua distribuição entre agentes e pacientes.

Uma análise da carga tributária no Brasil publicada pela Receita Federal apontou que a maior incidência é sobre bens e serviços, que representam 51,02% do total da carga tributária. Esses tributos incidem sobre os gastos da população na aquisição de bens e serviços, independentemente do nível de renda. Pobres e ricos pagam a mesma alíquota para comprar o fogão e a geladeira, mas o Leão "democraticamente" devora uma fração maior das rendas menores.

Já os tributos incidentes sobre renda contribuem com parcos 18,02% para a formação da carga total, enquanto os impostos sobre o patrimônio representam desprezíveis 4,17%, superando apenas os tributos sobre transações financeiras, que contribuem com 1,61% da carga tributária.

Nos liberais Estados Unidos aproximadamente 45% da carga tributária incidem sobre a renda, lucros e ganho de capital e menos de 20% sobre bens e serviços. Na desenvolvida Dinamarca a participação da tributação sobre renda, lucros e dividendos chega a quase 65% da carga.

Comparações de carga tributária devem ser feitas com cuidado, mas os dados não deixam dúvida de que o Brasil ocupa o pódio na disputa entre as estruturas tributárias mais regressivas do mundo.

Para o *Comando de Caça aos Direitos Sociais*, as narinas do Dragão da Maldade fumegam as irracionalidades das demandas das camadas subalternas, aquelas que não cabem no Orçamento, flagrante no déficit de R$ 151,9 bilhões da Previdência Social em 2016.

Após sete anos de superávits sucessivos, a previdência urbana fechou 2016 com déficit de R$ 46,8 bilhões, decorrente da queda de 6,5% na arrecadação e aumento de 7,4% nos gastos com pagamento de benefícios em relação a 2015. As bocas tortas do austericídio não se cansam de sugerir que a fornicação desregrada do passado produziu um envelhecimento súbito e sincronizado da população urbana em 2016. Esse descontrole imaginário da libido coletiva despreza o desemprego dobrado de 2014 para cá, combinado com o aumento de pedidos de aposentadoria – um clássico ante os anúncios de reformas que prometem penalizar os trabalhadores.

A Previdência Rural, criticada como a principal responsável pelo chamado "rombo", pagou R$ 113 bilhões em benefícios rurais e arrecadou R$ 8 milhões em 2016. Segundo estudo do Ministério do Desenvolvimento Agrário, 83,6% dos ocupados agrícolas brasileiros não contribuem para a Previdência, já que 67% não são assalariados.

Ana Magalhães, da agência Repórter Brasil, realizou um trabalho edificante ao ir a campo e dar vida aos números da previdência. O agricultor Espedito (com S mesmo) Eusébio de Souza, de 73 anos, ao entrar para o grupo de 9,5 milhões de pessoas beneficiadas pela Previdência Rural, retirou sua família da linha da miséria, não precisando mais caminhar 60 km do interior do Piauí até a divisa com Pernambuco em busca de "uma diariazinha", e conseguiu pagar R$ 4.800 por um poço artesiano, em parcelas.

Na cidade de Paulistana no Piauí, onde as aposentadorias rurais injetaram R$ 77 milhões no ano de 2016, a reportagem de Ana Magalhães observou a simbiose entre distribuição e formação da renda: segundo comerciantes do município, as vendas aumentam 40% na época do pagamento dos benefícios.

A dissonância entre a ciência (*sic*) dos sábios e a vida real fica patente na entrevista do Prefeito da cidade, que sinaliza ser favorável à Reforma da Previdência, mas reconhece: "quando as aposentadorias eram de meio salário mínimo, não dava para nada. Quando passou a ser de um mínimo, os comerciantes viram o dinheiro circular". O valor médio dos benefícios pagos pela Previdência de janeiro a dezembro de 2016 foi de R$ 1.283,93. A maior parte dos benefícios (68,6%) – incluídos assistenciais – pagos, em dezembro de 2016, tinha valor de até um salário mínimo, contingente de 23,1, milhões de benefícios.

"Cientistas" da Economia malsinam: "o sistema de Previdência Rural atual funciona como um programa de distribuição de renda, como o Bolsa Família, e isso é um erro". Não por acaso, a ironia de Dostoiévski registrou em Crime e Castigo: *"o senhor Liiebiesiátnikov, que está a par das novas ideias, explicou-me, não há muito tempo, que a compaixão, em nossos tempos, é proibida pela ciência e que é assim que se procede na Inglaterra, onde existe a Economia Política".*

Os brasileiros deram na Constituinte os primeiros passos para alcançar os direitos do indivíduo moderno, e hoje aspiram à liberdade não só porque têm direito a escolher seu presidente, mas, sobretudo, porque anseiam exercer os direitos da cidadania, o que ultrapassa a simples condição de eleitor. É uma ilusão imaginar que mais um acordo "pelo alto", respaldado numa suposta "racionalidade econômica" possa encaminhar uma solução "estrutural" para o financiamento dos encargos e responsabilidades do Estado brasileiro.

O advogado Lùzin, personagem de Crime e Castigo, propagandista das ideias do liberalismo econômico pondera: "Há um limite para tudo. A Teoria Econômica não é ainda um convite ao homicídio".

Diante das transformações dos mercados de trabalho, os sistemas de seguridade social não podem mais depender da contribuição tripartite-empresas-trabalhadores-Estado. Devem estar apoiados na solidariedade: todos contribuem para o fundo comum. Assim as "contribuições" se aproximariam dos impostos sobre os rendimentos e sobre o patrimônio. Os impostos gerais de caráter progressivo teriam participação crescente no financiamento da seguridade.

Mas, nos santuários neoliberais, cresce a resistência à utilização de transferências fiscais e previdenciárias, aumentando ao mesmo tempo as resistências à capacidade impositiva do Estado. A globalização, ao tornar mais livre o espaço de circulação da riqueza e da renda dos grupos privilegiados, desarticulou a base tributária assentada na prevalência dos impostos diretos sobre a renda e a riqueza. A ética da solidariedade é substituída pela ética da competitividade e da eficiência e, dessa forma, os programas de redistribuição de renda, reparação de desequilíbrios sociais e assistência a grupos marginalizados têm encontrado forte resistência na casamata dos enriquecidos. Hoje, o novo individualismo encontra reforço e sustentação no aparecimento de milhões de "empreendedores" terceirizados e autonomizados, criaturas das mudanças nos métodos de trabalho e na organização da grande empresa.

Prof. Luiz Gongaza Belluzzo

O DEBATE DESONESTO

Ajustes periódicos na Previdência são necessários e muitos países desenvolvidos realizaram ajustes após a crise financeira internacional de 2007-2008, por meio de mudanças progressivas que terão vigência plena no início de 2030. Nem por isso destruíram seus sistemas de proteção social.

Na perspectiva democrática, para que se façam ajustes, o diagnóstico técnico elaborado pelo governo, apontando os reais problemas a serem enfrentados, deve ser amplamente discutido pela sociedade. Entretanto, no Brasil, o diagnóstico é intencionalmente distorcido, impõe falsa ideia da realidade e induz intencionalmente ao erro. Não há debate real, de questões reais. O que se ouve é uma fala convulsiva, mentirosa, ativamente falseada, baseada na desonestidade intelectual de grande parte dos especialistas hoje no poder no Brasil, do próprio governo, do mercado e da mídia corporativa.

Para facilitar o movimento de iludir a sociedade, tratam a Previdência como um bloco monolítico, desconsiderando a especificidade de cada um dos subsistemas que a compõem: Regime Geral da Previdência Social (RGPS); Regime Próprio de Previdência Social (RPPS): Previdência dos Servidores Federais (civis); Previdência dos Servidores Estaduais; Previdência dos Servidores Municipais; Previdência dos Militares; e Previdência dos Parlamentares.

A engambelação não considera que muitos ditos "privilégios" supostamente existentes na atualidade já foram corrigidos pela edição de diversas Emendas Constitucionais e de dezenas de Leis Complementares nas últimas três décadas. Onde, afinal, reside o problema? Em quais desses subsistemas? Em todos eles? O que foi reformado? O que falta reformar?

O alarmismo propõe a igualdade entre desiguais, desprezando a evidência de que a realidade socioeconômica de um trabalhador nordestino não é a mesma de um Ministro do Supremo Tribunal Federal; e quer reformar a Previdência dos mais pobres, pela introdução, nos sistemas brasileiros, de regras de acesso praticadas em nações desenvolvidas.

O embuste fiscalista foca apenas no aumento das despesas previdenciárias e omite a drástica redução das receitas provocada pela "austeridade" econômica praticada desde 2015 que colocou a economia, o mercado de trabalho, a Previdência e o bar da esquina "no fundo do poço". Não se admite o óbvio: a ampliação do desemprego e da informalidade derrubou as receitas da contribuição dos empregados e empregadores para a Previdência; a atividade econômica débil reduziu o faturamento e os lucros das empresas sobre os quais incidem as contribuições sociais que financiam a Seguridade; a Reforma Trabalhista, que cria postos de trabalho temporários, parciais, precários e intermitentes, prejudicou a arrecadação previdenciária. E não se faz ajuste fiscal com reforma excludente da Previdência, porque há fortes movimentos de antecipação das aposentadorias, que ampliam os gastos.

O vale-tudo contempla chantagens descabidas de toda espécie, praticadas por altos dirigentes do governo como, por exemplo, o Ministro da Economia[1] e o Ministro da Educação.[2]

---

[1] "O buraco da Previdência virou um buraco negro fiscal que ameaça engolir o Brasil. (...) Estamos à beira de um abismo fiscal. Vamos nos endividar para pagar Bolsa Família, BPC, Plano Safra e as aposentadorias do regime geral, INSS. Estamos nos endividando para pagar despesas correntes. Não deveria ser normal" – disse Paulo Guedes. BRONZATI. Aline; RODRIGUES. Lorenna. O Estado de São Paulo, São Paulo, 14 maio 2019. Economia. Disponível em: https://economia.uol.com.br/noticias/estadao-conteudo/2019/05/14/guedes-vamos-nos-endividar-para-pagar-despesas-correntes-nao-e-normal.htm?cmpid=copiaecola. Acesso em 19.06.2019.

[2] "A partir de setembro, elas (as Universidades Federais) teriam que cortar, mesmo se não for descontingenciado. Então, a grita que está tendo é que em setembro pode faltar

Sem argumentos consistentes, os formuladores da proposta fogem do debate técnico qualificado, decretam sigilo sobre estudos e estatísticas,[3] optam por comprar o voto parlamentar,[4] gastam milhões com propagandas enganosas[5] e contratam, a peso de ouro, "celebridades" milionárias para enganar a sociedade.[6]

O objetivo velado da "Reforma" da Previdência

Não há vontade de debater porque não há argumentos, só falácias que podem ser facilmente desmascaradas. Não se quer fazer reforma alguma, porque o propósito velado é dar sequência ao processo de implantação do projeto ultraliberal no Brasil, o que requer, dentre outros fatores, a destruição do modelo de sociedade pactuado em 1988. A "Reforma" da Previdência é outra peça deste processo que vem sendo ensaiado desde 1989, que ganhou força a partir de 2016, e que passou a

---

o recurso se não for descontingenciado. Daqui até lá, acho que vai ser aprovada a nova Previdência, a economia vai recuperar" – afirmou Abraham Weintraub. *Agência Brasil*, 14 maio 2019. Disponível em: https://noticias.uol.com.br/ultimas-noticias/agencia-brasil/2019/05/14/weintraub-nova-previdencia-pode-trazer-mais-verbas-para-universidades.htm?cmpid=copiaecola. Acesso em 19.06.2019.

[3] Guedes: "Vamos nos endividar para pagar despesas correntes, não é normal." BRONZATI. Aline; RODRIGUES. Lorenna. *O Estado de São Paulo*, São Paulo, 14 maio 2019. Disponível em: https://economia.uol.com.br/noticias/estadao-conteudo/2019/05/14/guedes-vamos-nos-endividar-para-pagar-despesas-correntes-nao-e-normal.htm?cmpid=copiaecola. Acesso em 19.06.2019.

[4] Governo oferece R$ 40 mi em emendas para deputados que votarem pela reforma, *Folha de São Paulo*, São Paulo, 24 abr. 2019. Disponível em: https://www1.folha.uol.com.br/mercado/2019/04/governo-dara-r-40-mi-em-emendas-a-cada-deputado-que-votar-pela-reforma.shtml. Acesso em 19.06.2019.

[5] URIBE, Gustavo. *Campanha da reforma da Previdência custará R$ 37 milhões. Folha de São Paulo*, São Paulo, 20 maio 2019. Disponível em: https://www1.folha.uol.com.br/mercado/2019/05/campanha-da-reforma-da-previdencia-custara-r-37-milhoes.shtml. Acesso em 19.06.2019.

[6] MEGALE, Bela. *Luciana Gimenez e Ratinho farão propaganda de reforma da Previdência*, *O Globo*, Rio de Janeiro, 07 maio 2019 Disponível em: https://blogs.oglobo.globo.com/bela-megale/post/luciana-gimenez-e-ratinho-ganharao-para-fazer-propaganda-da-previdencia.html. Acesso em 19.06.2019.

ser tocada em marcha acelerada desde o início de 2019. Para que esse objetivo implícito não seja revelado, a estratégia que resta é disseminar a desinformação e o terror, para assim fazer crer que o destino da nação dependeria, exclusivamente, da "Reforma" da Previdência.

Ao incluir o Regime Geral da Previdência Social (RGPS) e o Benefício de Prestação Continuada (BPC) na "Reforma", o projeto ultraliberal cumpre agora o objetivo de acabar com a Seguridade Social, um dos cernes do Estado Social inscrito na Constituição da República (CF).

Adverte-se que, em função do seu caráter excludente, a "Reforma" extinguirá no Brasil as garantias asseguradas no art. 25 da clássica Declaração Universal dos Direitos Humanos de 1948, dado que não estará garantido a todos "o direito à segurança em caso de desemprego, doença, invalidez, viuvez, velhice ou outros casos de perda dos meios de subsistência fora de seu controle".

A "Reforma" também se choca com a Convenção n. 102 da OIT (1952), da qual o Brasil é signatário, que define "normas mínimas para a Seguridade Social" frente a nove contingências clássicas: idade avançada, maternidade, acidente de trabalho, responsabilidades familiares, desemprego, tratamento médico, morte, invalidez e enfermidade.[7]

O propósito deste livro é apresentar argumentos a favor de que o RGPS e o BPC sejam retirados da "Reforma" da Previdência. Problemas que houvesse aí já foram equacionados por reformas anteriores. Esses segmentos podem requerer alguns ajustes pontuais, mas, definitivamente, não requerem nova reforma estrutural, cujo objetivo muito visível é destruí-los. É execrável que se diga que haveria privilegiados, em um sistema de proteção social que oferece benefícios próximos de R$ 1.300,00.

---

[7] A Proposta de Emenda Constitucional (PEC) n. 9/2019 também confronta várias outras Convenções da OIT: 103, de 1953 (proteção à maternidade); 118, de 1962 (igualdade de tratamento); 121, de 1964 (acidentes de trabalho e doenças ocupacionais); 128, de 1967 (aposentadoria por idade, por invalidez e pensão por morte); 130, de 1969 (assistência à saúde); 157, de 1982 (conservação de direitos); e 168, de 1988 (fomento do emprego e prevenção do desemprego).

O trabalho também sublinha que a introdução do Regime de Capitalização Individual tem de ser descartada integralmente, porque é uma via de destruição do RGPS, pela queda de receitas, além de ser "experiência que fracassou" em todo o mundo (OIT, 2019).

Essa contribuição ao debate tem o objetivo de oferecer subsídios para a ação parlamentar e sindical e dos demais setores da sociedade que não aceitam um novo retrocesso no incipiente processo civilizatório brasileiro.

Capítulo I

ONDE ESTÁ O PROBLEMA?

Há duas posições opostas, ambas incorretas, sobre a "Reforma" da Previdência. De um lado, a visão daqueles que são irrestritamente favoráveis, desconsiderando a diversidade e a especificidade dos vários sistemas de Previdência existentes no Brasil. Em geral, essa visão ancora-se em casos específicos e minoritários, generalizados para "comprovar" que haveria "distorções gritantes" e "privilégios inaceitáveis". Observe-se o que escreveram dois *experts* de plantão nas respectivas "sentenças" condenatórias:

> "Em abril, o ex-procurador-geral da República Rodrigo Janot se aposentou, aos 62 anos. Felizardo, é um dos que curtem o ócio sem se preocupar com dinheiro. Ao contrário da maioria dos brasileiros, ele terá uma remuneração polpuda, equivalente ao seu último salário, de R$ 37.328,65 reais. O ex-servidor do Ministério Público ingressou na carreira por meio de concurso em 1984".[8]

O primeiro erro da visão generalizadora é que os problemas apontados no caso do ex-Procurador-Geral já foram corrigidos pela

---

[8] VIDOTTO, Hugo; BRONZATTO; Thiago. *Ajuste de contas*, *Veja*, São Paulo, 26 maio 2019.

Emenda Constitucional (EC) n. 42/2003 que, entre outras modificações, acabou com a integralidade. Em outras palavras, desde 2003, o valor da aposentadoria deixou de equivaler ao último salário integral da ativa; e pela EC n. 70/2012, a qual, dentre outras mudanças, impõe o teto de benefício de R$ 5.839,45, equivalente ao que é praticado para o trabalhador da iniciativa privada. Portanto, quem entrou no serviço público federal a partir de 2012 não poderá se aposentar com benefício de "marajá" e receberá no máximo o teto do aposentado pelo INSS.

O segundo erro da visão generalizadora é que ela avaliza a reforma do RGPS e do BPC que paga benefícios em torno do piso do salário-mínimo. É execrável que uma autoridade com responsabilidades públicas afirme que um sistema de proteção que paga benefícios próximos do piso do salário-minimo apresentaria "distorções gritantes" e "privilégios inaceitáveis".

De outro lado, há a visão daqueles que são totalmente contrários a qualquer reforma; essa visão também é equivocada, porque essa visão fecha os olhos ao fato de que, apesar das diversas correções já feitas, ainda restam pontos a serem reformados e privilégios a serem combatidos.

Dessa forma, a primeira tarefa que se impõe é determinar qual segmento da Previdência tem de ser reformado. Como aponta Guilherme Delgado, há duas teses implícitas, e sem fundamento, que são divulgadas pelos especialistas do governo e do mercado, e amplamente repercutidas sem trégua pela mídia. A primeira é que haveria um "**sistema previdenciário único**", todo ele contaminado por privilégios – o que não corresponde à realidade:

> "Na verdade, há três sistemas previdenciários autônomos na ordem constitucional, com regras distintas, públicos distintos e finalidades também distintas. Apenas um é de **Previdência Social** – o **Regime Geral de Previdência Social**, gerido pelo **INSS**, cujas regras e conceitos o incluem no sistema da **Convenção 102/52** da **Organização Internacional do Trabalho (OIT)**, portanto passível de comparação internacional. O segundo sistema – **RPPS** (Regimes Próprios de Previdência

do Serviço Público) –, conquanto previsto constitucionalmente em outro campo (Arts. 40-42, que tratam do serviço público), contém regras, públicos-alvo, formas de financiamento e gestão completamente distintas do **RGPS**. Compõe-se, segundo nos informa a **Exposição de Motivos – EM 029/2019**, do RPPS na União, Estados e Municípios de grande e médio porte. Ademais, na prática esse sistema se segmenta em dois blocos: o primeiro, dos servidores públicos civis da União, Estados e Municípios; e o segundo, das Forças Armadas da União e das Polícias Militares e Corpos de Bombeiros dos Estados.

O terceiro (ou quarto) sistema, considerada a bipartição do anterior, é o da **Previdência Complementar Privada**, cuja regra de ouro é: "de contribuição definida exclusiva", ou seja, não há **benefício previdenciário** predefinido às situações incapacitantes ao trabalho, como nos demais citados, que são regimes de repartição correntes das contribuições dos ativos aos benefícios dos inativos. Já no sistema da **Previdência Privada**, o benefício vai depender da capitalização individual de contas de poupança financeira no longo prazo, sob gestão de fundos específicos, sem quaisquer garantias de rentabilidade. Isto diferencia de forma crucial esse terceiro sistema dos demais (RGPS e RPPS), que se caracterizam por contribuição e benefícios predefinidos por regras legais.

Os três sistemas têm em comum o fato de consumirem recursos públicos. No caso específico do terceiro, naquilo que corresponde aos aportes do empregador (União, Estados e Municípios) e dos seus servidores aderentes ou compulsoriamente incluídos na Previdência Complementar dos Servidores Públicos a partir de 2013, quando se cria e regulamenta o Funpresp (Fundação de Previdência Complementar do Servidor Público Federal)".[9]

---

[9] FACCHIN, Patrícia. *Reforma da Previdência. Projeto conspira simultaneamente contra a Justiça social e o equilíbrio das finanças públicas. Entrevista especial com Guilherme Delgado. Institutos Humanitas Unisinos – IHU*, 28 mar. 2019. Disponível em: http://www.ihu.unisinos. br/587847-reforma-da-previdencia-projeto-conspira-simultaneamente-contra-a-justica-social-e-o-equilibrio-das-financas-publicas-entrevista-especial-com-guilherme-delgado ?fbclid=IwAR2nLeEX1LICbCMrWtLP8Evfn8cqlkj0A4a0iOF7HEqtYisvTHQavBm H28g. Acesso em 19.06.2019.

A segunda tese generalizante e equivocada brota do "discurso do déficit" – o qual também é declarado único. Não se considera que cada um dos três grandes sistemas de Previdência tem sistemas próprios e específicos de financiamento. No caso do RGPS, omite-se que essas fontes são asseguradas pela Constituição da República, que tem sido descumprida desde que foi promulgada em 1988, pois não são contabilizadas as Contribuições Tributárias da Seguridade Social que correspondem à "contribuição do governo" no sistema tripartite de financiamento implantado no Brasil desde a década de 1930. Nas palavras de Delgado:

> "A Exposição de Motivos n. 29/2019, que justifica a atual Proposta de Emenda Constitucional (PEC n. 06/2019), apresenta os dados de 2017 da despesa e do déficit de caixa do RGPS (2,4% do PIB), que desapareceria quando acorresse às Contribuições Tributárias da Seguridade Social, ora vedadas pela EC do teto de gastos primários; enquanto os RPPS agregados geraram 3,1% de déficit de caixa e, neste caso, mais de metade deste déficit oriundo das áreas militares. Esses dados são do ápice da crise econômica (2017), inadvertidamente projetados décadas à frente, quando há toda uma base empírica disponível do período 2000-2013, equilibrada para o caso da Previdência Social, ou seja, com participação normal nas Contribuições do Orçamento da Seguridade Social, da ordem de 1,0 a 1,5% ao ano. Observe-se que 2017 é o terceiro ano de forte contração econômica, com perdas absolutas e relativas de receita previdenciária na área do RGPS. Esse sistema abrange mais de 65 milhões de segurados ativos e pagamentos mensais de mais de 30,0 milhões de benefícios, enquanto os RPPS abrangem, segundo a própria Emenda Constitucional, 5,7 milhões de segurados ativos e pouco mais de 3,8 milhões de beneficiários diretos inativos. (...) Os dados do déficit, conquanto fortemente incidentes sobre o segundo sistema, RPPS, segundo os próprios dados oficiais, presta-se quase que dominantemente a uma estratégia de extração de recursos do primeiro sistema (RGPS), como se verá no texto da PEC n. 06/2019. Por sua vez, o governo estima, segundo a citada EM, em R$ 3,449 trilhões o volume de recursos a serem retirados do RGPS em 20 anos, ou 76,7% de um número ideal de 4,5 trilhões, a serem extraídos dos dois primeiros sistemas. E no

caso dos servidores públicos, os militares estão de fora dessa PEC; entrarão posteriormente (...) praticamente isentos de restrições".[10]

Essa mesma visão oficial equivocada, que entende (erradamente) que haveria no Brasil "um sistema previdenciário único" e um suposto "déficit" único, desconsiderando-se, em ambos os casos, a especificidade da organização e do financiamento dos três grandes sistemas previdenciários, também omite que nas últimas três décadas foram aprovadas por várias Emendas Constitucionais e dezenas de leis complementares reformando os diversos subsistemas da Previdência. Todas essas medidas teriam sido inócuas? Nenhum dos pontos críticos revisitados hoje teria sido corrigido antes? Seria talvez necessária alguma nova reforma estrutural de caráter amplo, geral e irrestrito? Mas que pontos, afinal, requerem mudança estrutural, e que pontos requerem ajustes pontuais? Afinal: o que já foi reformado e o que ainda falta reformar?

1.1 O problema não está nos servidores federais que ingressaram após 2012

Uma reforma da Previdência deve equacionar os problemas que serão sentidos no futuro. As mudanças devem ser graduais envolvendo um longo período de transição. Após a crise financeira de 2007-2008, diversos países desenvolvidos – cuja realidade socioeconômica não se compara a do Brasil – ampliaram a idade mínima para a aposentadoria, de 65 para 67 anos, que aumenta, gradualmente, até o final da década de 2020 e início da década de 2030.

No caso do Brasil, isso já foi feito no caso do RPPS dos servidores civis. A questão financeira desse segmento no longo prazo foi equacionada

---

[10] FACCHIN, Patrícia. *Reforma da Previdência. Projeto conspira simultaneamente contra a justiça social e o equilíbrio das finanças públicas. Entrevista especial com Guilherme Delgado. Institutos Humanitas Unisinos – IHU*, 28 mar. 2019. Disponível em: http://www.ihu.unisinos.br/587847-reforma-da-previdencia-projeto-conspira-simultaneamente-contra-a-justica-social-e-o-equilibrio-das-financas-publicas-entrevista-especial-com-guilherme-delgado?fbclid=IwAR2nLeEX1LICbCMrWtLP8Evfn8cqlkj0A4a0iOF7HEqtYisvTHQavBmH28g. Acesso em 19.06.2019.

pela Emenda Constitucional n. 70/2012, posteriormente regulamentada pela Lei n. 12.618/2012 que instituiu a Fundação de Previdência Complementar (Funpresp) para os Servidores Públicos Federais do Poder Executivo, Legislativo e Judiciário (exceto os Militares) que ingressam na carreira a partir da edição de 2012. A Lei fixa o teto de aposentadoria semelhante ao RGPS (R$ 5.839,45). Isso significa que a partir de meados da década de 2040 não haverá aposentadoria maior que o teto. Essa equalização entre os RGPS e o RPPS estabelece que os servidores que desejam uma aposentadoria maior devem contribuir para a previdência complementar.

1.2 O problema financeiro de longo prazo do RPPS Federal (Civil) está equacionado

Desde o início da década passada os gastos com aposentadorias e pensões dos servidores públicos civis federais vêm caindo progressivamente em função de cinco fatores principais.

Em primeiro lugar, a Emenda Constitucional n. 41/2003 pôs fim à paridade entre a correção monetária dos valores das aposentadorias e a correção dos salários dos trabalhadores ativos.

Em segundo lugar, porque a mesma Emenda Constitucional também pôs fim ao recebimento da aposentadoria com valores que reproduziam a integralidade do salário antes da aposentadoria.

Em terceiro lugar, porque a Emenda Constitucional n. 41/2003 também determinou que todos os servidores públicos que recebem acima do teto do INSS passassem a contribuir com alíquota de 11%. Essa imposição também foi estendida para os inativos. Ou seja, os aposentados continuam a contribuir para o RPPS, o que desarma o falacioso argumento da "bomba-demográfica".

Em quarto lugar, como mencionado, pela fixação para o RPPS do mesmo teto de benefícios praticado no RGPS (R$ 5.839,45), no caso dos servidores ingressantes a partir de 2012, conforme determinado pela Emenda Constitucional n. 70/2012, regulamentada pela Lei n. 12.618/2012, que instituiu a Funpresp.

Em quinto lugar, em função da taxa de mortalidade dos servidores que começaram a trabalhar antes de 2012, cuja reposição será feita pelas novas regras.

Em função desses fatores, as estimativas realizadas pelo próprio Ministério da Fazenda indicam que, entre 2018 e 2060, as despesas do RPPS cairão de 1,26% do PIB para 0,32% do PIB (Figura 1).

FIGURA 1

Demonstrativo da projeção atuarial do rpps

Receita, Despesa e Saldo
Em % PIB
Brasil
2018-2092

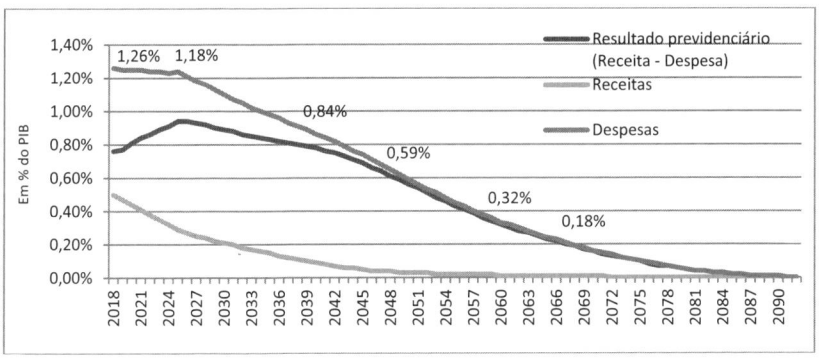

Fonte: CGACI/SRPPS/SPREV/MF (RREO – Anexo 10 (LRF, Art. 53, § 1º, inciso II)). Elaboração: Dieese
Obs.: Projeções, ano a ano, em valores nominais. Posição em 29/12/2017. Elaboração: Anfip| Juliano Musse e Floriano Martins Sá

1.3 É injusto tratar todos os servidores públicos como "privilegiados"

Não se pode demonizar a maioria esmagadora dos servidores públicos civis federais que, invariavelmente, é tratada como "privilegiada". Observe-se que, em 2016, 45,8% dos servidores federais do Poder Executivo recebiam salários equivalentes ou menores que R$ 6.487,00; e apenas 18,7% recebiam salários superiores a R$ 12.974,00 (Figura 2).

FIGURA 2
REMUNERAÇÃO SERVIDORES FEDERAIS ATIVOS DO PODER
EXECUTIVO POR FAIXA DE SALÁRIO-MÍNIMO (SM)

Dezembro de 2016
Média dos últimos 12 meses

FAIXA DE SALÁRIO	EM % DO TOTAL	% ACUMULADO	R$
Até 2 SM	2,1	2,1	Até 1.996,00
De 2 a 4,5 SM	19,2	21,3	1.997,00 a 4.491,00
De 4,5 a 6,5 SM	24,5	45,8	4.492,00 a 6.487,00
De 6,5 a 8,5 SM	12,3	58,1	6.488,00 a 8.483,00
De 8,5 a 10,5 SM	12,1	70,2	8.484,00 a 10.479,00
De 10,5 a 13 SM	11,1	81,3	10.480,00 a 12.974,00
Acima de 13 SM	18,7	100,0	Acima de 12.975,00
TOTAL	100,0		

Fonte: SIAPE. Elaboração Dieese (Juliano Musse e Floriano Martins Sá, Anfip).

O valor médio da aposentadoria dos funcionários do Poder Executivo é de R$ 8.477,00, bem abaixo do valor verificado no Legislativo Federal (R$ 26.823,00), no Judiciário (R$ 18.065,00) e no Ministério Público Federal (R$ 14.656,00).[11]

Os valores médios dos salários de membros do Poder Legislativo e do Poder Judiciário (que entraram no serviço público antes de 2012) escamoteiam o fato de que uma parcela desses servidores recebe salários muito mais elevados que a maioria dos funcionários.

Em grande medida esse fato revela vantagens descabidas (incorporação ao salário de funções, por exemplo) que eram concedidas no passado, mas que foram extintas na esfera federal. Portanto, no futuro, as aposentadorias dos atuais servidores do RPPS tendem a ter valores menores que as atuais.[12]

---

[11] BORGES João; LIMA, Bianca Pinto. *Aposentadoria média do Legislativo federal é 23 vezes maior que a do INSS*. *G1*, 11 fev. 2019. Disponível em: https://g1.globo.com/economia/blog/joao-borges/post/2019/02/11/valor-da-aposentadoria-media-do-legislativo-federal-e-23-vezes-maior-que-a-do-inss.ghtml. Acesso em 19.06.2019.

[12] Relatório da Avaliação Atuarial do Regime Próprio de Previdência Social (RPPS) da União (Servidores Ativos, Aposentados e Pensionistas Civis dos Poderes Executivo, Legislativo e Judiciário) Ministério da Fazenda (MF) Secretaria de Previdência (SPREV)

A rigor, para equacionar a questão dos altos salários e aposentadorias não é preciso reformar a Previdência. Basta fazer cumprir o "teto constitucional", pelo qual nenhum servidor pode ganhar mais que os Ministros do Supremo Tribunal Federal. Hoje, como se sabe, essa determinação constitucional é desrespeitada em várias carreiras.

O Governo de Michel Temer também queria fazer a Reforma da Previdência para "combater os privilégios". Mas, paradoxalmente, no final de 2018 ampliou o teto constitucional, de R$ 33,7 mil para R$ 39,2 mil. Mas não era necessário combater as "distorções gritantes" e os "privilégios inaceitáveis" do sistema previdenciário?! Não se dizia que se não se acabassem esses privilégios o Brasil iria "quebrar"?

Há ainda a questão dos chamados "penduricalhos", entre os quais salta à vista o auxílio-moradia concedido aos magistrados (R$ 4.377,00), o que contrasta com o fato de que, em 2016, o rendimento médio real domiciliar *per capita* no Brasil era de R$ 1.242,00 e quase a metade dos trabalhadores ocupados recebiam, em média, R$ 747,00 por mês, 19,5% abaixo do salário-mínimo vigente.[13]

1.4 A idade mínima na Aposentadoria por Tempo de Contribuição é baixa

O problema reside, em primeiro lugar, no fato de que a idade mínima exigida (60/55 anos para homens/mulheres) é baixa, especialmente se levarmos em conta que o servidor tem estabilidade, o que garante continuidade e segurança para a integralização dos 35/30 anos de contribuição exigidos.

Subsecretaria dos Regimes Próprios de Previdência Social (SRPPS) Coordenação-Geral de Atuária, Contabilidade e Investimentos (CGAC). Disponível em: http://www. planalto.gov.br/ccivil_03/Projetos/PLN/2018/Anexo/Anexo_IV.7___%20Avalia% C3%A7%C3%A3o%20Atuarial%20do%20Regime%20Pr%C3%B3prio%20de%20Previd C3%AAn.pdf. Acesso em 19.06.2019.

[13] IBGE. Pesquisa Nacional por Amostra de Domicílios Contínua – PNAD, 2016.

1.5 O "estoque" de servidores que ingressaram antes de 2012

Em segundo lugar, o problema reside no "estoque" de servidores do Poder Executivo que ingressaram antes de 2012. Entretanto, essa situação compreende dois grupos de servidores. De um lado, aqueles que começaram a trabalhar antes de 2003, que têm direito à aposentadoria com a integralidade do salário da ativa e paridade entre a correção da aposentadoria e os salários dos servidores ativos.

De outro lado, os servidores que começaram a trabalhar entre 2003 e 2012. Como mencionado, após a edição da Emenda Constitucional n. 41/2003, esses trabalhadores deixaram de ter direito à integralidade e à paridade. Além disso, após a edição dessa lei, todos os servidores públicos que recebem acima do teto do INSS passaram a contribuir com alíquota de 11%, mesmo após se aposentarem.

Entretanto, não é simples enfrentar esses problemas, porque não se pode quebrar unilateralmente o contrato firmado quando esses servidores começaram a trabalhar. Há o risco de a questão chegar ao Judiciário, pois a reforma pode afrontar "direitos adquiridos". Em todo caso, reformas da Previdência visam ao longo prazo e, no caso desses servidores, as regras de transição não deveriam ser severas, especialmente com aqueles que já cumpriram por longos períodos a parte que lhes cabia cumprir do referido contrato social.

É justo que a "Reforma" imponha uma tabela progressiva de contribuições segundo a faixa de renda, embora alíquotas abusivas, como quer o governo, sejam inaceitáveis. Atualmente, os servidores contribuem com alíquota efetiva de 11% do salário total bruto para a Previdência Social. Para os servidores que ganham acima do teto constitucional, o governo propõe a criação de alíquota de 22%. A solução nesse caso não é ampliar a alíquota, mas fazer valer a Constituição da República e determinar que nenhum servidor receba proventos superiores aos recebidos pelos Ministros do STF. Para os servidores que ganham menos que o teto constitucional, a "Reforma" prevê o aumento progressivo da alíquota efetiva até 17% do salário bruto do servidor.

É preciso alertar que as alíquotas progressivas de contribuição previdenciária podem ser ampliadas, pois a "Reforma" revê a criação de "contribuições extraordinárias" para cobrir o "déficit atuarial". Com isso, pretende-se reduzir a participação do empregador (governo) no financiamento do RPPS, transferindo toda a responsabilidade para o servidor ativo e inativo. A boa experiência internacional demonstra que o financiamento da Previdência tem caráter solidário, não eximindo o Estado do pagamento dos custos do sistema pela via dos impostos gerais pagos pela sociedade.

1.6 A grave questão da Previdência dos servidores estaduais e municipais

Em terceiro lugar, o problema reside na Previdência dos servidores públicos estaduais e dos municípios de grande porte. Aqui a questão é grave e exige reformas, porque historicamente os governadores resistem a fazer os ajustes periódicos necessários em função dos custos políticos, em um cenário no qual a cada dois anos ocorrem eleições (Prefeituras e governos estaduais). Embora, em casos isolados, desde o final dos anos 1990 alguns governos estaduais e municipais tenham adotado estratégias de alterações graduais, há ainda uma série de ajustes a serem feitos. Os problemas maiores residem, em muitos casos, nas aposentadorias especiais (professores e militares), na integralidade e na paridade entre ativos e inativos, no caso de aumento salarial. Dados de 2016 revelam que em 13 das 27 unidades da Federação (incluindo os Municípios), a despesa previdenciária corrente já representa o dobro da arrecadação.[14]

É importante ressaltar que a Lei n. 12.618 de 2012, que institui o Regime de Previdência Complementar para os Servidores Públicos Federais, determinava a obrigatória instituição da Previdência complementar para os RPPS dos governos estaduais. Contudo, apenas alguns Estados instituíram esse novo regime que, como mencionado,

---

[14] DOCA, Geralda. *Previdência dos estados tem rombo de R$ 2,4 trilhões*. O Globo, 22 fev. 2016.

impõe teto de aposentadoria semelhante ao exigido no RGPS para os novos servidores.

1.7 A Previdência dos Militares concentra as maiores desigualdades relativas

Em quarto lugar, a Reforma deve contemplar a Previdência dos Militares. A despeito da especificidade da carreira, este subsistema é o que concentra as maiores desigualdades relativas. Segundo Róber Iturriet Avila:

> "Os militares contribuem com um percentual menor, por menos tempo e se aposentam com salários maiores. Há paridade e integralidade, e a proposta na mesa não busca acabar com esses direitos que os demais servidores *não possuem há 16 anos*. Há propostas de ampliação do tempo de contribuição e também de alíquotas previdenciárias, que continuariam mais vantajosas do que são para todos os demais cidadãos. Eles são poucos, mas a participação nas despesas é muito mais do que proporcional. De toda forma, o famoso direito à pensão para filhas solteiras deixou de valer para quem entrou após 2001. Há previsão de cobrança de alíquotas sobre tais pensionistas, que são bem-vindas".[15]

Porém, segundo Guilherme Delgado, o projeto relativo ao chamado Regime de Proteção Social dos Militares não contém nenhuma das restrições que se aplicam ao RGPS e ao RPPS civil:

> "A única mudança introduzida no regime atual é cobrança da contribuição previdenciária, que os militares não realizam em relação aos ativos e que passariam a fazer a partir de 2022, no mesmo nível dos servidores civis que já o fazem desde 2004, enquanto a contribuição dos inativos também passaria a ser feita no mesmo nível dos civis. Tudo o mais continua igual ao que já

---

[15] AVILA, Róber Iturriet. *Reforma da Previdência: alguns pingos nos is para entender*. Carta Capital, 11 maio 2019.

existia antes, caracterizando evidente privilégio com relação aos demais servidores públicos. (...) Observe-se que, se o "discurso do déficit" fosse verdadeiro, seriam os militares os maiores implicados, porquanto nunca foram penalizados pelas sucessivas reformas previdenciárias depois da Constituição de 1988. Nem pela EC n. 20/98, da era dos tucanos, nem pela EC n. 41/2003 da era petista, que afetou explicitamente os RPPS. Ademais, os números de déficit apresentados pela EM para o setor público estão notoriamente afetados pela área militar em mais de metade dos seus valores, e disso a PEC nem cogita dimensionar ou apresentar, segundo seu próprio diagnóstico, aquilo que é aviado para os demais: corte de benefícios por meio de regras ultrarrestritivas. A paridade entre ativos e inativos, ou seja, a aposentadoria pela última remuneração da ativa e o reajuste de benefícios automáticos dos ativos para com os inativos são mantidos exclusivamente na área militar, como também as pensões de 100%. E nada de inclusão dos militares na Previdência Privada, para seguir o exemplo clássico do general Pinochet. (...). E ainda por cima, se lhes acrescentam, no exemplo das Forças Armadas, um plano de reestruturação de remunerações, obviamente oneroso".[16]

[16] FACCHIN, Patrícia. *Reforma da Previdência. Projeto conspira simultaneamente contra a justiça social e o equilíbrio das finanças públicas. Entrevista especial com Guilherme Delgado. Institutos Humanitas Unisinos – IHU*, 28 mar. 2019. Disponível em: http://www.ihu.unisinos.br/587847-reforma-da-previdencia-projeto-conspira-simultaneamente-contra-a-justica-social-e-o-equilibrio-das-financas-publicas-entrevista-especial-com-guilherme-delgado?fbclid=IwAR2nLeEX1LICbCMrWtLP8Evfn8cqlkj0A4a0iOF7HEqtYisvTHQavBmH28g. Acesso em 19.06.2019.

Capítulo II

O PROBLEMA NÃO ESTÁ NO RGPS, NEM NO BPC, NEM NO ABONO SALARIAL

O principal argumento enfatizado é que a maior aberração da "Nova Previdência" é a inclusão do RGPS, do BPC e do Abono Salarial. Definitivamente, o problema não reside nesses segmentos. O Parlamento e a sociedade não podem aceitar as mudanças propostas que liquidam esse importante mecanismo de proteção social.

Ao contrário da visão corrente acerca dos "privilegiados", os valores dos benefícios do RGPS e do BPC são relativamente baixos, próximos do valor do salário-mínimo, uma renda básica contra a pobreza.

Em 2016, o RGPS concedeu cerca de 20 milhões de benefícios urbanos, dos quais 53,8% tinham valor igual ou menor do que salário-mínimo; 21,3% dos benefícios ficavam entre um e dois salários-mínimos; e 11,1% dos benefícios estavam entre dois e três salários-mínimos. Portanto, 86,2% dos benefícios do INSS urbano eram iguais ou inferiores a três salários-mínimos. No segmento rural, em 2016 foram concedidos cerca de 10 milhões de benefícios, sendo 98,6% equivalentes ao piso do salário-mínimo (Figura 3).

FIGURA 3
RGPS: QUANTIDADE DE BENEFÍCIOS EMITIDOS POR FAIXA DE SALÁRIO-MÍNIMO EM %

POSIÇÃO EM SETEMBRO DE 2016
BRASIL

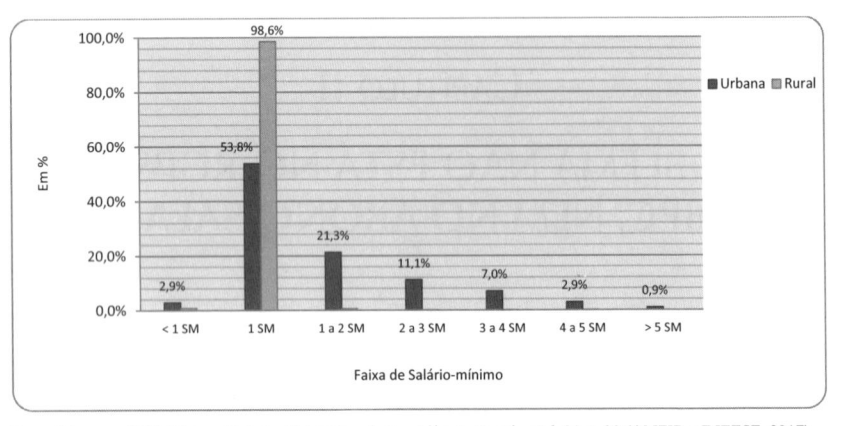

Fonte: Dataprev, SUB, Síntese. Boletim Estatístico da Previdência Social – Vol. 21 n. 09 (ANFIP e DIEESE, 2017)

O BPC é dirigido aos idosos e portadores de deficiências, socialmente mais vulneráveis, e beneficia cerca de 5 milhões pessoas, garantindo renda mensal de cidadania, no valor de um salário-mínimo, aos idosos (65 anos ou mais) e pessoas com deficiência que tenham renda familiar *per capita* inferior a um quarto de salário-mínimo.

Trata-se, portanto, da proteção àqueles incapazes de garantir sua sobrevivência por meio do trabalho remunerado, seja pela idade avançada, seja pela limitação imposta por doença ou deficiência. Ao lado das aposentadorias e pensões, o BPC concorreu para que a pobreza e a indigência nesta população se tornassem fenômeno quase residual. Em 2014, apenas 0,78% dos idosos com 65 anos ou mais viviam com renda familiar *per capita* de até um quarto de salário-mínimo.

Há ainda um terceiro grupo de "privilegiados" que serão afetados: a proposta reduz o número de pessoas que passarão a ter direito ao abono salarial do PIS. Hoje, quem ganha até dois salários-mínimos tem direito ao benefício. A proposta é pagar só para quem recebe um salário mínimo. Para o economista Pedro Rossi, essa medida "tem um impacto distributivo e macroeconômico muito grande", que gira em torno de 17 bilhões de reais por ano. A proposta do governo retira de 24 milhões de brasileiros trabalhadores em torno de 6% da renda anual. Portanto, "é um impacto distributivo muito forte e um impacto macroeconômico pelo crescimento dessa demanda também muito forte. E ninguém discute isso".[17]

Além do RGPS, do BPC e do Abono Salarial, o Regime de Capitalização Individual também deveria ser retirado da "Reforma", pelo seu caráter excludente; por ser "uma experiência que fracassou em todo o mundo" (OIT, 2019); e por ser um cheque em branco que, inevitavelmente, decretará a morte do RGPS por asfixia financeira. Isso porque, no futuro, somente haverá oferta de empregos pela "carteira verde amarela", portadora de exíguos direitos trabalhistas e sem a contribuição patronal para a Previdência. Com ela, o trabalhador "opta" pelo Regime de Capitalização, passa a contribuir para a sua conta individual e deixa de contribuir para o RGPS. A saída dos contribuintes do atual regime de RGPS e a entrada dos novos contribuintes diretamente para o Regime de Capitalização Individual acarretarão perda estrutural de recursos para o financiamento do RGPS. O chamado "custo da transição" é elevado e pode corroer a totalidade dos recursos supostamente "poupados" pela reforma nas regras e benefícios do INSS e do BPC.

2.1 Quem é rico? Quem é pobre?

O governo diz que a "Reforma" busca "maior equidade e justiça social". Segundo o texto oficial, "algumas regras previdenciárias fazem com que os mais ricos sejam relativamente beneficiados. Assim, é

---

[17] SANTOS, João Vitor; AZEVEDO, Wagner Fernandes de. *As três irmãs do apocalipse social contra o Estado de Bem-estar. Entrevista especial com Pedro Rossi. IHU*, 01 maio 2019. Disponível em: http://www.ihu.unisinos.br/588743-as-tres-irmas-do-apocalipse-social-contra-o-estado-de-bem-estar-entrevista-especial-com-pedro-rossi?fbclid=IwAR2faa941sU8jrF341n2Re7Y5Q_i8P2e5GkJfviV_VH1_HWHw8zSgE9B2a8. Acesso em 19.06.2019.

fundamental que se promova maior progressividade na distribuição de renda previdenciária". Entretanto, quem o governo considera rico? Quem ele considera pobre?

Na abertura da Comissão de Constituição e Justiça e de Cidadania (CCJC), Paulo Guedes deixou bem clara sua definição de "ricos" e "pobres". Declarou "ricos" os trabalhadores do INSS que se aposentam por tempo de contribuição; e "pobres" os que se aposentam por idade. Segundo o Ministro da Economia, os "ricos" ganham quase o dobro do que ganham os "pobres" que "se aposentam mais tarde".

É provável que Paulo Guedes se referisse ao texto da PEC n. 6/2019 abaixo reproduzido, segundo o qual "rico" seria um aposentado que ganha R$ 2.231,00; e pobre o que ganha R$ 1.252,00. Esse conceito de "riqueza" e "pobreza" está escrito com todas as letras na Exposição de Motivos da "Reforma" assinada pelo Ministro da Economia:

> "**Ricos tendem a se aposentar mais cedo e com maiores valores**. Em geral, em especial no setor urbano, os trabalhadores socialmente mais favorecidos (maior renda, formalidade, estabilidade ao longo da vida laboral e melhores condições de trabalho) tendem a se aposentar por tempo de contribuição. Isto é, sem idade mínima, com idade média de 54,6 anos em 2018, tendo expectativa de recebimento do benefício de 27,2 anos, **e com valor médio de cerca de R$ 2.231,00. Pobres tendem a se aposentar mais tarde e com menores valores**. Já aqueles trabalhadores socialmente menos favorecidos (menor renda, maior informalidade, menor estabilidade ao longo da vida laboral, menor densidade contributiva e piores condições de trabalho) tendem a se aposentar por idade aos 63 anos em média (em 2018), o que implica uma duração média esperada de 20,1 anos, **e com valor médio de aposentadoria de cerca de R$ 1.252,00**. Os mais ricos não possuem idade mínima. No RGPS, a fixação de uma idade mínima de aposentadoria contribui para promover maior justiça distributiva, uma vez que afeta, exclusivamente, os trabalhadores socialmente mais favorecidos que se aposentam em idades precoces. Busca-se, dessa forma, levar os trabalhadores com melhor situação financeira e a se aposentarem na mesma idade dos mais pobres" (grifos meus; itens 50 a 52, pp. 53-54).

É importante ressaltar que as dificuldades dos "pobres" e dos "ricos" para terem acesso à proteção previdenciária não se resumem à idade e ao tipo de benefício, mas incluem também o tempo de contribuição, pois uma minoria terá alcançado 40 anos de contribuição e a grande maioria sequer conseguirá atingir o mínimo de 20 anos de contribuição que passará a ser exigido.

2.2 A maior "economia" virá dos ditos "ricos" e "pobres"

Esse conceito de "riqueza" e "pobreza" talvez explique o fato de que a maior parte da suposta economia estimada em dez anos recaia, exatamente, sobre o RGPS, o BPC e o Abono Salarial. Dos R$ 1.082 trilhões de "economia" esperados com a "Nova Previdência", R$ 715 bilhões serão "economizados" porque se cortarão direitos garantidos para a proteção à velhice dos trabalhadores rurais e urbanos inscritos no RGPS; e outros R$ 182 bilhões serão "economizados" no BPC e no endurecimento das regras do Abono Salarial. Em conjunto, a contribuição desses seguimentos totaliza mais de 80% do total esperado (Figura 4).[18]

FIGURA 4
ESTIMATIVA DA ECONOMIA DE RECURSOS
DA PEC N. 6/2019 EM 10 ANOS

EM R$ BILHÕES DE 2019
BRASIL

ITENS	R$	EM %
Reforma do RGPS	715,00	66,06
Reforma no RPPS da União	173,50	16,03
Alteração nas alíquotas do RGPS	(27,60)	(2,55)
Mudanças das alíquotas do RPPS da União	29,30	2,71
Assistência física e focalização do abono	182,20	16,83
TOTAL DA PEC DA NOVA PREVIDÊNCIA	1.072,40	99,08
Inatividade e pensões das Forças Armadas[1]	10,00	0,92
TOTAL	1.082,40	100,00

Fonte: PEC 06/2019

---

[18] A alteração das alíquotas de contribuição do RGPS subtrairia 2,4% dessa economia.

É obsceno que o suposto propósito de "combater privilégios" implique que mais de 80% da suposta economia gerada em dez anos pela "Nova Previdência" venha da supressão de direitos do RGPS, do BPC e do Abono Salarial.

Capítulo III
UMA "REFORMA" IMPOSTA POR FALÁCIAS

Desde 1989 os críticos da cidadania social assegurada pela Constituição de 1988 desenvolvem uma campanha ideológica para demonizar a Previdência e a Seguridade Social. Essa marcha contempla múltiplas falsidades como as exemplificadas a seguir.

3.1 "A Previdência brasileira não exige idade mínima"

Se houvesse debate técnico qualificado, a sociedade teria chance de saber que é falsa a suposição de que "o Brasil é um dos poucos países do mundo que não exige idade mínima para a aposentadoria". A sociedade seria informada de que a idade mínima para a aposentadoria é exigida no Brasil sim, desde a década de 1930.[19] Também seria informada de que a redação do art. 201 da CF/88, dada pela Emenda Constitucional n. 20/1998, reza que a aposentadoria por idade para o trabalhador urbano é concedida aos homens com 65 anos e às mulheres com 60 anos (mais 15 anos de contribuição); os trabalhadores e trabalhadoras rurais podem se aposentar aos 60 e 55 anos, respectivamente.

---

[19] Ver art. 47 do Decreto n. 22.872/1933; art. 5º da Lei n. 3.807/1960 (LOPS); e Lei n. 5.890/1973.

O objetivo da Reforma da Previdência (Emenda Constitucional n. 20/1998) aprovada no primeiro governo de Fernando Henrique Cardoso (1995-1998) era transformar o Brasil em campeão mundial no quesito combinação de idade mínima e tempo de contribuição. A proposta original era exigir 65/60 anos de idade e 35/30 anos de contribuição.

Como reação à radicalidade excludente da proposta do Executivo, os parlamentares a rechaçaram. Primeiro, eles fixaram a Aposentadoria por Idade em 65/60 anos de idade e 15 anos de contribuição (e não 35/30 anos como pretendido pelo governo). Segundo, eles propuseram uma segunda modalidade de aposentadoria "por tempo de contribuição", que exige 35 anos para homens e 30 anos para as mulheres, mas não exige idade mínima.

Como reação à ação parlamentar, no caso da Aposentadoria por Tempo de Contribuição, o governo FHC criou o "Fator Previdenciário", que suprime parcela expressiva do valor do benefício até que o contribuinte atinja 65/60 anos.

Assim, a modalidade de Aposentadoria por Tempo de Contribuição foi criada para relativizar o caráter excludente da proposta do Executivo. Com ela, de fato, havia a possibilidade de se ter aposentadoria com idade precoce por volta de 50-55 anos.

Entretanto, é preciso observar três pontos centrais:

Em primeiro lugar, esse problema já foi minimizado. A reforma da aposentadoria por tempo de contribuição foi feita em 2015, pela Lei n. 13.183, que introduziu a fórmula 85/95 progressiva, como soma de anos de idade e anos de contribuição. Esta regra estabelece que para alcançar a chamada aposentadoria integral o segurado deve somar o número de pontos estipulados no cronograma de progressividade da fórmula. Em 2027, passará a vigorar a fórmula 90/100 que dificulta a aposentadoria integral com idade precoce. Assim, no caso do homem, para se aposentar com o benefício pleno, serão necessários 65 anos de idade e 35 anos de contribuição (100 pontos), por exemplo; é combinação semelhante à adotada em muitos países desenvolvidos.

Em segundo lugar, paga-se um "pedágio" elevado por conta do "Fator Previdenciário" que foi aprovado em 1999, e que suprime parcela expressiva do valor do benefício até que o trabalhador atinja 65/60 anos (homens e mulheres). Assim, quem tem idade menor, recebe um valor proporcional. Ou seja, a legislação atual já penaliza pela via da redução do valor do benefício. Por outro lado, como se verá a seguir, em muitos países desenvolvidos, o trabalhador pode aposentar-se antes da "carência de referência" exigida para a aposentadoria integral. Em muitas dessas nações exige-se "carência mínima" de idade em torno de 62/63 anos para a aposentadoria parcial e, em muitos casos, não se exige contribuição monetária, mas "tempo de residência" ou "tempo de serviço". Portanto, qual o problema da aposentadoria antecipada no Brasil, se ela é praticada em nações desenvolvidas e penalizada financeiramente pelo "Fator Previdenciário"? Por que recolocar na agenda um problema que já foi enfrentado?

Em terceiro lugar, a Aposentadoria por Tempo de Contribuição é um benefício de menor expressão relativa no estoque de benefícios do RGPS. Os quantitativos dos benefícios emitidos até dezembro de 2015 são mostrados adiante (Figura 5).

FIGURA 5
QUANTITATIVO DOS BENEFÍCIOS DO RGPS
(URBANO E RURAL)[1]

POSIÇÃO EM DEZEMBRO DE 2015
BRASIL

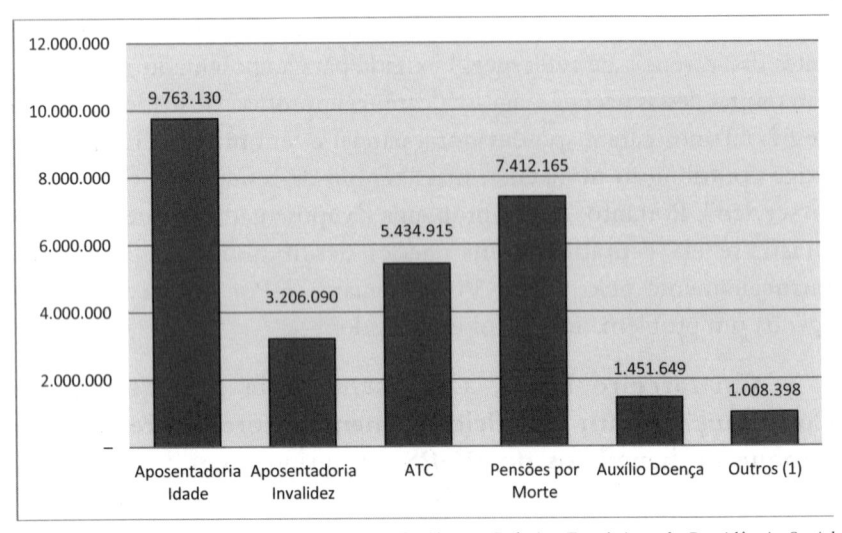

(ANFIP e DIEESE, 2017). Fonte: Dataprev, SUB, Síntese. Boletins Estatísticos da Previdência Social
Nota: (1) Inclui: auxílio-acidente; reclusão; salário-maternidade, as espécies (Abono de permanência em serviço 25%;
Abono de permanência em serviço 20%; Pecúlio especial de aposentadoria; Abono de servidor aposentado pela autarquia
empregadora) e os Acidentários.

Com base nesses dados quantitativos, observe-se que a participação relativa da Aposentadoria por Idade atingiu 34,4% do total, seguida pela Pensão por Morte (26,1%). A Aposentadoria por Tempo de Contribuição vem em terceiro lugar (19,2%), seguida pela Aposentadoria por Invalidez (11,3%), Auxílio-doença (5,4%) e outros benefícios (3,6%).

Observe-se que o "principal benefício previdenciário" está relacionado às precárias condições de saúde e de trabalho da população: em conjunto Pensão por Morte, Aposentadoria por Invalidez e Auxílio-doença representam 42,8% do total.

3.2 A aposentadoria no Brasil é precoce

O mito de que "a aposentadoria é precoce" desconsidera a penalização monetária do "Fator Previdenciário" de 1999, bem como a introdução do "Fator Progressivo – 100/90" em 2015. Além disso, considera a média de idades de todas as modalidades de benefícios (por idade, por tempo de contribuição, rurais, urbanas, homens e mulheres, trabalhador privado e servidor público, trabalhadores submetidos a atividades com periculosidades, militares etc.). Com esse truque, chega-se aos 54/59 anos de idade, tidos como "precoces", se comparados à média da Organização para a Cooperação e Desenvolvimento Econômico (OCDE), em torno de 65 anos. Portanto, trata-se de ardil que mascara as especificidades de cada situação. No caso da aposentadoria por idade do segmento urbano, por exemplo, a média é de 63,1 anos (em geral os homens se aposentam com 65 anos, e as mulheres, com 60 anos), um patamar já próximo das nações desenvolvidas.

3.3 "As regras de aposentadoria são generosas"

O mito de que a "Previdência é generosa" também não se sustenta. Como mencionado, desde 1998, no caso do RGPS, o Brasil passou a exigir idade mínima de 65/60 anos, superior à praticada à época por diversos países desenvolvidos. A idade mínima de 65 anos não era adotada sequer em países como a Bélgica, Canadá, Espanha, França e Portugal (60 anos) e nos EUA (62 anos), por exemplo; e equivalia ao parâmetro seguido na Suécia, Alemanha, Finlândia e Áustria (65 anos), por exemplo. A própria Organização Mundial de Saúde (OMS) faz uma distinção, ao definir a população idosa, entre países desenvolvidos (acima de 65 anos) e países em desenvolvimento (acima de 60 anos).

Observe-se que, em 2002, a expectativa de vida no Brasil para os homens era de 67,3 anos. Nas Regiões Nordeste e Sudeste, essa expectativa era de, respectivamente, 63,3 e 65,4 anos. Nas Regiões Norte e Centro-Oeste, a esperança de vida era ligeiramente maior (respectivamente, 66,2 e 66,7 anos). Em diversas Unidades da Federação, a expectativa de vida dos homens situava-se entre 60 e 63 anos (Maranhão,

Piauí, Paraíba, Pernambuco, Alagoas e Rio de Janeiro). A expectativa de vida das mulheres era relativamente maior que a dos homens, sendo que a média nacional atingia 74,9 anos. Em contraste com o Brasil, a esperança de vida nos países desenvolvidos – que inspiraram as mudanças consumadas em 1998 – era bastante superior: Bélgica (75,7 anos para homens e 81,9 anos para mulheres); Espanha (75,9 anos e 82,8 anos); França (75,2 anos e 82,8 anos); Portugal (72,6 anos e 79,6 anos); EUA (74,3 anos e 79,9 anos); Suécia (77,6 anos e 82,6 anos); Alemanha (75,2 anos e 81,2 anos); Finlândia (74,4 anos e 81,5 anos); e Áustria (75,4 anos e 81,5 anos).

Como mencionado, a maior parte das aposentadorias é por idade e a precocidade das aposentadorias por "tempo de contribuição", introduzida por FHC em 1998, foi restringida em 2015 pelo "Fator Previdenciário Progressivo".

3.4 "Não sobrarão recursos para saúde, assistência social e educação"

Outro falso argumento alarmista é a ideia segundo a qual "quanto mais o governo gastar em Previdência, menos recursos haverá para saúde, assistência social e educação". Nesse tipo de alarmismo não se considera que os gastos do RGPS são majoritariamente cobertos por fontes de receitas próprias do setor (contribuições de empregados e empregadores sobre a folha de salários), o que não ocorre no caso da saúde, assistência social e na maior parte dos gastos com educação. Não se considera também que, se por um lado os gastos do RGPS são elevados, por outro, esse gasto é suportado por receitas próprias, além de outras fontes que não existiam e foram criadas em 1988 especialmente para a finalidade de financiar a Seguridade Social (Cofins e CSLL, por exemplo). Logo, se o gasto previdenciário não existisse, as receitas também não existiriam.

Essa visão equivocada também desconsidera que esses setores são majoritariamente financiados pelos governos estaduais e municipais. O grau de ignorância e desinformação é tamanho que, recentemente, uma informação errada divulgada pelo Ministro da Economia virou manchete na mídia. "O Brasil gasta R$ 700 bilhões com a Previdência e R$ 70 bilhões com a educação". Um País que "gasta com velhos dez vezes mais o que gasta com crianças" não teria futuro. **Essa "informação" é falsa.** Os R$ 70 bilhões de gastos em educação são apenas a parcela do governo federal. O Ministro da Economia ignora que o grosso do gasto em educação está concentrado em Estados e Municípios. Nós já chegamos a gastar com educação nos três níveis de governo, 5,5% do PIB, um pouco menos que o gasto do RGPS (7,5% do PIB).

3.5 "A Previdência é o maior item do gasto público"

Faz parte ainda da narrativa alarmista o discurso de que a Previdência seria o maior item do gasto público no Brasil. Em 2015, o gasto com juros (R$ 502 bilhões) foi superior aos gastos com o Regime Geral de Previdência Social (R$ 436 bilhões) – 8,5% e 7,5% do PIB, respectivamente. O primeiro beneficia algumas centenas de rentistas, enquanto o segundo beneficia diretamente mais de 30 milhões de aposentados e pensionistas de baixa renda. Se cada um deles tiver mais dois membros na família, são cerca de 90 milhões beneficiados direta e indiretamente.

3.6 "Gastos com Previdência são elevados na comparação internacional"

Há ainda o mito de que "o Brasil gasta muito com Previdência" na comparação internacional. Mas, para comprovar essa tese e chegar ao falso patamar entre 12% e 15% do PIB, os "especialistas" incluem como Previdência alhos e bugalhos que inflam esses gastos e infringem todas as regras técnicas recomendáveis para que se preserve o rigor técnico nas comparações internacionais.

Em 2011, por exemplo, o Ipea divulgou estudo segundo o qual "o Brasil gastou o equivalente a 14,9% do Produto Interno Bruto (PIB) com subsídios, assistência e Previdência Social" naquele ano. As despesas com o RGPS estavam em primeiro lugar, equivalendo a 6,05% do PIB do ano. Em seguida vinham os gastos previdenciários dos Estados e

Municípios (2,34%); as pensões dos servidores públicos federais (1,9%); os saques do Fundo de Garantia do Tempo de Serviço – FGTS (1,4%); os recursos do Fundo de Amparo ao Trabalhador – FAT (0,82%); os benefícios da Lei Orgânica de Assistência Social – LOAS (0,6%); as transferências públicas às instituições privadas sem fins lucrativos (0,52%); o programa Bolsa-Família (0,44%); e outros gastos correspondentes a 0,78% do PIB.[20]

Segundo o Ministro da Fazenda, Henrique Meirelles, em 2016, "somadas todas as despesas com aposentadorias, pensões por morte, benefícios assistenciais e acidentários do INSS e de servidores da União, o Brasil gastou com Previdência em torno de 13% do PIB". Em contrapartida, "na média dos países da OCDE, o gasto médio alcançou 12,4% do PIB, patamar próximo ao da Alemanha, Dinamarca e Japão" – disse o então Ministro.

Comparações internacionais sobre a totalidade do gasto previdenciário em todos os seus subsistemas não são recomendáveis porque sistemas de aposentadoria são profundamente específicos para cada nação. Note-se, por exemplo, que o governo de Emmanuel Macron pretende criar um regime único de Previdência na França que, atualmente, possui 42 regimes diferenciados de aposentadoria dirigidos aos trabalhadores da iniciativa privada e setores do funcionalismo público e das Forças Armadas.[21] Como os economistas liberais brasileiros compatibilizariam esses dados, para poder comparar França e Brasil?

Sobre os limites das comparações internacionais, Costanzi e Sidone, técnicos do Ipea que assessoram o Ministério da Fazenda/Economia na Reforma da Previdência do governo atual e do anterior, afirmam que[22]:

---

[20] MARCHESINI, Lucas. *País gastou 14,9% do PIB com assistência e previdência, diz Ipea*. *Valor*, Brasília. 08 mar. 2012. Disponível em: https://www.valor.com.br/brasil/2561986/pais-gastou-149-do-pib-com-assistencia-e-previdencia-diz-ipea. Acesso em 24.06.2019.

[21] ADRIANO, Lucas. *Como é a Previdência na França?*, *Terraço Econômico*. 06 fev. 2019. Disponível em: https://terracoeconomico.com.br/como-e-a-previdencia-na-franca/. Acesso em 24.06.2019.

[22] COSTANZI, Rogerio Nagamine; SIDONE, Otávio José Guerci. *Previdência*: tendências internacionais das Reformas. Brasília: IPEA. Nota técnica n. 49. Disoc – Diretoria de

> "Essa dificuldade de comparação internacional pode decorrer de vários fatores: conjunto de benefícios considerados como previdenciários, consideração exclusiva ou não de benefícios de caráter contributivo, consideração de regimes especiais ou para servidores públicos, despesa pública e privada, além da possível consideração de custos administrativos, entre outros".

Como discutido anteriormente, segundo Guilherme Delgado, no Brasil, há três sistemas previdenciários autônomos na ordem constitucional. Desses sistemas, somente é "passível de comparação internacional" o Regime Geral de Previdência Social, gerido pelo INSS, cujas regras e conceitos o incluem no sistema da Convenção 102/52 da Organização Internacional do Trabalho (OIT).

A análise comparativa internacional sobre os gastos dos regimes comparáveis de Previdência revela números muito diferentes daqueles que são disseminados pelos alarmistas. Analisando algumas bases de dados internacionais, Costanzi e Sidone observam que[23]:

- Estudo do Fundo Monetário Internacional (FMI, 2012) sobre 27 economias avançadas mostra que o gasto público médio com Previdência aumentou de cerca de 3,8% do PIB, em 1960, para um patamar em torno de 9,1% do PIB em 2010. Nos países emergentes da Europa, a despesa com Previdência aumentou de 7,5% do PIB, em 1970, para um patamar em torno de 10,5% do PIB em 2010. No agregado dos 53 países (economias avançadas e emergentes), a despesa pública com Previdência cresceu de uma média simples de 4,6% para 7,6% do PIB entre 1970 e 2010.

- Estudo do *Ageing Report* de 2018 (*European Comission*, 2018) relata despesa pública média com Previdência da ordem de 11,2% do PIB na União Europeia. Na área do euro, a despesa

---

Estudos e Políticas Sociais, jun 2018, p. 6. Disponível em: http://repositorio.ipea.gov.br/handle/11058/8580. Acesso em 24.06.2019.

[23] COSTANZI, Rogerio Nagamine; SIDONE, Otávio José Guerci. *Previdência*: tendências internacionais das Reformas. Brasília: IPEA. Nota técnica n. 49. Disoc – Diretoria de Estudos e Políticas Sociais, jun 2018, p. 5-7. Disponível em: http://repositorio.ipea.gov.br/handle/11058/8580. Acesso em 24.06.2019.

pública média com Previdência permanecia no patamar de 12,3% do PIB, em 2016.

- Estudos da OCDE[24] indicam que a despesa com benefícios de aposentadoria e pensão por morte cresceu, na média, de 5,8% do PIB, em 1990, para 8,2% do PIB em 2013, mas com variação muito grande entre os diferentes países. Em 2013, o País da OCDE com menor despesa era o México (2,3% do PIB) e aqueles com maior nível de gastos com Previdência eram Grécia (17,4% do PIB), Itália (16,3% do PIB) e Portugal (14% do PIB).

Entretanto, essas informações são interpretadas pelos autores de forma questionável, pois não reflete o que dizem os números:

> "A comparação com a média internacional mostra que o Brasil tem um nível de despesa pública com Previdência em porcentagem do PIB alta na comparação internacional, bem como o maior patamar de despesa está associado a países ou regiões mais envelhecidas como Europa e OCDE, as quais também possuem um sistema de proteção mais avançado e com maior cobertura. Enfim, de qualquer maneira, é fato bastante conhecido na literatura que o gasto previdenciário brasileiro é maior do que seria esperado do ponto de vista demográfico e se encontra em patamar elevado nas comparações internacionais".

São conclusões questionáveis por quatro razões:

Em primeiro lugar, como mostra a Figura 6, que compara eventos comparáveis, em 2013 o Brasil gastava 7,7% do PIB com Previdência (RGPS), um patamar bem inferior ao verificado em nações desenvolvidas. Com o envelhecimento demográfico, no longo prazo, este percentual certamente alcançará um patamar superior, em torno da média desses países. Esse aumento de gastos previdenciários, entretanto, não é o fim do mundo. Como se verá, um aumento em torno de cinco pontos percentuais do PIB é bem menos que a metade do montante de recursos que governo federal deixa de arrecadar hoje por abrir mão de

---

[24] Nota dos autores: dados encontrados, de acordo com a Tabela 7.3, em OECD (2017, p. 143). Disponível em: https://bit.ly/2y2kn9W. Acesso em 24.06.2019.

receitas que são sonegadas ou são oferecidas como dádivas para setores econômicos e camadas de alta renda pela via da isenção fiscal. Portanto, o aumento de gastos previdenciários, por si só, não é motivo suficiente e inexorável para a instituição de condições mais difíceis para ter acesso aos benefícios ou para reduzir o valor deles (Figura 6).

FIGURA 6
GASTO PREVIDENCIÁRIO EM % DO PIB[1]

2013
BRASIL E PAÍSES SELECIONADOS

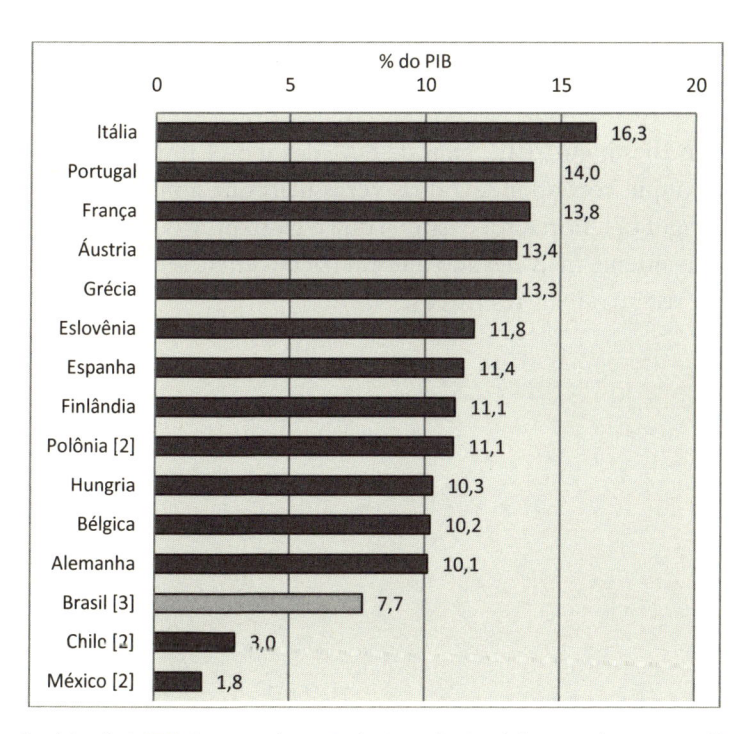

Fontes: Estatísticas da OCDE. *Social Expenditure* – Dados Agregados. Portal da Transparência – Gastos Diretos do Governo (ANFIP e DIEESE, 2017).
Notas:
(1) Gasto público direto com benefícios em dinheiro para idosos e pensões por morte para dependentes. Inclui aposentadorias por idade, aposentadorias antecipadas e pensões por morte. Não inclui gasto privado compulsório nem outras fontes de recursos.
(2) Dados de 2010.
(3) Despesas Totais do INSS sobre o PIB em 2013.

Se as nações desenvolvidas foram capazes de enfrentar o problema, preservando os próprios sistemas previdenciários como instrumento para manter o bem-estar social, por que o Brasil não pode fazer o mesmo? Por que tratar um fenômeno que é fruto do desenvolvimento socioeconômico da nação, como algo necessariamente ruim para as finanças públicas?

Em segundo lugar, o gasto previdenciário brasileiro é elevado na comparação com países emergentes porque a cobertura é muito maior que a média dessas nações e garante-se, pelo regime de repartição, remunerações dignas para a reprodução material mínima do aposentado, caso oposto ao do Chile que, apesar de manter altos níveis de cobertura previdenciária, não consegue garantir a sobrevivência média do aposentado em razão da baixa taxa de reposição. Em outras palavras: os gastos refletem o nível de proteção aos idosos.

No Brasil, em 2012, mais de 80% dos idosos tinham proteção na velhice, o que corresponde a duas vezes mais que a média da América Latina (Figura 7). Portanto, é natural que o gasto previdenciário no Brasil seja relativamente mais elevado que em nações em desenvolvimento que possuem sistemas mais restritivos.

FIGURA 7
COBERTURA PREVIDENCIÁRIA ACIMA DA IDADE
LEGAL DE APOSENTADORIA[1]

EM %
2012
AMÉRICA LATINA

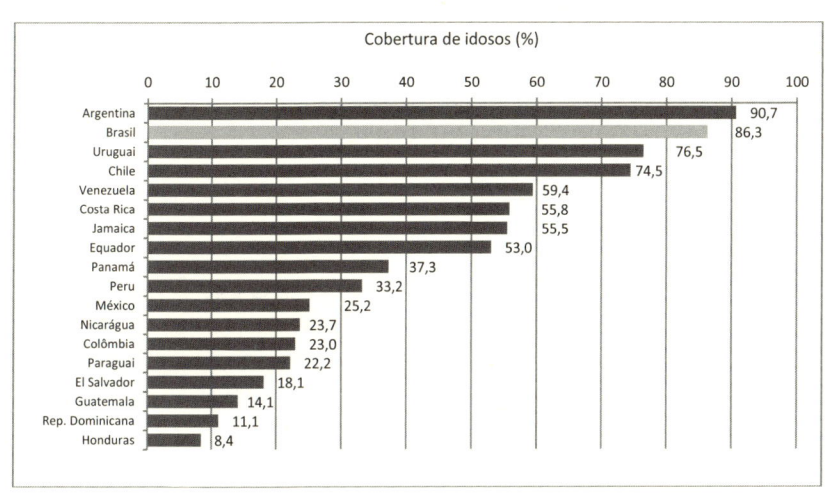

Fonte: World Social Protection Report (2014-15) – OIT (ANFIP e DIEESE, 2018).
Notas: (1) Número de aposentados protegidos, sobre a população acima da idade legal de aposentadoria.

Em terceiro lugar, as análises sobre a proporção do gasto previdenciário em relação ao PIB não podem desconsiderar o que ocorre com o PIB. Como se sabe, ao contrário do que em geral ocorreu no resto do mundo desde o final dos anos de 1970, o crescimento da economia brasileira tem sido medíocre, exceto no curto período de 2007-2012. Nesse sentido, não se pode deixar de levar em conta também o peso do denominador na relação entre o gasto da Previdência e o PIB. Dado um patamar constante de gasto previdenciário, em uma trajetória de crescimento da economia, essa relação se reduz pela elevação da riqueza. O inverso ocorre em situações de baixo crescimento e de recessão.

A Figura 8 simula cinco cenários diferentes de crescimento do PIB, entre 1995 e 2015 (mantendo-se constante o patamar de gastos do

INSS, que expressa a despesa efetiva no período). Esse exercício indica que, dependendo do comportamento da economia, a relação gasto previdenciário/PIB varia entre 8,8% e 3,7% do PIB. E essa diferença (5,1% do PIB) não decorre de nenhum centavo a mais de crescimento na despesa previdenciária.

FIGURA 8
CENÁRIOS: GASTO COM BENEFÍCIOS DO INSS EM % DO PIB

ANOS SELECIONADOS
1995-2015
BRASIL

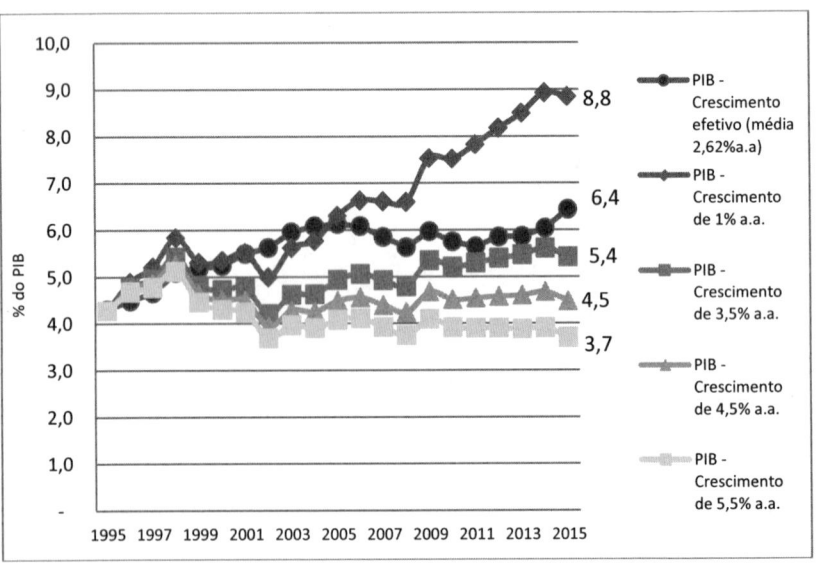

Fontes: IBGE. Sistema de Contas Nacionais (nova base – ano de referência 2010), Contas Nacionais Trimestrais (nova base – ano de referência 2010); MTB. Boletim Estatístico da Previdência Social; IPEA. IPEA data. Elaboração: DIEESE. a) Os benefícios previdenciários do Regime Geral de Previdência Social (RGPS) abrangem as aposentadorias, as pensões por morte, os auxílios, o salário-família e o salário-maternidade. Os benefícios acidentários do RGPS, relacionados a acidentes de trabalho e doenças profissionais, incluem aposentadoria, pensão por morte, auxílio-doença, auxílio-acidente e auxílio-suplementar. b) De 1995 a 2013, dados consolidados do PIB. Para 2014 e 2015, foram utilizados dados preliminares obtidos a partir das Contas Nacionais Trimestrais. c) Para o cálculo, foi utilizado o PIB a preços de 2015 calculado pelo BCB e as despesas do INSS a preços do IGP-DI/FGV de 2015.

Por fim, também é importante salientar que políticas públicas não devem ser avaliadas apenas pelo viés fiscalista. A análise também deve incorporar o fato de que, como salientado, a Previdência Social cumpre papel relevante para contrabalançar a dramática assimetria na desigualdade da renda no Brasil.

Isso é possível por haver progressividade global do gasto previdenciário na sociedade brasileira. Diferentemente do que afirmam os defensores da "Reforma", somente uma parte minoritária da Previdência é regressiva, como as aposentadorias do RPPS, dos militares e parlamentares e 0,9% dos aposentados do RGPS que recebem aposentadorias e pensões com valores próximos ao teto. Estudo do Ipea que decompôs os efeitos dos gastos previdenciários sobre o coeficiente de Gini concluiu que a previdência e o BPC contribuíram em 22% para a redução da desigualdade de renda entre 1992 e 2012. O estudo mostra que a Previdência não somente é progressiva, como também é anticíclica, pois ela aumenta sua capacidade tanto de geração de renda quanto de distribuição nos períodos de crise, quando a renda do trabalho está em recessão[25].

Observe-se que, segundo a Pesquisa Desigualdade Mundial 2018, coordenada, entre outros, pelo economista francês Thomas Piketty, o Brasil tem a maior concentração de renda do mundo entre o 1% mais rico; os milionários brasileiros ficaram à frente dos milionários do Oriente Médio.[26] O gasto previdenciário brasileiro é "maior do que seria esperado do ponto de vista demográfico e se encontra em patamar elevado nas comparações internacionais" porque, ao contrário de outros países subdesenvolvidos, cumpre papel fundamental na redução das disparidades da renda.

---

[25] IPEA. *Duas décadas de desigualdade e pobreza no Brasil medidas pela PNAD/IBGE*. Brasília: Ipea, Comunicado n. 159. 2013. Disponível em: http://www.ipea.gov.br/portal/images/stories/PDFs/comunicado/131001_comunicadoipea159.pdf. Acesso em 27.06.2019.

[26] BROGES, Rodolfo. *Brasil tem maior concentração de renda do mundo entre o 1% mais rico*. *El País*, 14 dez. 2019. Disponível em: https://brasil.elpais.com/brasil/2017/12/13/internacional/1513193348_895757.html?id_externo_rsoc=FB_CC&fbclid=IwAR36huiUFx5NM8vPDvcLWbI78f0konY86LuiNFv-jXUe7YyhYXO--KMgisQ. Acesso em 24.06.2019.

Em suma, na ausência de argumentos sólidos, prevalecem as falácias, a desinformação e a superficialidade da ideologia, em detrimento do rigor técnico e do debate qualificado. Nesse cenário, também se utiliza o artifício de alarmar a sociedade pela difusão do terrorismo, dos argumentos sem base científica, tentando impor as mudanças fiscalistas exigidas pelo mercado.

Capítulo IV

TERROR FINANCEIRO: MITOS DO "DÉFICIT" E DA "CATÁSTROFE" EM 2060

Se houvesse debate técnico qualificado, a sociedade também teria a chance de saber que o "déficit" da Previdência é bomba-relógio de ficção. Trata-se de desprezo à Constituição da República, por não contabilizar as receitas advindas da contribuição do governo, uma das peças do clássico sistema de financiamento tripartite introduzido na Alemanha no Século XIX e no Brasil na década de 1930.

Essa bomba-relógio de ficção desconsidera que os constituintes de 1988 tentaram articular políticas universais semelhantes às que passaram a ser praticadas por países da Europa a partir de 1945. Nesse sentido, a CF/88 estabelece que a Seguridade Social seja integrada pelos setores da saúde, Previdência, assistência social e seguro-desemprego (art. 194).

As semelhanças também são grandes no que diz respeito ao financiamento da Seguridade Social, segundo o qual as contribuições dos trabalhadores, dos empregadores e do governo (por meio de impostos gerais) são igualmente responsáveis pelo provimento de recursos para financiar as políticas públicas que integram seus sistemas nacionais de proteção.

Trata-se do clássico sistema de financiamento tripartite instituído na Alemanha no Século XIX e em países desenvolvidos, sobretudo após a Primeira e a Segunda Guerra Mundiais. A Figura 9 mostra que, em

2015, em um conjunto de 15 países da OCDE, a participação média relativa das "contribuições do governo" no financiamento da Seguridade Social foi de 45% do total, seguida pela "contribuição dos empregadores" (34,6%) e pela "contribuição dos trabalhadores" (18%)[27].

FIGURA 9
FONTES DE RECEITA DA PROTEÇÃO SOCIAL
NA OCDE (EU-15)

EM % DO TOTAL
2012
VÁRIOS PAÍSES

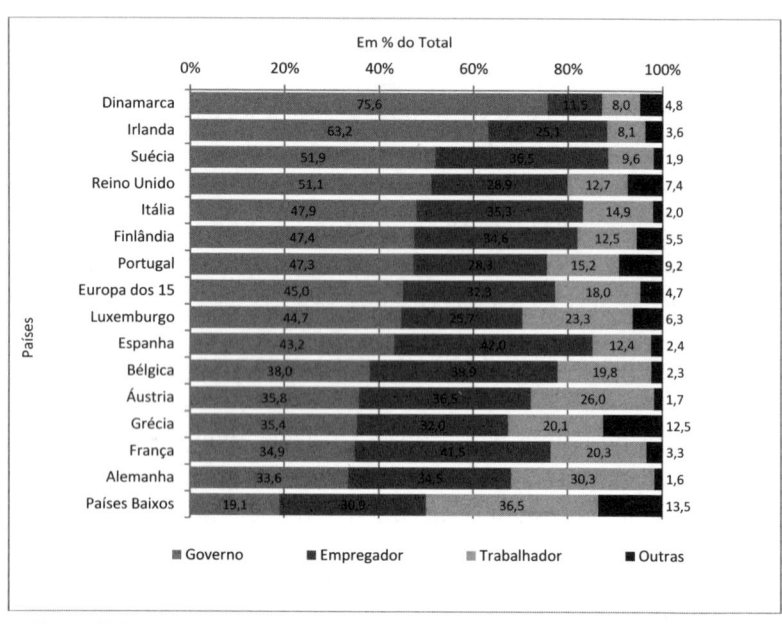

Fonte: Eurostat (ANFIP e DIEESE, 2017)

---

[27] ANFIP; DIEESE. *Previdência*: reformar para excluir? Contribuição técnica ao debate sobre a reforma da previdência social brasileira. Brasília: Anfip – Associação Nacional dos Auditores Fiscais da Receita Federal do Brasil; Dieese – Departamento Intersindical de Estatística e Estudos Socioeconômicos. 2017. Disponível em: http://plataformapoliticasocial. com.br/previdencia-reformar-para-excluir-completo/. Acesso em 27.06.2009.

É importante ressaltar que o financiamento tripartite foi instituído no Brasil com os Institutos de Aposentadoria e Pensões criados nos anos de 1930. A constitucionalização do modelo tripartite (Orçamento da Seguridade Social) realizada em 1988 deu-se porque na ditadura militar, na etapa do "milagre" econômico, o governo deixava de integralizar a sua parte, uma vez que as contribuições de empregados e empregadores eram suficientes para cobrir as despesas da Previdência, da saúde e da assistência social. Entretanto, com a recessão ocorrida a partir de 1982, a parcela do governo passou a ser exigida e, com isso, difundiu-se a ideia que a "crise" da Previdência iria "quebrar o Brasil". É que, historicamente, basta que se exija a contribuição do governo e o alarmismo se instaura.

É neste cenário que os constituintes de 1988 constitucionalizaram o modelo tripartite, instituindo o Orçamento da Seguridade Social, composto de três contribuições: do governo, do empregador e do trabalhador (art. 195). Portanto, a Constituição de 1988 aperfeiçoou esse modelo introduzido na década de 1930, criou novas fontes para o governo integralizar a sua parte e deu *status* constitucional ao Orçamento da Seguridade Social.[28]

Mais especificamente, inspirando-se na experiência internacional, os constituintes de 1988 instituíram o Orçamento da Seguridade Social de caráter tripartite (art. 195) e, para que o governo contribuísse com a sua parte, criaram duas fontes de receita que não existiam. A primeira tem o autoexplicativo nome de **Contribuição Social para o Financiamento da Seguridade Social** (Cofins). A segunda denomina-se **Contribuição Social sobre o Lucro Líquido** (CSLL). Além disso, os constituintes determinaram que parte das receitas do PIS-Pasep fosse direcionada para o financiamento do Programa do Seguro-desemprego, também cobradas sobre o faturamento das empresas.

---

[28] Estabelece o art. 16 da Lei n. 8.212, de 24 de julho de 1991: "A contribuiçao da União é constituída de recursos adicionais do Orçamento Fiscal, fixados obrigatoriamente na lei orçamentária anual. Parágrafo único. A União é responsável pela cobertura de eventuais insuficiências financeiras da Seguridade Social, quando decorrentes do pagamento de benefícios de prestação continuada da Previdência Social, na forma da Lei Orçamentária Anual".

A Constituição de 1988 também determina[29] a obrigatoriedade de a União apresentar, anualmente, três peças orçamentárias: o Orçamento Fiscal, o das Empresas Estatais e o da Seguridade Social. Porém, os sucessivos governos brasileiros têm incluído na Lei Orçamentária Anual enviada ao Congresso Nacional apenas duas peças: o Orçamento das Estatais e, de modo agregado, o Orçamento Fiscal e da Seguridade.

4.1 A Seguridade Social foi superavitária até 2015

Desde meados da década de 1990, a Anfip consolida os dados das receitas e despesas da Seguridade Social seguindo todos os procedimentos e fontes estabelecidas pela Constituição. A Figura 10 exemplifica os resultados alcançados para o ano de 2015.

---

[29] Art. 165 da Constituição de 1988.

FIGURA 10
RECEITAS, DESPESAS E RESULTADO DO ORÇAMENTO DA SEGURIDADE SOCIAL

EM R$ MILHÕES CORRENTES
ANOS SELECIONADOS
BRASIL

RECEITAS REALIZADAS	2015
1. RECEITA DE CONTRIBUIÇÕES SOCIAIS	671.637
Receita Previdenciária[1]	352.553
Arrecadação Previdenciária	350.272
Urbana	343.191
Rural	7.081
Compensações não repassadas [2]	2.281
Cofins	200.926
CSLL	59.665
PIS-Pasep	53.071
Outras contribuições [3]	5.423
2. RECEITAS DE ENTIDADES DA SEGURIDADE	20.534
Recursos Próprios do MDS	137
Recursos Próprios do MPS	1.078
Recursos Próprios do MS	4.257
Recursos Próprios do FAT	14.160
Recursos Próprios dos HU	238
Taxas, multas e juros da Fiscalização.	664
3. Contrapartida do Orçamento Fiscal EPU[4]	2.226
TOTAL DE RECEITAS	694.397
DESPESAS REALIZADAS	2015
1. BENEFÍCIOS PREVIDENCIÁRIOS[1]	436.090
Previdenciários urbanos	336.296
Previdenciários rurais	98.041
Compensação previdenciária[5]	1.753
2. BENEFÍCIOS ASSISTENCIAIS[6]	41.798
3. BOLSA FAMÍLIA E OUTRAS TRANSFERÊNCIAS	26.921
4. EPU – BENEFÍCIOS DE LEGISLAÇÃO ESPECIAL	2.226
5. SAÚDE: DESPESAS DO MS[7]	102.206
6. ASSISTÊNCIA SOCIAL: DESPESAS DO MDS[7]	5.389
7. PREVIDÊNCIA SOCIAL: DESPESAS DO MPS[7]	8.197
8. OUTRAS AÇÕES DA SEGURIDADE SOCIAL	11.547
9. BENEFÍCIOS FAT	48.180
10. OUTRAS AÇÕES DO FAT	506
TOTAL DE DESPESAS	683.061
RESULTADO DA SEGURIDADE SOCIAL	11.337

Fonte: Anfip e Fundação Anfip (Análise da Seguridade Social 2015). Sistema Integrado de Administração Financeira do Governo Federal (Siafi) Extração Siga Brasil – Senado Federal; para os dados do RGPS, o fluxo de caixa do Ministério da Previdência Social (MPS); e para as compensações não repassadas, Anfip.
Notas:
(1) Receitas e despesas previdenciárias líquidas acrescidas das compensações pela desoneração da folha de pagamentos; em despesas com benefícios previdenciários urbanos estão incluídos repasses de compensações previdenciárias a outros regimes;
(2) Compensação pela desoneração da folha de pagamentos não repassada, dados atualizados;
(3) Inclui receitas provenientes dos concursos de prognósticos e as receitas da CPMF, extinta em 2007;
(4) Receitas dos hospitais universitários com a prestação de serviços Saúde, embora essa receita não seja típica da Seguridade Social, corresponde às despesas realizadas por essas unidades, computadas em Outras ações da Seguridade Social;
(5) Corresponde às despesas com Encargos Previdenciários da União (EPU), de responsabilidade do Orçamento Fiscal;
(6) Compensações com outros regimes previdenciários;
(7) As despesas com benefícios de prestação continuada (Loas e RMV) estão hoje agrupadas entre benefícios relativos a idosos e a pessoas; com deficiência;
(8) Incluem despesas de pessoal ativo e todas as demais relativas ao custeio e investimento.
Elaboração: Anfip e Fundação Anfip.

Os relatórios da Anfip revelam que a Seguridade Social sempre foi superavitária até 2015, se fossem seguidos os procedimentos e fontes estabelecidas pela Constituição para o seu financiamento (Figura 11).

FIGURA 11
RECEITAS, DESPESAS E RESULTADO DO ORÇAMENTO DA SEGURIDADE SOCIAL

EM R$ MILHÕES CORRENTES
ANOS SELECIONADOS
BRASIL

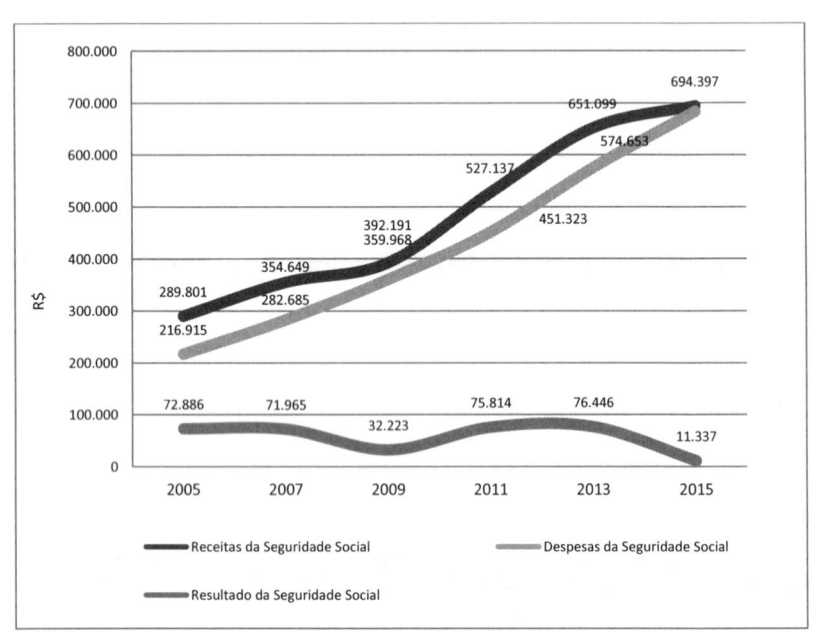

Fonte: Anfip *in* Análise da Seguridade Social, 2015.

Os estudos mostram que a Seguridade Social foi superavitária até 2015, mesmo com a crescente subtração das suas receitas pela incidência da Desvinculação das Receitas da União (DRU) – estimada em cerca de R$ 60 bilhões nos últimos anos e, aproximadamente, R$ 500 bilhões entre 2006 e 2015 (Figura 12).

FIGURA 12

DRU: CAPTURA DE RECEITAS DA SEGURIDADE SOCIAL

EM R$ BILHÕES CORRENTES E EM % DO PIB
2005-2015
BRASIL

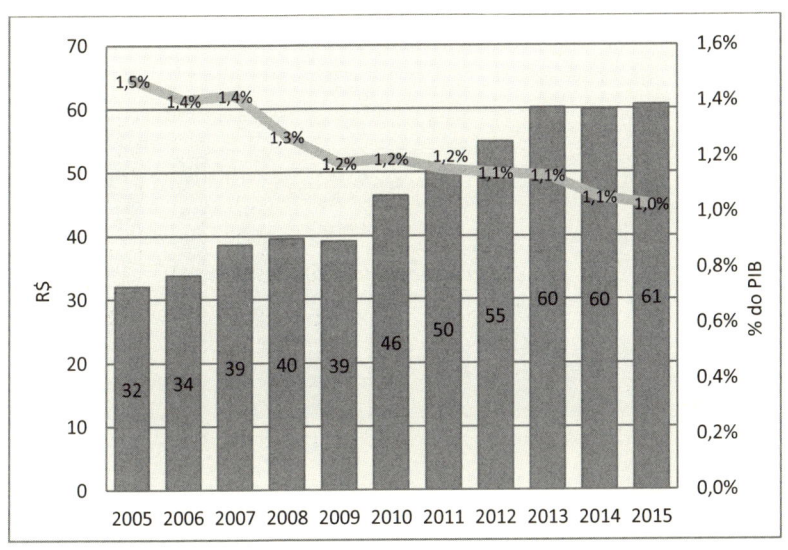

Fonte: Relatório Resumido de Execução Orçamentária – RREO-STN (ANFIP e DIEESE, 2017)

A Figura 13 indica que a Seguridade Social é superavitária mesmo com a DRU e com as desonerações tributárias concedidas pela área econômica do governo sobre as suas principais fontes de financiamento. Em 2015, por exemplo, a Seguridade deixou de arrecadar R$ 157,6 bilhões por conta dessas isenções.

FIGURA 13
TOTAL DE DESONERAÇÕES
DA RECEITA DA SEGURIDADE SOCIAL

EM R$ MILHÕES CORRENTES
2007-2016
BRASIL

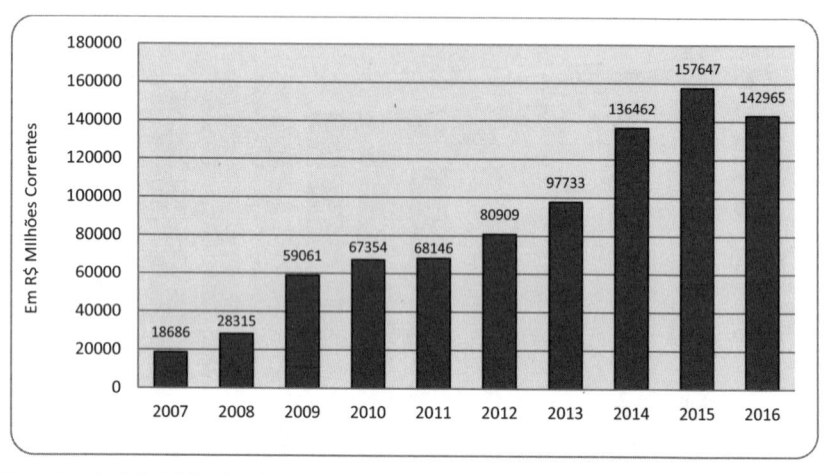

Fonte: Receita Federal, Ministério da Fazenda. Demonstrativo dos Gastos Tributários. PLOA (projeções) e Relatório de Bases Efetivas (ANFIP e DIEESE, 2017).Notas: (1) Dados de 2007 a 2014, Bases Efetivas. Dados de 2015 e 2016, dados estimados, PLOA (projeções) (2) Gastos com a contribuição para a Previdência incluem: Copa do Mundo (isenção à Fifa e entidades organizadoras); desoneração da folha de salários; donas de casa; entidades filantrópicas; exportação da produção rural; MEI (Microempreendedor Individual); Olimpíadas 2016 (isenção patronal ao comitê organizador); Simples Nacional; TI (Tecnologia da Informação) e TIC (Tecnologia da Informação e Comunicação), indústrias de transformação e setor hoteleiro. Nem todas as rubricas estão contidas em todos os anos. Elaboração (ANFIP, 2016).

4.2 Se a Previdência é parte da Seguridade, de onde viria o suposto "déficit"?

Se a Previdência é parte da Seguridade Social e se o Orçamento da Seguridade Social foi superavitário até 2015, nesse caso de onde viria o suposto "déficit"?

Ele vem de não se contabilizarem como receita previdenciária as contribuições que são dever do Estado. Desde 1989, só são consideradas no orçamento da Previdência as contribuições dos trabalhadores e dos empregadores.

A Figura 14 reproduz, para 2015, a forma de contabilização das contas da Previdência adotada pelo governo e que somente considera como receita as contribuições dos trabalhadores e dos empregadores sobre a folha de salário (R$ 350 bilhões). Ou seja, nenhum centavo das contribuições arrecadadas através da Cofins, da CSLL e do PIS-Pasep foi incluído como fonte de receita da Previdência no período analisado.

FIGURA 14
RESULTADO DA PREVIDÊNCIA
CONTABILIZADO PELO MPAS

EM R$ MILHÕES
2015
BRASIL

RECEITAS/DESPESAS	R$MIL
RECEITAS	**350.272,0**
Urbano	343.190,7
Rural	7.081,3
DESPESAS (BENEFÍCIOS PAGOS)	**436.090,1**
Urbano	338.049,3
Rural	98.040,8
RESULTADO (A-B)	**-85.818,1**

Fonte: Tesouro Nacional. In: MPS (RGPS por clientela urbana e rural segundo metodologia própria) (ANFIP e DIEESE, 2017).

Assim, o governo chama de "déficit" a parte cujo aporte é dever do Estado no esquema de financiamento tripartite instituído pela Constituição – mas que o governo não aporta. Portanto, o "déficit" é desprezo à ordem constitucional.

Não há déficit, porque déficit é uma despesa sem cobertura de receita. No caso do RGPS, existem fontes de recursos constitucionalmente asseguradas para financiar os seus gastos. O suposto rombo de R$ 85 bilhões verificado em 2015 poderia ter sido coberto com parte dos R$ 202 bilhões arrecadados pela Cofins; dos R$ 61 bilhões arrecadados pela CSLL; e dos R$ 53 bilhões arrecadados pelo PIS-Pasep. Ou então pelos R$ 63 bilhões capturados pela DRU e pelos R$ 158 bilhões de desonerações e renúncias fiscais concedidas pela a área econômica sobre as contribuições sociais que foram criadas em 1988 para financiar a Seguridade Social.

4.3 A Previdência Rural não é financiada pela Previdência Urbana

A Constituição da República não determina que as contribuições sobre a folha de salário urbano e as contribuições sobre a comercialização de produtos agrícolas são as únicas fontes de receita para a cobertura das despesas da Previdência Social nos seus segmentos urbano e rural.

Essa contabilização não leva em conta que o segmento rural é benefício típico da Seguridade Social previsto nos regimes de Estados de Bem-estar dos países desenvolvidos que inspiraram os constituintes de 1988. Nesses regimes, baseados na solidariedade, a redistribuição da renda pela via tributária financia os direitos daqueles que não têm capacidade de contribuição. Para isso foi instituída a forma clássica de financiamento tripartite entre empregados, empregadores e Estado (através de impostos gerais pagos por toda a sociedade). A Constituição criou duas novas contribuições (CSLL e Cofins) para essa finalidade.

Mais especificamente, em 1988, a sociedade concordou em assegurar uma velhice digna a milhões de trabalhadores rurais que começaram a trabalhar nas décadas de 1940 em diante, sem registro na carteira e em condições de semiescravidão. Havia a alternativa de deixar milhões de velhos rurais desamparados, vagando pelas ruas. Foi uma medida de justiça social para beneficiar trabalhadores rurais que nunca tiveram direitos. Houve naquele momento um pacto social para resgatar uma injustiça histórica cometida contra esse segmento.

Por outro lado, a Carta de 1988 fixou uma contribuição com base muito limitada, absolutamente insuficiente para financiar o estoque de trabalhadores gerado ao longo de mais de 40 anos e o fluxo de novos beneficiários diretos do INSS Rural.[30] Essa base de contribuição é ainda mais

---

[30] Determinada o art. 195, § 8º, da Constituição de 1988: "O produtor, o parceiro, o meeiro e o arrendatário rurais e o pescador artesanal, bem como os respectivos cônjuges, que exerçam suas atividades em regime de economia familiar, sem empregados

restringida pelas isenções fiscais dadas ao agronegócio exportador (Emenda Constitucional n. 33/2001. O tipo de organização econômica familiar que ocorre no campo não permite a utilização da mesma forma de tributação dos trabalhadores da cidade, pois não há assalariamento de seus membros.

À luz da Constituição da República, não se pode excluir o financiamento da Previdência Rural do conjunto das contribuições sociais que integram o Orçamento da Seguridade Social.

4.4 O "déficit" é desprezo à Constituição

Em suma, o Orçamento da Seguridade Social nunca foi respeitado. Desde 1989 se considera que as fontes de financiamento da Previdência são apenas as contribuições dos empregados e dos empregadores. Nos momentos de crise econômica, quando a "contribuição do governo" é exigida, essa contribuição é considerada "déficit". Portanto, não há como se falar em "déficit" na Previdência Social. Sobram recursos que são utilizados em finalidades não previstas na Carta Magna.

Esse desprezo à Constituição da República não se restringe ao descumprimento do Orçamento da Seguridade Social. Ele também está presente no descumprimento das determinações constitucionais relativas à Organização da Seguridade Social e na criação do Conselho da Seguridade Social, previstos no Art. 194 e nunca implantados[31].

4.5 Mais desprezo à Constituição: a inclusão do RPPS e dos militares na Seguridade Social

Esse mesmo desprezo à Constituição da República passou a contar com um novo componente a partir de 2016, urdido para alarmar a

---

permanentes, contribuirão para a Seguridade Social mediante a aplicação de uma alíquota sobre o resultado da comercialização da produção e farão jus aos benefícios nos termos da lei" (Redação dada pela Emenda Constitucional n. 20, de 1998).

[31] FAGNANI, Eduardo; TONELLI VAZ, Flávio. Previdência e Seguridade social: velhos mitos e novos desafios. *In:* FAGNANI. Eduardo; FONSECA, Ana (Org.). *Políticas sociais, universalização da cidadania e desenvolvimento: educação, seguridade social, infraestrutura urbana, pobreza e transição demográfica.* São Paulo, Fundação Perseu Abramo, 2013.

sociedade e pavimentar o caminho para a Reforma da Previdência pretendida pelo governo de Michel Temer (2016-2018).

Através de procedimento contábil criativo, o "déficit" da Seguridade teria atingido R$ 281 bilhões em 2018.[32] Isso porque a Secretaria do Tesouro Nacional (Relatório Resumido da Execução Orçamentária) passou a incluir na Seguridade Social os gastos e as receitas do RPPS e dos Pensionistas Militares.

O desprezo à Constituição é flagrante, dado que a Constituição de 1988 trata de modo separado cada um desses três regimes previdenciários:

- A Seguridade Social figura no Título VIII – Da Ordem Social (Capítulo II – Da Seguridade Social);
- O RPPS, figura no Título III – Da Organização do Estado (Capítulo VII – Da Administração Pública); e
- A Previdência dos Militares figura no Título V – Da Defesa do Estado e das Instituições Democráticas (Capítulo II – Das Forças Armadas).

Em suma, a Seguridade Social (art. 194 da CF/88) e o Orçamento da Seguridade Social (art. 195), que fazem parte da Ordem Social, contemplam apenas o RGPS. Incluir na Seguridade Social os (muitos) gastos e as (poucas) receitas do RPPS e da Previdência dos Militares é "contabilidade criativa" absolutamente inconstitucional.

4.6 O "déficit" vai explodir em 2060: projeções sem base científica

Se houvesse debate técnico qualificado, a sociedade teria chance de saber que o governo não dispõe de modelo atuarial adequado para

---

[32] SIMÃO, Edna. *Déficit da Seguridade Social vai a R$ 281 bi*. Valor, Brasília. 31 jan. 2019. Disponível em: https://www.valor.com.br/brasil/6098167/deficit-da-seguridade-social-vai-r-281-bi. Acesso em 24.06.2019.

projetar a "explosão" do "déficit" da Previdência em 2060. Como se sabe, a desconhecida bola de cristal dos extremistas do terrorismo econômico é categórica ao projetar desastre inexorável, "se nada for feito".

Note-se que no primeiro quadrimestre de 2019 o mercado mudou oito vezes a projeção do PIB para esse ano.[33] O erro de projeção é brutal: crescimento do PIB de 3% em janeiro e 1,5% em maio. Assim, o "fracasso da profissão" está aí, revelado e exposto, em um único quadrimestre. Se em um quadrimestre erram oito vezes; em um ano erram 24 vezes. Logo, em 40 anos errarão 960 vezes.

No caso da Previdência Social, é muito preocupante que essa draconiana proposta de "Reforma" seja justificada por projeções catastrofistas sem base científica. Afinal, como amplamente comprovado em estudo coordenado por Denise Gentil e Claudio Puty[34], o governo não dispõe de modelo de projeção atuarial minimamente confiável.

Muito mais grave que o catastrofismo é o fato de que a sociedade brasileira não conhece o "modelo" atuarial que endossa o cataclismo anunciado. Não sabemos sequer se há "modelo" atuarial. Se há, por que ele é mantido escondido, guardado a sete chaves, bem longe do conhecimento público? Ou não há mesmo modelo algum e trata-se só de mais e mais "palpites bem informados", meras conjecturas sem amparo técnico e científico? Quais parâmetros suportam tais projeções tendencialmente ruinosas? Quais variáveis são utilizadas? Quais premissas embasam os prognósticos para 2060? Enfim, quão acuradas são as projeções financeiras e atuariais do Regime Geral da Previdência Social (RGPS) que servem de base para os profetas do caos?

---

[33] FRISCH, Felipe. *Mercado reduz pela 8ª vez previsão de crescimento do PIB em 2019*, Valor, São Paulo. 22 abr. 2019. Disponível em: https://www.valor.com.br/brasil/6220551/mercado-reduz-pela-8-vez-previsao-de-crescimento-do-pib-em-2019?. Acesso em 24.06.2019.

[34] GENTIL, Denise Lobato; PUTY, Claudio. *A Previdência Social em 2060*: as inconsistências do modelo de projeção atuarial do governo brasileiro. ANFIP; DIEESE, 2017. Disponível em: http://plataformapoliticasocial.com.br/previdencia-social-como-acreditar-nas-previsoes-do-governo-para-2060/. Acesso em 27.06.2019.

São respostas que o governo, que projeta o caos, não pode dar. Cobrado por instituições que representam os trabalhadores para que forneça os dados que embasam a análise atuarial do impacto da "Nova Previdência", em 2019, o Secretário de Previdência, Leonardo Rolim, afirmou que no caso do RGPS "a volatilidade é maior, e os dados de longo prazo não são tão confiáveis". Ele lembrou que o governo nunca teve esse tipo de informação. "Isso nunca foi feito. E ninguém nunca abriu os dados como a gente está abrindo, para dar transparência". O secretário garantiu que o governo vai fazer uma avaliação "no futuro próximo". "Estamos criando um observatório. Vamos chamar a sociedade civil para ajudar a construir um modelo atuarial", afirmou.[35]

4.7 Erros grosseiros nas projeções pretéritas

Estudos desenvolvidos por Denise Gentil e Claudio Puty[36] compararam as projeções contidas nas Leis de Diretrizes Orçamentárias (LDO), de 2002 a 2016, com os resultados efetivamente observados, extraídos dos Anuários Estatísticos da Previdência Social, da Dataprev e do Tesouro Nacional. Para tanto, foram escolhidos para teste os anos de 2012, 2013, 2014 e 2015.

E entre outros aspectos, o estudo constatou erros de projeção na receita, na despesa e no déficit do RGPS. Em geral as projeções subestimam as receitas, quanto mais a LDO se afasta da data projetada. As projeções de despesas também apresentam padrão de erro sistemático similar ao observado no gráfico da receita, com o erro aumentando

---

[35] AZEVEDO, Alessandra. *Entidades cobram a liberação de dados do Regime Geral da Previdência – Instituições que representam trabalhadores cobram informações. Ministério diz que "no momento, não tem".* Correio Braziliense, 03 maio 2019. Disponível em: https://www.correiobraziliense.com.br/app/noticia/politica/2019/05/03/interna_politica,752858/entidades-cobram-a-liberacao-de-dados-do-regime-geral-da-previdencia.shtml. Acesso em 24.06.2019.

[36] GENTIL, Denise Lobato; PUTY, Claudio. *A Previdência Social em 2060*: as inconsistências do modelo de projeção atuarial do governo brasileiro. ANFIP; DIEESE, 2017. Disponível em: http://plataformapoliticasocial.com.br/previdencia-social-como-acreditar-nas-previsoes-do-governo-para-2060/. Acesso em 27.06.2019.

conforme se amplie o tempo para a previsão. Por fim, mostra que, com relação à projeção do déficit do RGPS, há tendência à superestimação do resultado negativo, especialmente até a LDO de 2013.

Em suma, por todas essas razões explicitadas até agora, os autores concluíram que os números apresentados nessas peças orçamentárias, que projetam em 2017 os resultados para 2060, são muito imprecisos porque, quanto mais se afastam do momento presente, mais acumulam pressupostos duvidosos.

4.8 O Congresso Nacional tem a obrigação de exigir que o governo abra a caixa secreta das projeções alarmistas

Dada a importância crucial dessas projeções para as decisões que serão tomadas no presente, o Parlamento tem o dever de exigir que o governo abra a caixa preta e apresente para a sociedade os critérios utilizados para sustentar seu discurso. Na ausência desse debate, prevalecerá a visão daqueles que, há mais de 30 anos, apontam para a catástrofe fiscal gerada – com o propósito de reduzir gastos e regredir direitos dos trabalhadores – pelas contas da Previdência.

Capítulo V

TERROR DEMOGRÁFICO: OUTRA "BOMBA-RELÓGIO" DE FICÇÃO

É fato que a população está envelhecendo e que o maior número de idosos pressionará as contas da Previdência. Mas isso não implica em aceitar o fatalismo demográfico e a ideia de que "não há alternativas". Democracias desenvolvidas enfrentaram e superaram essa questão no século passado e, muitas delas, gastam quase o dobro em Previdência, como proporção do PIB, em comparação com o Brasil. Não temos condições de pensar alternativas para problemas que acontecerão daqui a 40 anos? Para que serve o Ministério do Planejamento? Para que serve o Ipea?

Porém, a visão corrente transmitida pelo governo é que o envelhecimento populacional seria outra "bomba-relógio". Por causa dela, "não há alternativas" e só a "Reforma" fiscalista da Previdência salva. Essa posição alarmista fundamenta-se no indicador "razão de dependência de idosos", segundo o qual, com o envelhecimento, haverá menor proporção de trabalhadores contribuintes ativos para um maior número de aposentados que não contribuem. Entretanto, esse indicador apresenta limites que serão apontados a seguir.

5.1 A Previdência não é financiada apenas pelo trabalhador ativo

O primeiro ponto em que fracassa o indicador "razão de dependência de idosos" é que o financiamento da Previdência não depende unicamente da contribuição do trabalhador ativo. Com o debate qualificado, a sociedade seria informada de que, como mencionado, inspirando-se na experiência internacional, a Constituição de 1988 estabelece que a Seguridade Social, que contempla a Previdência Social, é financiada pelo modelo tripartite, segundo o qual, trabalhadores, empregadores e Estado são igualmente responsáveis pelo provimento de recursos para essas políticas de proteção social.

Em 2015, cerca de 30% dos gastos do RGPS deveriam ter sido cobertos pela "contribuição do governo", por meio das contribuições sociais criadas em 1988 para esse objetivo. Esse patamar é inferior ao que se verifica nos países da OCDE onde, como mencionada, a participação média relativa das "contribuições do governo" gira em torno de 45% do total[37].

5.2 Não se pode pensar 2060 como se pensava em 1960

A ênfase no indicador "razão de dependência de idosos" desconsidera a Quarta Revolução Industrial que está promovendo a fusão de tecnologias, a inteligência artificial, a robótica, a impressão 3D, a nanotecnologia, a biotecnologia, a estocagem de dados e de energia, os veículos autônomos, a internet das coisas, etc.[38] A consequência é que ela tende a provocar a corrosão da base salarial e a perpetuar o desemprego estrutural.

Dessa forma, não é razoável fazer projeções para 2060 considerando-se o cenário de 1960, quando, para se montar um automóvel era

---

[37] ANFIP; DIEESE. *Previdência*: reformar para excluir? Contribuição técnica ao debate sobre a reforma da previdência social brasileira. Brasília: Anfip – Associação Nacional dos Auditores Fiscais da Receita Federal do Brasil; Dieese – Departamento Intersindical de Estatística e Estudos Socioeconômicos. 2017. Disponível em: http://plataformapoliticasocial.com.br/previdencia-reformar-para-excluir-completo/.Acesso em 27.06.2009.

[38] CINTRA, Marcos Antonio Macedo. *A crise mundial e a quarta revolução industrial. Carta Capital*, 25 fev. 2016. Disponível em: http://www.cartacapital.com.br/blogs/blog-do-grri/a-crise-economica-mundial-e-a-quarta-revolucao-industrial/. Acesso em 24.06.2019.

necessária uma linha de produção com dezenas de trabalhadores. Hoje, automóveis são montados com algumas máquinas dotadas de inteligência artificial. Os ganhos de produtividade são extraordinários e não se paga tributos por isso. Nos países sérios, discute-se a tributação de robôs.

5.3 É preciso transitar da tributação dos salários para a tributação sobre a renda e o patrimônio

No Século XXI, o desafio de financiar a Previdência requer que os impostos deixem de incidir sobre a base salarial que será corroída e passem a atingir a renda, o lucro e o patrimônio. Muitos países desenvolvidos fizeram essa transição ainda em meados do século passado.

5.4 A Reforma Tributária é antídoto para a "bomba-demográfica"

Uma das alternativas para desarmar a suposta "bomba-demográfica" passa pela Reforma Tributária, dado que a tributação brasileira está na contramão dos países capitalistas relativamente menos desiguais. É uma tributação extremamente regressiva, porque incide sobre o consumo, não sobre a renda e a propriedade das classes abastadas.

Estudos da Anfip e Fenafisco mostram que não é verdade que a nossa carga tributária seja elevada na comparação internacional[39]. Mas é fato que temos a maior carga tributária em todo o mundo, que incide sobre o consumo (50% do total); é repassada aos preços das mercadorias; e captura parcela maior da renda dos pobres e parcela menor da renda dos ricos.

---

[39] ANFIP; FENAFISCO. *A Reforma Tributária Necessária – justiça fiscal é possível*: subsídios para o debate democrático sobre o novo desenho da tributação brasileira. FAGNANI, Eduardo (org.). Brasília: Anfip; Fenafisco. São Paulo. Plataforma Política Social. 2018. Disponível em: http://plataformapoliticasocial.com.br/justica-fiscal-e-possivel-subsidios-para-o-debate-democratico-sobre-o-novo-desenho-da-tributacao-brasileira/. Acesso em 27.06.2009.

Esse caráter regressivo fica evidente pela baixa participação da tributação sobre a renda na carga tributária no Brasil (18,3%), na comparação com a média dos 34 países que compõem a OCDE (média de 34,1%); pela menor participação da tributação do patrimônio na carga tributária no Brasil (4,4%), na comparação com a OCDE (5,5%); em contrapartida, o caráter regressivo da tributação também fica evidente pela elevada participação dos tributos sobre o consumo na carga tributária no Brasil (49,7%), muito acima da OCDE (32,4%).

No caso do Imposto de Renda da Pessoa Física (IRPF), além da baixa ou nula tributação das rendas do capital, a alíquota máxima praticada no Brasil (27,5%) é bem inferior à média da OCDE (43,5%); e sua participação na arrecadação total é quase quatro vezes menor.

5.5 O que importa é a evolução da população em idade ativa até 2060

Outro equívoco é desconhecer que o Brasil viverá até 2060 o seu melhor momento demográfico. A Figura 15 mostra que a população em idade ativa (15 a 64 anos) em 2060 será superior à verificada em 1978.

FIGURA 15
DISTRIBUIÇÃO PERCENTUAL E PROJEÇÃO DA POPULAÇÃO BRASILEIRA POR FAIXA ETÁRIA

1978-2060
BRASIL

DISTRIBUIÇÃO % E PROJEÇÃO DA POPULAÇÃO POR FAIXA ETÁRIA	1978	2000	2020	2040	2060
	%	%	%	%	%
População até 14 anos	39,1	30,0	20,9	15,5	13,0
População de 15 a 64 anos	57,0	64,4	69,7	66,9	60,2
População acima de 65 anos	3,9	5,6	9,4	17,6	26,8
Total da população	100,0	100,0	100,0	100,0	100,0
População em Idade Não Ativa	43,0	35,2	32,8	34,6	39,8
População em Idade Ativa (PIA)	57,0	64,8	67,2	65,4	60,2

Fonte: IBGE – 1980 (Anuário estatístico do Brasil 1980. Rio de Janeiro: IBGE, v. 41, 1981); 2000, 2020, 2040 e 2060.
Disponível em: http://www.ibge.gov.br/home/estatistica/populacao/projecao_da_populacao/2013/default_tab.shtm
Elaboração: Juliano Musse

Há, portanto, um período que poderia representar oportunidade de "enriquecer" antes de envelhecer, caso fosse adotada uma política econômica capaz de crescer e incorporar ao mercado de trabalho os brasileiros adultos que não contribuem para a Previdência porque estão desempregados, trabalham em empregos precários ou estão "fora da força de trabalho" pelo desalento e por falta de oportunidades.

Do ponto de vista dinâmico, o maior peso sobre os trabalhadores ativos para sustentação dos beneficiários do sistema previdenciário pode ser compensado também pela evolução mais acelerada das remunerações de quem está em atividade econômica, em comparação com a evolução do valor dos benefícios. Nesse contexto, a produtividade é variável chave. Com as empresas gerando mais empregos de maior valor agregado, os trabalhadores e o País como um todo se tornam mais ricos, fato que estimula a atividade econômica e a criação de renda e empregos de maior qualidade, formando um círculo virtuoso. E, por fim, para acelerar os ganhos de produtividade, a retomada do desenvolvimento industrial é fundamental, pois eles são proporcionados, sobretudo, por indústria forte e inovadora.

Em outras palavras, a compreensão dos impactos do envelhecimento da população sobre o Sistema de Seguridade Social Brasileiro exige considerar os efeitos de interação entre as dinâmicas macroeconômica e demográfica do País. O problema não é a demografia em si, mas o fato de que o Brasil não tem projeto de desenvolvimento econômico compatível com as necessidades da maioria da população, em um momento em que ocorrem grandes transformações em sua estrutura etária.

O atual regime de crescimento brasileiro é o típico regime de acumulação dominado pelas finanças[40], caracterizado por baixas taxas de investimento e de acumulação de capital fixo produtivo. Esse tipo de regime não compromete apenas o ritmo de crescimento econômico e sua sustentabilidade, mas afeta também a qualidade dos postos de trabalho e os ganhos de produtividade que lhe são associados.

5.6 Por que não considerar a razão entre pessoas trabalhando e não trabalhando?

Mothé buscou isolar o componente demográfico para simular qual seria o comportamento compensatório mínimo necessário das variáveis não demográficas (taxa de participação, taxa de ocupação e produto médio por trabalhador). Os resultados do seu trabalho mostram que não há razão para "fatalismo demográfico"[41].

Para a autora, a principal relação a ser considerada quando se analisa o envelhecimento populacional é "aquela entre pessoas trabalhando e não trabalhando". Também é necessário considerar a taxa de participação e a taxa de desocupação, além da produtividade dos trabalhadores, sublinha a autora[42]:

---

[40] ARAÚJO, Eliane; BRUNO, Miguel; PIMENTEL, Débora. Regime cambial e mudança estrutural na indústria de transformação brasileira: evidências para o período (1994-2008). *Revista de Economia Política*, v. 32, n. 3 (128), jul.-set./2012.

[41] MOTHÉ, Thais de Oliveira Barbosa. *Três Ensaios Sobre o Envelhecimento Populacional no Brasil à Luz do Princípio da Demanda Efetiva*. Tese de Doutorado ao Programa de Pós-Graduação em Economia, Universidade Federal do Rio de Janeiro, como requisito parcial à obtenção do título de Doutor em Economia. Rio de Janeiro, 2018, p. 35.

[42] MOTHÉ, Thais de Oliveira Barbosa. *Três Ensaios Sobre o Envelhecimento Populacional*

"Se há dúvidas em relação ao tratamento das mudanças na estrutura populacional como um fenômeno dado, cuja trajetória não é passível de interferências, há ainda mais dúvidas quando o que se analisa é um subgrupo dessa população que consiste naqueles que trabalham. Tratar a população ocupada como uma variável exógena é ignorar como esta responde ao ambiente econômico e a políticas públicas mais diretas. Dessa forma, não é adequado se ater apenas a análises demográficas quando se discute o envelhecimento populacional. Além da população ocupada ser diferente da população em idade ativa, a trajetória da razão de dependência é capaz de exprimir a variação do "peso" suportado pelos ocupados por não levar em conta o comportamento da produção por trabalhador. O aumento da produtividade dos trabalhadores ocupados é capaz de reverter o aumento da carga atribuída aos não ocupados".

Observe-se que em 2015, um pouco menos da metade da população trabalhava: a relação entre a população ocupada e a população total no Brasil foi de 46,34%. Segundo a autora[43]:

"Muitas pessoas estão disponíveis para trabalhar mais horas, porém não conseguem se inserir plenamente no mercado de trabalho. Se o conseguissem, contribuiriam mais em termos produtivos, aumentando o produto médio por trabalhador. A inserção precária no mercado de trabalho, em tempo parcial, é responsável pela existência de tal fenômeno, que guarda ligação com a informalidade e acomete, sobretudo, mulheres".

Há dois pontos centrais a serem considerados. **Em primeiro**, a relação entre população ocupada e população total é ainda menor no

---

no *Brasil à Luz do Princípio da Demanda Efetiva.* Tese de Doutorado ao Programa de Pós-Graduação em Economia, Universidade Federal do Rio de Janeiro, como requisito parcial à obtenção do título de Doutor em Economia. Rio de Janeiro, 2018, p. 35.

[43] MOTHÉ, Thais de Oliveira Barbosa. *Três Ensaios Sobre o Envelhecimento Populacional no Brasil à Luz do Princípio da Demanda Efetiva.* Tese de Doutorado ao Programa de Pós-Graduação em Economia, Universidade Federal do Rio de Janeiro, como requisito parcial à obtenção do título de Doutor em Economia. Rio de Janeiro, 2018, p. 35.

caso das mulheres em todas as faixas etárias. Na média de todas as idades, a taxa de participação feminina no mercado de trabalho é quase 30% inferior à masculina. Nesse sentido, diz a autora[44]:

> "Políticas públicas que visassem ao aumento das taxas de atividade e ocupação das mulheres rumo às taxas verificadas no grupo dos homens já poderiam ser uma forma de compensação do processo de envelhecimento populacional, pois teriam a capacidade de elevar o quantitativo da população ocupada. Além disso, teriam o benefício do combate à desigualdade de gênero e o de não sobrecarregar pessoas já idosas".

É importante destacar que as diferenças de taxa de participação entre mulheres e homens é mais acentuada de acordo com o perfil socioeconômico: para faixas acima de 5 salários-mínimos de renda *per capita* a diferença entre os sexos é de apenas 5%; já para as faixas inferiores a ¼ de salário-mínimo *per capita* a diferença chega a 37,1%. Então a condição socioeconômica é fundamental para definir a inserção[45].

Em segundo lugar, a relação entre a população ocupada e a população total é mais elevada na faixa etária de 35 a 39 anos de idade (quase 78%), caindo, sensível e progressivamente, para os indivíduos mais velhos, pois há barreiras que dificultam a entrada e a permanência do trabalhador idoso no mercado de trabalho, o que, muitas vezes, torna a inserção precária ou impossível. Dessa forma, políticas públicas que visem ao aumento das taxas de atividade das pessoas com mais de 39 anos poderiam compensar os efeitos do envelhecimento sobre as receitas da Previdência.

Na ausência dessas políticas, as propostas de aumento de idade e de tempo de contribuição para o acesso à aposentadoria podem jogar

---

[44] MOTHÉ, Thais de Oliveira Barbosa. *Três Ensaios Sobre o Envelhecimento Populacional no Brasil à Luz do Princípio da Demanda Efetiva*. Tese de Doutorado ao Programa de Pós-Graduação em Economia, Universidade Federal do Rio de Janeiro, como requisito parcial à obtenção do título de Doutor em Economia. Rio de Janeiro, 2018, p. 34-35.

[45] TEIXEIRA, Marilane. *A desestruturação do mercado de trabalho*. São Paulo. *Le Monde Diplomatique Brasil*. Edição 141. abr. 2019.

esse contingente na miséria. Já está havendo a ampliação do universo dos "sem aposentadoria nem trabalho" com mais de 50 anos. Estudo das pesquisadoras Ana Amélia Camarano e Daniele Fernandes, do Instituto de Pesquisa Econômica Aplicada (Ipea), citado por *Valor*, mostra que os homens que se encaixam nesse perfil "representavam 4,2% da faixa etária em 1992. Esse número cresceu para 6,2% em 2005 e alcançou 8,3% em 2015. Levantamento da consultoria LCA mostra que esse contingente subiu para 9,6% dos homens dessa faixa etária em 2017. O total de pessoas que reúnem essas condições estava em 1,843 milhão em 2017, 11% acima do ano anterior (189 mil pessoas a mais)".[46]

5.7 O "apocalipse" demográfico de 2060 não estaria ocorrendo hoje?

Com base na análise anterior, observe-se que o suposto "apocalipse" que ocorreria em 2060 já ocorre hoje por conta da austeridade econômica praticada desde 2015 que derrubou a atividade econômica, destruiu empregos e excluiu parcela expressiva da População em Idade Ativa (PIA) do mercado de trabalho.

Atualmente, mais de 28 milhões de trabalhadores adultos que compõem a PIA não trabalham e não estudam e, portanto, embora em idade ativa, estão fora da "força de trabalho" e já não contribuem para a Previdência. Outros 105,5 milhões de brasileiros estão no mercado de trabalho e fazem parte da População Economicamente Ativa (PEA). Entretanto, 13,2 milhões estão desempregados e outros 92,3 milhões estão ocupados, mas cerca de 35 milhões trabalham sem carteira ou têm algum vínculo precário. Portanto, mais de 80 milhões de trabalhadores em idade ativa, que poderiam contribuir para a Previdência, já deixam de contribuir.

Assim, o "apocalipse" previsto para 2060 já está instaurado. O problema não está na demografia, mas no fato de o Brasil não ter

---

[46] BÔAS, Bruno Villas. *Crise amplia universo dos sem aposentadoria nem trabalho acima de 50 anos. Valor*, Rio de Janeiro. 16 maio 2019. Disponível em: https://www.valor.com.br/brasil/6258001/crise-amplia-universo-dos-sem-aposentadoria-nem-trabalho-acima-de-50-anos. Acesso em 25.06.2019.

ainda modelo econômico compatível com as necessidades do seu próprio desenvolvimento[47].

5.8 Há alternativas para enfrentar a "bomba-demográfica" de ficção

Diversos países produtores de petróleo instituíram o Fundo Soberano incidente sobre as receitas de Petróleo e Gás que, capitalizados ao longo dos anos, passaram a financiar as políticas governamentais, inclusive políticas de saúde e de Previdência Social, cujos gastos foram pressionados pela transição demográfica.

A experiência da Noruega é exemplar, tendo inclusive, inspirado a constituição do Fundo Soberano do Brasil (FSB)[48], criado pela Lei n. 11.887 de 2008, que no futuro seria integralizado com parte dos royalties pagos à União pela exploração das reservas do petróleo do pré-sal, como fazem outros países produtores, como a Noruega. Um dos objetivos do FSB era "formar poupança pública, mitigar os efeitos dos ciclos econômicos e fomentar projetos de interesse estratégico do País no exterior". Na mesma linha, destaca-se a posterior criação do Fundo Social (Lei n. 12.351, de 2010), também ancorado nas reservas de petróleo, com a "finalidade de constituir fonte de recursos para o desenvolvimento social e regional, na forma de programas e projetos nas áreas de combate à pobreza e de desenvolvimento".

É fato que, em 2016, a miopia fiscalista enterrou essas possibilidades de financiamento futuro. A Medida Provisória (MP) 830/2018 extinguiu o FSB e transferiu os recursos do Fundo (calculados em R$ 26,5 bilhões) para o Tesouro Nacional, de onde serão usados para o pagamento da dívida pública. A extinção do FSB foi justificada para conter os gastos públicos e equilibrar as contas do governo.[49]

---

[47] TEIXEIRA, Marilane. *A desestruturação do mercado de trabalho*. São Paulo. *Le Monde Diplomatique Brasil*. Edição 141. abr. 2019.

[48] BNDES. *Fundos financeiros baseados em receitas de petróleo e gás* (Relatório II). Bain & Company; Tozzini Freire Advogados, 2009. Disponível em: www.tozzinifreire.com.br (trabalho realizado com recursos do Fundo de Estruturação de Projetos do BNDES).

[49] *Temer anuncia fim do Fundo Soberano e abertura do Pré-Sal. Brasil 247*, 24 maio 2016. Disponível em: https://www.brasil247.com/pt/247/poder/234100/Temer-

Há a possibilidade de se fazer políticas públicas que incentivem os trabalhadores com mais de 65 anos a permanecer na atividade laboral. Portugal, por exemplo, faz esse incentivo pela redução do valor da contribuição previdenciária.

Há a possibilidade extrema de se fazer com que os trabalhadores inativos continuem contribuindo para a Previdência. No caso do RPPS dos servidores federais essa prática já é exercida no Brasil desde a promulgação da Emenda Constitucional n. 41/2003, que determina que todos os servidores públicos que recebem acima do teto do INSS passem a contribuir com alíquota de 11%, mesmo após se aposentarem, o que desarma a "bomba-demográfica" de ficção baseada na razão de dependência no caso desse segmento da Previdência.

Também há, como mencionado, a alternativa de se formular políticas públicas que visem ao aumento das taxas de atividade e ocupação das mulheres e das pessoas com mais de 39 anos[50].

---

anuncia-fim-do-fundo-soberano-e-abertura-do-pr%C3%A9-sal.htm. Acesso em 25.06.2019.

[50] MOTHÉ, Thais de Oliveira Barbosa. *Três Ensaios Sobre o Envelhecimento Populacional no Brasil à Luz do Princípio da Demanda Efetiva*. Tese de Doutorado ao Programa de Pós-Graduação em Economia, Universidade Federal do Rio de Janeiro, como requisito parcial à obtenção do título de Doutor em Economia. Rio de Janeiro, 2018.

Capítulo VI

TERROR ECONÔMICO: SEM A "REFORMA" O "BRASIL VAI QUEBRAR"

Além do terror demográfico e financeiro, a estratégia para impor a reforma fiscalista da Previdência também usa o ardil de disseminar mensagens alarmistas sem base científica sobre a deterioração dos fundamentos macroeconômicos, caso não se façam mudanças na Previdência.

Esse terrorismo é mantra nos últimos quatro anos. Em 2016, por exemplo, o Ministro da Casa Civil, Eliseu Padilha, alertou que sem a Reforma da Previdência "o orçamento federal ruirá daqui a oito anos". Para ele, "sem a Reforma, o sistema soçobra em 2024" e o "orçamento só pagará saúde, educação, folha de pagamento e Previdência. Não sobraria nenhum recurso discricionário, a manter-se a lógica atual (...). Agora é a hora, porque não temos alternativa. A questão é existirem ou não existirem as contas públicas brasileiras", afirmou.[51] Em outra comunicação, o Ministro-Chefe da Casa Civil afirmou que "tem que mudar (o atual sistema) para preservar, porque, se não mudar, não vai haver mais garantia do recebimento da aposentadoria".[52]

---

[51] *Padilha: sem reforma, Orçamento em 2024 só pagará Saúde, Educação e Previdência. Isto é.* 05 dez. 2016. Disponível em: https://istoe.com.br/padilha-sem-reforma-orcamento-em-2024-so-pagara-saude-educacao-e-previdencia/. Acesso em 25.06.2019.

[52] MATOSO, Filipe; MARTELLO, Alexandre. *Sem reforma da Previdência, não há garantia*

Michel Temer cansou-se de reproduzir o alarmismo: "A Previdência quebra. Você veja o caso da Grécia e de Portugal. Há pouquíssimo tempo, foi preciso fazer (nesses países) uma reforma da Previdência e cortar pensões de aposentados e vencimentos de servidores públicos porque tardaram muito a fazer a Reforma", disse Temer.[53]

Henrique Meirelles, ex-Ministro da Fazenda, por diversas vezes repetiu o mantra: "A Reforma da Previdência é importante para o Brasil não quebrar". Para ele, com a tendência recente do crescimento da despesa (da Previdência), "a dívida bruta ultrapassaria 100% do PIB num curto espaço de tempo, poucos anos".[54]

Jair Bolsonaro não é diferente. Em 24 de abril de 2019, em cadeia nacional, afirmou que:

> "É muito importante lembrar que se nada for feito o País não terá recursos para garantir uma aposentadoria para todos os brasileiros. Sem mudanças o governo não terá condições de investir nas áreas mais importantes para as famílias como saúde, educação e segurança. Temos certeza que a nova Previdência vai fazer o Brasil retomar o crescimento, gerar emprego e principalmente a reduzir a desigualdade social, porque com a reforma os mais pobres pagarão menos. O Brasil tem pressa".

Em outra manifestação, o Presidente da República afirmou que sem a "Reforma" da Previdência "o caos vai se instalar" e "ninguém mais vai confiar no Brasil". Para ele, se a economia for inferior a ao

---

de aposentadoria, diz Padilha. *G1*, Brasília. 12 ago. 2016. Disponível em: http://g1.globo.com/politica/noticia/2016/08/sem-reforma-da-previdencia-nao-ha-garantia-de-aposentadoria-diz-padilha.html. Acesso em 25.06.2019.

[53] *Temer reafirma que, sem reforma, Previdência vai quebrar*. O Dia, São Paulo. 30 jan. 2018. Disponível em: https://odia.ig.com.br/_conteudo/2018/01/brasil/5509466-temer-reafirma-que-sem-reforma-previdencia-vai-quebrar.html. Acesso em 25.06.2019.

[54] *Ministro defende controle de gastos como condição para País voltar a crescer*. Ministério da Fazenda, 21 nov. 2016. Disponível em: http://www.fazenda.gov.br/noticias/2016/novembro/ministro-defende-controle-de-gastos-como-condicao-para-pais-voltar-a-crescer. Acesso em 25.06.2019.

trilhão pretendido, "nós vamos ficar como a Argentina", desconhecendo, por completo, que a Argentina quebrou por conta, sobretudo, da implantação de política econômica liberal perseguida no Brasil pelo seu Ministro da Economia.[55]

Paulo Guedes é ainda mais bizarro, fazendo crer que a "Reforma" seria um início de um caminho virtuoso e a derrota conduzirá o Brasil ao colapso e à convulsão[56]:

> "Se não fizermos a Reforma, o Brasil pega fogo. A velha Previdência quebrou. Não vamos ter nem dinheiro para pagar aos funcionários. Vai ser o caos no setor público, tanto no governo federal como nos Estados e Municípios. A Previdência é hoje um buraco negro, que engole tudo ao redor. O déficit tem crescido cerca de 40 bilhões de reais por ano. A Reforma é urgente, porque os mercados não vão esperar muito mais. Eles fogem antes. A engolfada pode vir em um ano, um ano e meio. Quando os mercados sabem que o negócio vai quebrar daqui a três ou quatro anos, eles antecipam os movimentos. O dólar já começa a subir, a bolsa começa a afundar e a classe política, que poderia estar trabalhando numa agenda construtiva de descentralização de recursos, começa a se afastar dessa pauta para apostar num impeachment. Esse é o diagnóstico: a curto prazo, podemos virar uma Argentina, com 30% a 40% de inflação. A médio prazo, antes de o governo acabar, uma Venezuela, com desabastecimento, inflação alta, dólar explodindo, zero investimento, desemprego elevado, atraso de salário, atraso de pagamentos a aposentados e pensionistas."

O alarmismo também frequenta o cardápio de formuladores[57] da "Nova Previdência" e de economistas que atuam no mercado financeiro.

---

[55] *Sem reforma, nós vamos ficar como a Argentina, diz Bolsonaro. Agência Estado*, 25 abr 2019. Disponível em: https://noticias.r7.com/brasil/sem-reforma-nos-vamos-ficar-como-a-argentina-diz-bolsonaro-25042019?fbclid=IwAR0-uznhEZOGU7aqhdSKUGvpJNY YrSuM9bMzNHAnhYdHLjgnIgimEYWF7r8. Acesso em 25.06.2019.

[56] *Aposta no tudo ou nada, Veja*, São Paulo. 24 maio 2019.

[57] ROCHA, Ludmylla. *Paulo Tafner propõe contribuição patronal obrigatória igual à do trabalhador, Poder 360*, 25 maio 2019. Disponível em: https://www.msn.com/pt-br/

Um deles, por exemplo, disse que com a Reforma da Previdência "o PIB pode crescer a 3%", pois ela seria o "único" mecanismo capaz de promover o equilíbrio fiscal, o que traria "uma visão positiva de que o País pode crescer e honrar compromissos com investidores". Em resumo, "o efeito principal da Reforma da Previdência é mudar a percepção do risco-país".[58]

Outro economista afirmou que o crescimento mais robusto da economia viria, somente, em 2020. "Só que, para voltar a crescer, precisamos da Reforma da Previdência – é o começo e a parte mais difícil do ajuste fiscal – e do sucesso dos leilões de concessão". Com a Reforma, "não haverá pressão sobre a inflação, e os juros vão cair". Porém, "se não fizemos a Reforma, o Brasil voltará para a recessão". Em síntese: "ou voltamos a crescer com estabilidade ou afundamos de novo na mediocridade".[59]

Entretanto, em matéria de terrorismo econômico, nada se compara ao "pensamento" de Adolfo Sachsida, titular da Secretaria de Política

---

finance/other/paulo-tafner-prop-c3-b5e-contribui-c3-a7-c3-a3o-patronal-obrigat-c3-b3ria-igual-c3-a0-do-trabalhador/ar-AABTBEo.Acesso em 25.06.2019:"O País precisa disso para voltar minimamente a ter chance de crescer. Senão a outra opção vai ser: vamos fazer companhia à Grécia, vamos fazer companhia a Portugal que no passado, 11 anos atrás, cortou o benefício. Não tinha direito para pagar, então não pago, pronto. Vamos fazer como fez o Rio de Janeiro, tá fazendo Minas Gerais, Goiás, Rio Grande do Sul, Rio Grande do Norte, Sergipe, não paga. (...) É óbvio que o mercado estava muito esperançoso com a aprovação e uma aprovação rápida, está demorando um pouco mais. Quando a gente fala de mercado, estamos falando dos grandes investidores, grandes fundos de investimentos do mundo inteiro olhando basicamente para um indicador: a solvência da dívida brasileira. Se houver, eles vão investir. Se não houver, eles não vão investir. É tão simples quanto isso".

[58] COSTA, Gilberto. *Com reforma da Previdência, PIB pode crescer a 3%, estimam especialistas.* *UOL Economia.* 12 fev. 2019. Disponível em: https://economia.uol.com.br/noticias/redacao/2019/02/12/especialistas-reforma-da-previdencia-equilibrio-fiscal.htm.Acesso em 25.06.2019.

[59] LANDIM, Raquel. *Ou voltamos a crescer com estabilidade ou afundamos na mediocridade, diz José Roberto Mendonça de Barros.* *Folha de São Paulo,* São Paulo. 25 fev. 2019. Disponível em: https://www1.folha.uol.com.br/mercado/2019/02/ou-voltamos-a-crescer-com-estabilidade-ou-afundamos-na-mediocridade-diz-jose-roberto-mendonca-de-barros.shtml.Acesso em 25.06.2019.

Econômica do Ministério da Economia (SPE-MF), para o qual são possíveis dois "Brasis" diferentes em 2023: "um em franco crescimento com a aprovação da Reforma, e outro sem ela, mergulhado em profunda recessão e sem empregos". O dirigente requenta o famoso, *slogan* atribuído a Margaret Thatcher: "Vamos ser honestos, se essa Reforma não passa, é natural que o País entre em recessão. Não tem o que fazer".[60]

O economista baseia suas análises em projeções realizadas pela SPE-ME[61] sobre a evolução dos principais indicadores com e sem a Reforma da Previdência, cujas conclusões "contundentes" são as seguintes:

- Sem a Reforma da Previdência, em 2023 o crescimento do PIB seria negativo (-1,8%); com a Reforma, o PIB cresceria em 3,3%.

- Com a manutenção das regras atuais, em 2023 o PIB *per capita* cairia para R$ 30.905,00; com a Reforma, ele subiria para R$ 36.667,00. Assim, na ausência de reforma "cada brasileiro receberia, em média, R$ 2,5 mil a menos por ano, equivalente a 2,6 salários-mínimos por ano nos próximos cinco anos".

- Com a Reforma da Previdência, em 2023 a taxa de desemprego cairia para 8%; sem a Reforma, atingiria 15,1%.

- Com a Reforma, até 2023, seriam gerados "quase 8 milhões de empregos"; sem a Reforma, apenas 2.607 milhões.

- A panaceia também se refletiria na melhora dos indicadores fiscais. Com a Reforma, em 2023, o superávit primário seria de 1% do PIB; sem ela, o resultado seria -1,3% do PIB e "o resultado primário do setor público consolidado continuaria permanentemente deficitário".

---

[60] *Sem reforma da Previdência, País cai de cara na recessão em 2020, diz Sachsida. Infomoney.* 26 fev. 2019. Disponível em: https://www.infomoney.com.br/mercados/politica/noticia/7947405/sem-reforma-da-previdencia-pais-cai-de-cara-na-recessao-em-2020-diz-sachsida. Acesso em 25.06.2019.

[61] SPE/MF. Nota Informativa. Efeito da reforma da Previdência no crescimento do PIB. Projeções para o período de 2019 a 2023, 22 fev. 2019.

- O poder milagroso da Reforma também se revela no comportamento da dívida bruta do Governo Geral. Sem ela, em 2023, a dívida bruta "seguiria em trajetória explosiva" atingindo 102,3% do PIB; com a Reforma, "sem considerar receitas extraordinárias", ela começaria a declinar a partir de 2021".
- Para a SPE-MF, a Reforma da Previdência também seria o mecanismo eficaz para reduzir a taxa de juros. Segundo o documento, no cenário sem reforma, em 2023, a taxa de juros básicos poderá atingir a marca estratosférica de 18,5% ao ano. Com a Reforma, o juro seria rebaixado para o menor patamar da história (5,6% ao ano).

Não se sabe qual teoria econômica foi utilizada para atestar a correlação ímpar e absoluta da Previdência com o comportamento desse conjunto de indicadores econômicos. Talvez essas projeções sejam baseadas em nova corrente de pensamento ainda desconhecida, ancorada na interpretação do horóscopo.

6.1 "Profissão de fé"

Portanto, para os fiscalistas, o destino da nação depende exclusivamente da Reforma da Previdência. Para o economista Luiz Guilherme Piva, "a versão de que todos ganham e de que tudo se soluciona com a Reforma (da Previdência) é uma profissão de fé". Segundo ele, "o que intriga é o poder milagroso que se atribui a ela". A julgar pelo que é veiculado pelos meios de comunicação, "não existe mal que (a Reforma da Previdência) não redima: déficit fiscal, entraves à produção, desconfiança de investidores, desemprego, dívida pública e tudo o mais".[62]

"Parece uma Nova Providência, não Nova Previdência, como se o crescimento fosse cair do céu por efeito de uma reforma exclusiva",

---

[62] PIVA, Luiz Guilherme.. *O (não) debate da reforma. Folha de São Paulo*, 03 mar. 2019. Disponível em: https://www1.folha.uol.com.br/opiniao/2019/03/o-nao-debate-da-reforma.shtml. Acesso em 25.06.2019.

sublinha Alexandre Barbosa, quem afirma, corretamente, que "o que traz crescimento é o consumo das famílias e os investimentos públicos e privados, em contexto internacional favorável". Com a Reforma da Previdência, "há riscos de tirar poder de compra de segmento da população que poderia dar substância à expansão do PIB" – alerta o autor.[63]

A despeito dos alarmistas de plantão, a ideia de que a Reforma da Previdência seria panaceia universal tem sido contestada por diversos economistas, inclusive pelo "pessoal que domina as manchetes" dos jornais: "É mais do que evidente que o Brasil está se equilibrando nas pontinhas dos dedos sobre um precipício. Mas, será mesmo que isso equivale à impotência no curto prazo, apenas com a Reforma da Previdência como resposta de médio prazo? Custo a acreditar nisso".[64]

6.2 A "Reforma" é recessiva e ampliará o déficit fiscal

Não se sustenta a ideia de que o efeito da "Reforma" será positivo para economia pela maior "confiança" dos agentes internacionais, que voltariam a investir no Brasil. A crença na "fada da confiança" foi utilizada, sem sucesso, para justificar a "austeridade" imposta em 2015. Entretanto, "não existe nenhuma evidência empírica de que a chamada contração fiscal expansionista" gere maior confiança, afirma José Oreiro.[65]

A suposta "economia" de R$ 1 trilhão não trará crescimento econômico, pois esses recursos serão subtraídos da renda das famílias, especialmente das mais pobres, que têm elevada propensão para o

---

[63] COSTA, Gilberto. *Com reforma da Previdência, PIB pode crescer a 3%, estimam especialistas. UOL Economia*, 12 fev. 2019. Disponível em: https://economia.uol.com.br/noticias/redacao/2019/02/12/especialistas-reforma-da-previdencia-equilibrio-fiscal.htm Acesso em 25.06.2019.

[64] BOLLE, Mônica De. *Por que a economia brasileira sofre com o engessamento intelectual. Época*, 24 maio 2019. Disponível em: https://epoca.globo.com/por-que-economia-brasileira-sofre-com-engessamento-intelectual-23691370. Acesso em 25.06.2019.

[65] MENDONÇA, Heloísa. *A chance de o Brasil entrar em recessão técnica beira os 70%. Entrevista. José Luis Oreiro. El País.* 27 maio 2019. Disponível em: http://www.ihu.unisinos.br/78-noticias/589552-a-chance-de-o-brasil-entrar-em-recessao-tecnica-beira-os-70. 25.06.2009. Acesso em 25.06.2009.

consumo. As restrições de direitos no RGPS, no BPC e no Abono Salarial terão efeitos negativos sobre as finanças pessoais, sobre a economia regional e sobre as finanças dos municípios, especialmente os localizados nas regiões mais pobres do País. A supressão da renda de benefícios retrai o consumo das famílias.

Além de não contribuir para o crescimento, a Reforma também não contribui para o ajuste fiscal. A implantação de capitalização individual ampliará o desajuste fiscal, dados os custos da transição do Regime de Repartição para o Regime de Capitalização Individual, o que pioraria as contas do Governo. Com a implantação dessa medida, diz Oreiro, "aí sim veremos o que é uma crise fiscal. Dez vezes pior do que a de agora. Não faz sentido."[66]

6.3 O modelo macroeconômico impede o crescimento

A institucionalidade do chamado "tripé macroeconômico" coloca limites para o crescimento da economia. O "tripé" visa "à geração de superávits primários para o pagamento de parcela dos juros da dívida pública". De 1998 a 2013, o Brasil gerou superávits primários que oscilaram entre 2,5% e 4,5% do PIB. Mesmo que depois de 2014 esses superávits tenham deixado de ser gerados, "o principal objetivo da política econômica, desde 2015, tem sido o de criar as condições para recuperar essa capacidade, significando que continuarão condicionando a gestão orçamentária", afirma Fabrício de Oliveira.[67]

---

[66] MENDONÇA, Heloísa. *A chance de o Brasil entrar em recessão técnica beira os 70%. Entrevista. José Luis Oreiro. El País.* 27 maio 2019. Disponível em: http://www.ihu.unisinos. br/78-noticias/589552-a-chance-de-o-brasil-entrar-em-recessao-tecnica-beira-os-70. Acesso em 25.06.2009.

[67] FACHIN; Patricia. *A vinculação das receitas é a garantia de que os recursos do orçamento serão destinados à cobertura de políticas sociais. Entrevista especial com Fabrício Augusto de Oliveira. IHU,* 06 de maio de 2019. Disponível em: http://www.ihu.unisinos.br/588840-a-vinculacao-das-receitas-e-a-garantia-de-que-os-recursos-do-orcamento-serao-destinados-a-cobertura-de-politicas-sociais-entrevista-especial-com-fabricio-augusto-de-oliveira. Acesso em 25.06.2019.

Meta de Inflação, meta de superávit fiscal, Lei de Responsabilidade Fiscal, teto de gasto e a regra de ouro sobre emissão de dívida pública limitam o investimento e o gasto corrente, pois o propósito é equilibrar o orçamento, evitar o crescimento da dívida pública e preservar recursos para o pagamento de juros.

Esse engessamento institucional impede a adoção de medidas fiscais anticíclicas, resultando em ajuste ortodoxo permanente. Como aponta Nelson Barbosa, "o arrocho fiscal em curso decorre de uma regra criada pelo próprio governo, não de uma restrição real ou inevitável". Em última instância, esses mecanismos induzem "a política fiscal a ser expansionista em períodos de expansão e contracionista em períodos de contração". Assim, além de reformas do gasto público e medidas de recuperação da arrecadação, "também precisamos mudar nossas regras fiscais" que acabam por "criminalizar a política fiscal".[68]

Na vigência dessas regras, as despesas públicas mais expressivas (como os gastos com pessoal e os previdenciários) passam a ser "questionadas por não deixar espaços para o pagamento dos juros da dívida". A única preocupação do governo "é reduzir aqueles gastos e ampliar os espaços no orçamento para recuperar a capacidade de pagar os juros dos credores do Estado". A geração de superávits primários para o pagamento de uma parcela das despesas financeiras são as únicas rubricas "sagradas" que devem ser cumpridas, colocando-se em segundo plano as despesas não financeiras, como os gastos sociais e previdenciários[69]:

"Mais grave é que, tornada sagrada, inescapável, uma vez estabelecida a meta do superávit primário, caso, por alguma razão

[68] BARBOSA, Nelson. *O problema das três regras fiscais*. Le Monde Diplomatique Brasil, 30 de maio de 2019. Disponível em: https://diplomatique.org.br/o-problema-das-tres-regras-fiscais/. Acesso em 25.06.2019

[69] FACHIN, Patricia. *A vinculação das receitas é a garantia de que os recursos do orçamento serão destinados à cobertura de políticas sociais. Entrevista especial com Fabrício Augusto de Oliveira.* IHU, 06 de maio de 2019. Disponível em: http://www.ihu.unisinos.br/588840-a-vinculacao-das-receitas-e-a-garantia-de-que-os-recursos-do-orcamento-serao-destinados-a-cobertura-de-politicas-sociais-entrevista-especial-com-fabricio-augusto-de-oliveira. Acesso em 25.06.2019.

qualquer, seu atingimento seja colocado em risco, todo o orçamento deve ser ajustado para garanti-la, não importando se os cortes serão feitos sobre os investimentos, indispensáveis para o crescimento econômico sustentado, o que inviabiliza qualquer atividade de planejamento".

Nesse sentido, é falso o argumento de que a Previdência precisaria ser reformada porque estaríamos diante de um colapso fiscal, afirma Pedro Rossi. A verdade é que o problema fiscal brasileiro não vem por déficit primário ou déficit da Previdência[70]:

"O déficit fiscal é uma dívida que aumenta, é exponencialmente crescente. Esse é o problema fiscal. O que faz crescer a dívida brasileira? É essencialmente um nó macroeconômico, uma política monetária inadequada com padrões de juros internacionalmente fora da linha, articulada com uma política cambial que não consegue conter a volatilidade da moeda brasileira, que é uma das mais voláteis do sistema, e tudo isso tem um custo fiscal imenso. Os juros nominais que pagamos contribuem para o aumento da dívida. E uma variável fundamental para a sustentabilidade da dívida é o crescimento econômico, que nos últimos anos não tem ajudado na queda dessa dívida. O problema brasileiro é o arranjo macroeconômico que tem levado a um aumento da dívida. Qual a contribuição do déficit primário? É pequena. Nos últimos três anos ele de fato contribuiu para o aumento da dívida, mas não se compara o impacto que têm os juros nominais, por exemplo, ou a queda do crescimento econômico com o problema de déficit primário, no qual a Previdência está incluída. Discutir a Reforma da Previdência é correto. Mas dizer que é preciso reformar porque senão a economia brasileira vai colapsar é mentira".

---

[70] SANTOS, João Vitor; AZEVEDO, Wagner Fernandes de. *As três irmãs do apocalipse social contra o Estado de Bem-estar. Entrevista especial com Pedro Rossi. IHU*, 01 maio 2019. Disponível em: http://www.ihu.unisinos.br/588743-as-tres-irmas-do-apocalipse-social-contra-o-estado-de-bem-estar-entrevista-especial-com-pedro-rossi?fbclid=IwAR2faa 941sU8jrF341n2Re7Y5Q_i8P2e5GkJfviV_VH1_HWHw8zSgE9B2a8. Acesso em 25.06.2019.

Em suma, para o Brasil voltar a crescer será preciso superar o "velho consenso" na gestão macroeconômica. No plano internacional, após a crise internacional de 2007-2008, os próprios economistas do *mainstream* passaram a rever esta institucionalidade, tratada como o "velho consenso". Mas aqui, o "tripé" macroeconômico tornou-se ideia fixa, foi aprofundado a partir de 2016 e qualquer visão crítica a ele é considerada herética.

6.4 Por que a economia está no "fundo do poço"

O "fundo do poço" começou a ser cavado em 2015, com a ortodoxia de Joaquim Levy, afirma Luiz Gonzaga de Mello Belluzzo. A combinação entre choques negativos de oferta e seus efeitos sobre a renda agregada da economia suscitou um processo de "realimentação positiva" da crise. Com a ampliação da capacidade ociosa, a queda da demanda e o aumento da dívida, as empresas ajustaram seus balanços, demitiram trabalhadores e adiaram os investimentos. Os bancos subiram o custo do crédito e racionalizaram a oferta de novos empréstimos. Em razão da queda da renda, do desemprego (ou o "medo do desemprego") e do maior endividamento, os consumidores reduziram seus gastos. Com as vendas em queda, o comércio freou as encomendas aos fornecedores que acumularam estoques e cortaram a produção. A arrecadação tributária despencou enquanto a dívida pública cresceu sob o impacto dos juros reais em queda, mas ainda mais elevados que a taxa de crescimento da economia.[71]

Desde 2015, essa "trágica sequência" de "realimentação positiva" da crise tem sido "enfrentada" por política econômica ortodoxa que aprofunda a recessão (pró-cíclica). Hoje, essa prática ainda vigora[72]:

---

[71] BELLUZZO, Luiz Gonzaga. *Estamos no fundo do poço, admite Guedes. Quem cavou o buraco? Carta Capital*, 20 de maio de 2019. Disponível em: http://www.ihu.unisinos. br/78-noticias/589296-estamos-no-fundo-do-poco-admite-guedes-quem-cavou-o-buraco. Acesso em 25.06.2019.

[72] MENDONÇA, Heloísa. *A chance de o Brasil entrar em recessão técnica beira os 70%. Entrevista. José Luis Oreiro. El País.* 2 de maio de 2019. Disponível em: http://www.ihu.

"Todas as políticas econômicas, a fiscal, a monetária e a parafiscal (leia-se o crédito dos bancos públicos) continuam no campo contracionista. A política fiscal, seja com a implantação do teto de gastos ou com o problema hoje da regra de ouro, tem sido contracionista já que reduziu o investimento público. Ele vem caindo sistematicamente nos últimos três anos. E ele é o componente do Governo que tem maior efeito multiplicador. Sobre a política monetária, o Banco Central (BC) subiu o juro durante todo o ano de 2015 e só reduziu a taxa Selic no final de 2016 (...) O terceiro fator que explica a lenta retomada é o comportamento do crédito público, dos bancos públicos, principalmente do BNDES. No momento em que a economia está entrando numa grave recessão, o BNDES está diminuindo de tamanho, está reduzindo seus empréstimos, já que ele inclusive está devolvendo parte do empréstimo que ele pegou junto ao Tesouro Nacional. Você está reduzindo o crédito público justamente no momento em que ele é mais necessário. E a alternativa que as empresas tiveram para se financiar era com o crédito dos bancos privados, que é muito mais caro com prazo muito menor".

"Somos totalmente favoráveis às reformas propostas, mas em paralelo às negociações, vemos que as empresas estão com capacidade ociosa grande e as famílias sem poder de compra. Se as pessoas e as companhias não têm acesso a crédito, a engrenagem do consumo não gira", afirma o Ex-presidente da Fiesp José Ricardo Roriz Coelho, para quem os números desanimadores do PIB do primeiro trimestre de 2019 requerem "uma reação imediata além das reformas". A média de ociosidade da indústria de plásticos varia entre 30% e 35%, índices considerados altos, o que desestimula o investimento. "Os aportes são feitos quando existe alguma perspectiva de aumento de vendas, o que não ocorre agora. Uma liberação de crédito feita de maneira responsável iniciaria esse processo". A Reforma da Previdência é necessária, "mas a corda está muito esticada, é preciso dar algum fôlego para as empresas se reaquecerem", afirma o empresário.[73]

---

unisinos.br/78-noticias/589552-a-chance-de-o-brasil-entrar-em-recessao-tecnica-beira-os-70. Acesso em 25.06.2009.

[73] MARTÍNEZ-VARGAS, Ivan. *Contra PIB em queda, empresários pedem reação além das reformas. Folha de São Paulo*, São Paulo. 31 maio 2019. Disponível em: https://www1.

A despeito desses fatos descritos pelo empresário, os gestores da política econômica continuam acreditando que o ajuste das contas públicas trará de volta a "fada da confiança", requisito para o desembarque em massa dos investidores estrangeiros que voltariam a apostar no Brasil.

6.5 Como sair do "fundo do poço"?

A saída de situações recessivas requer estímulos nos componentes da demanda agregada pela adoção de políticas anticíclicas de natureza fiscal e monetária. "O governo precisa fazer o papel anticíclico, que é o papel fundamental dos Estados modernos desde a publicação da teoria geral do emprego, do juro e da moeda do economista britânico John Maynard Keynes em 1936. (...) Todos os países desenvolvidos fizeram isso na crise de 2008. Estados Unidos, Japão, países europeus, a China fez em escala inimaginável".[74]

Segundo Belluzzo, na edição de outubro de 2014, o *World Economic Outlook*, do FMI, recomendou o investimento público como indutor da demanda agregada e como instrumento de irradiação de expectativas favoráveis à formação bruta de capital fixo no setor privado. Segundo o documento:

> "A curto prazo, impulsiona a demanda agregada mediante a operação do 'multiplicador fiscal', incitando o investimento privado (*crowding in*), dada a forte complementaridade ensejada pelo investimento em serviços de infraestrutura (...). A longo prazo, há um efeito sobre a oferta, na medida em que a capacidade produtiva se eleva com a construção do novo estoque de capital."

---

folha.uol.com.br/mercado/2019/05/contra-pib-em-queda-empresarios-pedem-reacao-alem-das-reformas.shtml. Acesso em 25.06.2019.

[74] MENDONÇA, Heloísa. *A chance de o Brasil entrar em recessão técnica beira os 70%. Entrevista. José Luis Oreiro. El País.* 27 maio 2019. Disponível em: http://www.ihu.unisinos.br/78-noticias/589552-a-chance-de-o-brasil-entrar-em-recessao-tecnica-beira-os-70. Acesso em 25.06.2009.

Ainda segundo o a leitura de Belluzzo[75]:

> "O texto prossegue em sua avaliação das consequências do investimento público. Afirma que o gasto autônomo do Estado em uma economia com capacidade ociosa ou carência de infraestrutura pode determinar a evolução favorável da relação dívida/PIB a médio e a longo prazo. A depender do "multiplicador fiscal" de curto prazo, da eficiência microeconômica dos projetos e da "elasticidade do produto", o novo investimento pode levar a uma queda da relação dívida/PIB".

Como se verá na última parte deste livro, há várias vias alternativas para reforçar a capacidade de financiamento do Estado, cujos montantes de recursos que poderiam ser gerados são muito superiores à economia esperada pela "Nova Previdência". Além da retomada do crescimento há a alternativa que passam pela maior contribuição das camadas de maior renda para o ajuste fiscal.

---

[75] BELLUZZO, Luiz Gonzaga. *A choradeira da depressão*. *Carta Capital*, 24 maio 2019. Disponível em: http://www.aepet.org.br/w3/index.php/conteudo-geral/item/3188-a-choradeira-da-depressao. Acesso em 25.06.2019.

Capítulo VII

O PROPÓSITO VELADO É DESTRUIR A SEGURIDADE SOCIAL

Neste cenário de imposição de uma proposta que lança mão de argumentos falaciosos, que obscurece o fato de que a questão é ideológica e não técnica, não pode haver o debate qualificado, pois esse debate qualificado revelaria o real objetivo escamoteado. Não interessa ao governo apresentar argumentos razoáveis e explicitar o diagnóstico dos reais problemas existentes. O cálculo político recomenda que o assunto seja tratado de forma superficial, com base em falácias e no terrorismo.

Isso porque o propósito velado do governo não é reformar a Previdência. A "Reforma" é um "Cavalo de Troia" que abre o caminho para que desembarque a artilharia orientada para o real propósito, que é introduzir nova medida voltada para destruir o modelo de sociedade pactuado em 1988.

A "Reforma" da Previdência deve ser compreendida como peça do aprofundamento do projeto ultraliberal em curso desde 2016. O objetivo é substituir o Estado Social pelo Estado Mínimo Liberal. Além da Reforma da Previdência, esse processo está sendo implantado pelo avanço do processo de privatização, pelo desmonte do arranjo político-institucional consolidado nas últimas décadas para a gestão das políticas sociais e pela asfixia financeira do Estado Social de 1988.

É nesta perspectiva que se compreende a ampliação da desvinculação de recursos constitucionais assegurados à Seguridade Social. O Congresso Nacional aprovou em 2016 a majoração da Desvinculação de Receitas da União (DRU) de 20% para 30%. Se a Previdência Social está quebrada, por que ampliar a captura dos recursos da Seguridade Social de cerca de R$ 60 bilhões para mais de R$ 100 bilhões?

Na mesma perspectiva se coloca a implantação do Novo Regime Fiscal (Emenda Constitucional n. 95/2016) que cria, por 20 anos, um teto para o crescimento das despesas vinculado à inflação, constitucionalizando a austeridade sobre o gasto social até 2036. O propósito é reduzir a despesa primária do governo federal de cerca de 20% para 12% do PIB entre 2017 e 2036.

Convém destacar que, como o gasto previdenciário inevitavelmente crescerá em razão da dinâmica demográfica em curso (e mesmo que a atual proposta de Reforma seja aprovada), para que o teto seja cumprido, os investimentos e os demais gastos precisarão encolher de 8% para 3% do PIB nos próximos 20 anos, conforme apresentado na Figura 16[76].

---

[76] AUSTERIDADE E RETROCESSO. *Finanças públicas e política fiscal no Brasil (2016)*. São Paulo: Fórum, 21. Fundação Friedrich Ebert Stiftung (FES); GT de Macro da Sociedade Brasileira de Economia Política (SEP); Plataforma Política Social. set. 2016.

FIGURA 16

EC N. 95/2016: SIMULAÇÃO DAS DESPESAS PÚBLICAS

EM % DO PIB
2015-2036
BRASIL

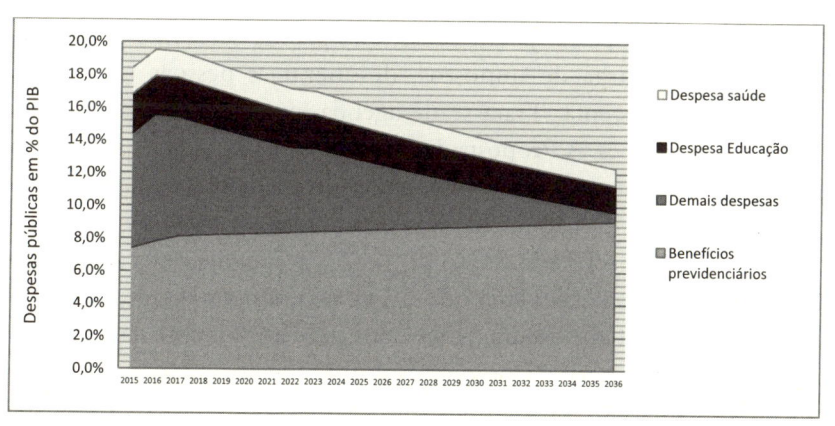

Fonte: Austeridade e Retrocesso (2016)

Nesse cenário, segundo estimativas de Rossi e Dwek[77] haverá forte redução do percentual da receita corrente líquida destinada para educação (de 18% para 11,3%) e saúde (de 15,0 % para 9.3%) até 2036.

Assim, as medidas em curso vão além do ajuste fiscal, tendo forte conotação ideológica. O que está em xeque é o contrato social e o modelo de sociedade pactuado em 1988, fruto da longa luta travada por muitos em favor da democracia e da construção de uma sociedade mais justa e igualitária.

É na mesma perspectiva que se coloca a Reforma Trabalhista, aprovada em 2017, que retrocedeu os direitos trabalhistas e sindicais no Brasil para o estágio de meados do século passado.

---

[77] DWEK, Esther; ROSSI, Pedro. *A aritmética da PEC 55*: o alvo é reduzir saúde e educação. Brasil Debate, 16 nov. 2016. Disponível em: http://brasildebate.com.br/a-aritmetica-da-pec-55-o-alvoe-reduzir-saude-e-educacao/. Acesso em 27.06.2019.

Cogita-se, agora, de suposto "Pacto Federativo" baseado na suposta "descentralização de recursos a favor de Estados e Municípios" que, segundo Paulo Guedes, servirá para "desentortar o Brasil", recolocar os orçamentos nas mãos dos parlamentares, dos governadores e dos prefeitos. Entretanto, o real objetivo é acabar com a vinculação constitucional de todas as fontes de financiamento da educação e da Seguridade Social.

O próximo passo, já em curso, é implantar Reforma Tributária para reduzir a carga de impostos, desonerar as pessoas jurídicas e "simplificar" o sistema. Trata-se de agenda exigida, há décadas, pelas grandes corporações. A Proposta de Emenda Constitucional que tramita no Congresso Nacional é absolutamente omissa diante do vergonhoso caráter regressivo da tributação brasileira[78]. Essa proposta de Reforma também destruirá o Estado Social de 1988 – o principal mecanismo de redução das desigualdades de renda –, pois ela extingue diversos tributos que estão constitucionalmente vinculados ao financiamento da educação e da Seguridade Social e que serão substituídos por novo tributo sem qualquer vinculação[79].

> Como aponta corretamente Guilherme Delgado, o que está em curso no Brasil é um processo de "mudança de Estado, da 'ordem econômica' e da 'ordem social', com sérias implicações sobre a vida social e o sistema constitucional vigente. De comum essas ideias gerais contêm uma crença arraigada na redução do papel

---

[78] ANFIP; FENAFISCO. *A Reforma Tributária Necessária – justiça fiscal é possível*: subsídios para o debate democrático sobre o novo desenho da tributação brasileira. FAGNANI, Eduardo (org.). Brasília: Anfip; Fenafisco. São Paulo. Plataforma Política Social. 2018. Disponível em: http://plataformapoliticasocial.com.br/justica-fiscal-e-possivel-subsidios-para-o-debate-democratico-sobre-o-novo-desenho-da-tributacao-brasileira/. Acesso em 27.06.2009.

[79] FACCHIN, Patrícia. *Reforma da Previdência. Projeto conspira simultaneamente contra a justiça social e o equilíbrio das finanças públicas. Entrevista especial com Guilherme Delgado.* Institutos Humanitas Unisinos – IHU, 28 mar. 2019. Disponível em: http://www.ihu.unisinos.br/587847-reforma-da-previdencia-projeto-conspira-simultaneamente-contra-a-justica-social-e-o-equilibrio-das-financas-publicas-entrevista-especial-com-guilherme-delgado?fbclid=IwAR2nLeEX1LICbC-MrWtLP8Evfn8cqlkj0A4a0iOF7HEqtYisvTHQavBmH28g. Acesso em 19.06.2019.

do Estado na economia e uma quase que idolatria religiosa na ação dos mercados desregulados e internacionalizados".

A investida atual, travestida de "Reforma" da Previdência, visa a destruir a Seguridade Social. Como demonstrado mais adiante, essa destruição será feita pela desfiguração dos seus mecanismos de financiamento; pela transição da Seguridade Social para o Seguro Social; e pela transição da Seguridade Social para o assistencialismo. E, mais grave: essas transformações de grande monta serão feitas por leis complementares que exigem menor quórum de votos relativamente a uma Emenda Constitucional.

7.1 Princípios elementares da socialdemocracia não são aceitos pela "elite"

O atual ataque à Seguridade Social não é novidade. Trata-se de projeto acalentado há trinta anos por uma suposta "elite", que jamais aceitou a introdução na Constituição da República de princípios elementares da socialdemocracia que visa a "humanizar" o capitalismo.

Em meados de 1970, os reformistas brasileiros que lutavam pela redemocratização do País inspiraram-se, em grande medida, nos êxitos da chamada *"Golden Age"* (1945-1975) obtidos, especialmente, pela socialdemocracia europeia[80], que representa etapa inédita de capitalismo regulado, quando foram criadas condições políticas e econômicas para esse funcionamento regulado do capitalismo. Nesse cenário, políticas econômicas visando ao pleno emprego e instituições do Estado de Bem-estar Social passaram a ser aceitas como instrumentos para lidar com disfunções decorrentes da economia de mercado.

A proteção social passou a ser vista como parte da cidadania. Os direitos sociais passaram a ser universais e o princípio da "Seguridade Social" (todos têm direito mesmo sem ter contribuído monetariamente)

---

[80] MAZZUCCHELLI, Frederico. *Os Dias de Sol:* a trajetória do Capitalismo no Pós-guerra. Campinas: Facamp Editora, 2014.

prevaleceu ante o princípio do "Seguro Social" (somente tem direito quem paga). A redistribuição da renda pela via tributária é outro núcleo implícito ao conceito. Impostos progressivos financiavam os direitos daqueles que não podiam contribuir. Difundiu-se a forma clássica de financiamento tripartite entre empregados, empregadores e Estado (mediante impostos gerais pagos por toda a sociedade).

Essa experiência serviu de referência para os reformadores brasileiros formularem uma agenda de reformas progressista, nacionalista, democrática, desenvolvimentista e redistributiva (PMDB, 1982). Após longa tramitação, a Constituição de 1988 incorporou grande parte dessa agenda e, pela primeira vez, a questão social passou a ter *status* de direitos universais regidos pelo princípio da Seguridade, desenhando-se, no plano legal, o embrião do um Estado Social tardio no Brasil.

Os avanços ocorreram em diversas frentes[81]. Na Seguridade Social, houve tentativa de articular políticas sociais universais semelhantes ao que é praticado por países capitalistas relativamente menos desiguais. Dentre outros avanços, destaque-se que os constituintes de 1988 estabeleceram que a Seguridade Social é integrada pelos setores da saúde, Previdência (RGPS, urbano e rural), assistência Social e Seguro-desemprego (Art. 194).

Inspirado em alguns desses países, o Sistema Único de Saúde (SUS), universal e gratuito, substituiu o modelo privatizado vigente na ditadura. Na Previdência Social destaca-se o estabelecimento do piso dos benefícios equivalente ao salário-mínimo e a extensão aos trabalhadores rurais dos mesmos direitos dos trabalhadores urbanos (benefício não contributivo, típico da Seguridade Social). A assistência social inovou com o Programa Benefício de Prestação Continuada (BPC), voltado aos idosos pobres e aos portadores de deficiências, com renda familiar *per capita* inferior a ¼ do salário-mínimo, com acesso que prescinde de contribuição individual. Na proteção ao trabalhador desempregado, foram criados mecanismos de financiamento sustentáveis para o Programa Seguro-desemprego.

---

[81] FAGNANI, Eduardo. *Política social no Brasil (1964-2002):* entre a cidadania e a caridade. Campinas: Instituto de Economia da Unicamp (Tese Doutorado), 2005.

Como mencionado, as semelhanças também são grandes no que diz respeito ao modelo tripartite de financiamento da Seguridade Social.

7.2 Déficit de capitalismos e de democracia: destruir a Seguridade é projeto acalentado desde 1988

A reação contra o pacto social de 1988 começou antes mesmo de a Constituição ser promulgada. Esse ímpeto foi revigorado a partir de 1990 quando o governo brasileiro fez opção tardia pelo neoliberalismo. Assim, no plano internacional, quando incorporamos alguns dos valores do paradigma do Estado de Bem-estar, ele estava na contramão do movimento global marcado pela hegemonia da agenda neoliberal no contexto do capitalismo dominado pelas finanças[82].

O projeto neoliberal exigia a eliminação do Capítulo sobre a "Ordem Social" da Constituição da República. O Estado Mínimo, hegemônico na agenda das instituições de fomento internacional, era incompatível com os valores do Estado de Bem-Estar recém-introduzidos pela Carta de 1988: Seguro Social *versus* Seguridade Social; focalização *versus* universalização; assistencialismo *versus* direitos; privatização *versus* prestação estatal direta dos serviços; desregulação e contratação flexível *versus* direitos trabalhistas e sindicais.

Entre 1990-2019, a proteção social passou a viver as tensões entre dois paradigmas antagônicos: os valores do Estado Mínimo *versus* os valores do Estado de Bem-estar Social. Essas tensões apresentam especificidades em cinco períodos bem demarcados[83]:

- O primeiro, entre 1990-1992 (*contrarreforma truncada*), é marcado pela formulação de agenda de reformas liberalizantes visando à

---

[82] FAGNANI, Eduardo. *Política social no Brasil (1964-2002). entre a cidadania e a caridade.* Campinas: Instituto de Economia da Unicamp (Tese Doutorado), 2005.

[83] FAGNANI, Eduardo. *Política social no Brasil (1964-2002): entre a cidadania e a caridade. Campinas: Instituto de Economia da Unicamp (Tese Doutorado),* 2005; FAGNANI. Eduardo. O fim de um ciclo improvável (1988-2016) – a política social dos governos petistas e a derrocada da cidadania pós-golpe. *In:* Os cinco mil dias do lulismo: transformação ou transformismo? São Paulo: Fundação Lauro Campos, 2017.

revisão da Constituição prevista para 1993, o que não ocorreu devido ao *impeachment* do Presidente da República.

- O segundo, entre 1993-2002 (*retomada das reformas liberalizantes*), é marcado pela retomada das reformas exigidas pelo mercado. Nesta quadra, houve extrema antinomia entre a estratégia macroeconômica e de reforma liberal do Estado e as possibilidades efetivas de desenvolvimento e inclusão social. Destaque-se, entre outros aspectos, a criação do chamado "Fundo Social de Emergência", atualmente denominado de Desvinculação das Receitas da União (DRU), que captura, para o Tesouro Nacional, 30% dos recursos constitucionais vinculados ao financiamento da Seguridade Social e da educação; a Emenda Constitucional 20/1998 que promoveu a regressão dos direitos previdenciários; e a continuidade do descumprimento dos preceitos constitucionais na Seguridade Social. Ao cabo desse período, muitos dos princípios da Ordem Social da Constituição de 1988 restaram desfigurados.

- O terceiro momento, entre 2003-2006 (*continuísmo econômico e ambiguidades na proteção social*), é marcado pela manutenção da política econômica adotada no período anterior. Economistas orgânicos do capital ocuparam postos de comando no Governo (como Joaquim Levy, Marcos Lisboa e Alexandre Schwartsman, por exemplo). A manutenção da ortodoxia continuava a limitar as possibilidades das políticas sociais. O debate entre "focalização" *versus* "universalização" permaneceu aquecido e as tensões entre os paradigmas do Estado Mínimo e do Estado Social, presentes desde 1990, mantiveram-se acirradas, sobretudo pelo acolhimento da agenda da focalização pelo Ministério da Fazenda, que resgatou a conhecida "Agenda Perdida", escrita por economistas liberais com "patrocínio" de uma ONG financiada pelo Banco Mundial[84].

- O quarto momento, entre 2007-2014 (*crescimento econômico e inclusão social*), é marcado pelo arrefecimento dessas tensões que,

---

[84] IETS. *A Agenda Perdida:* diagnósticos e propostas para a retomada do crescimento com maior justiça social. IETS: Rio de Janeiro, 2002.

no entanto, mantiveram-se presentes. Em grande medida, esse fato decorreu do crescimento da economia em um contexto internacional favorável. Com isso, foi possível lograr melhor conjugação entre os objetivos econômicos e sociais em relação ao passado. No entanto, a melhoria nas condições de vida não veio acompanhada por reformas estruturais mais amplas, o que limitou o alcance e a própria preservação desses avanços.

- O quinto momento, entre 2015-2019 *("austeridade" econômica e derrocada da cidadania pós-golpe)*, é marcado por novo acirramento dessas tensões, agora com caráter antipopular e antidemocrático, que se intensificou com a proximidade das eleições de 2014, quando a oposição aprofundou a campanha ideológica "terrorista" contra o suposto programa econômico "intervencionista", agora com o propósito de apresentar o Brasil em "crise econômica terminal". Especialmente a partir do golpe parlamentar de 2016 a contraofensiva contra a cidadania social intensifica-se com a retomada do projeto ultraliberal sem a legitimidade das urnas. Em 2019, com a eleição de Jair Bolsonaro, esse processo de implantação da ordem neoliberal, tentado desde 1989 e em curso desde 2016, ganhou fôlego e caminha em marcha forçada.

Portanto, não há nada de novo na conjuntura. Esse longo percurso de tentativas de impor contramarchas ao Estado Social de 1988 revela que o arcaico "capitalismo" brasileiro é visceralmente antidemocrático e antissocial. Em última instância, o que sempre esteve em jogo, é que esses atores jamais aceitaram que movimento social capturasse parcela do orçamento do Governo Federal (em torno de 15% do PIB), a maior parte concentrada na Previdência Social (8% do PIB). Não é por outra razão que, desde 1988, a Previdência Social passou a ser vista como a causa central do desequilíbrio das contas públicas. Recapturar esses recursos passou a ser tarefa obstinada. O vale-tudo implicou desde o descumprimento de dispositivos constitucionais até a construção de mitos (déficit, ausência de idade mínima, regras generosas, entre outros) dirigidos ao senso comum por obra da desonestidade intelectual.

7.3 A tese do "País Ingovernável" revisitada

Nessa contínua trajetória de destruição dos valores básicos de uma sociedade minimamente civilizada não faltaram argumentos anedóticos. Em 1988, por exemplo, Delfim Neto, deputado constituinte, chegou a afirmar que o BPC concedido às pessoas com deficiência seria "capaz até de estimular a autoflagelação, sobretudo entre as camadas mais pobres da população, como forma de sobreviver pelo resto da vida sem necessidade de trabalhar, em troca, por exemplo, de um dedo da mão ou do pé, o que é suficiente para caracterizar a situação de deficiente físico".[85]

Diante da iminência de aprovação dos direitos sociais na Constituição, o líder do PFL (hoje "Democratas") à época, deputado José Lourenço, chegou a pregar o fechamento da Constituinte por um ato de força do governo.[86]

Mas nada se compara a um ato do Presidente José Sarney (1985-1990). Em uma derradeira tentativa para modificar os rumos da Assembleia Nacional Constituinte (ANC), Sarney convocou cadeia nacional de rádio e televisão para "alertar o povo e os constituintes" para "os perigos" que algumas das decisões contidas no texto aprovado no primeiro turno representavam para o futuro do País. A principal tese defendida era que o País tornar-se-ia "ingovernável".[87]

O discurso de Sarney provocou a imediata e memorável defesa da ANC feita pelo deputado Ulysses Guimarães. A Constituição será a "guardiã da governabilidade", sentenciou. Reportou-se a um conjunto de aspectos "inaugurais" do texto que seria submetido ao crivo da revisão constituinte. Em seguida, concluiu seu discurso fulminando, magistralmente, a tese do 'desgoverno':

> "Senhores constituintes: a Constituição, com as correções que faremos, será a guardiã da governabilidade. A governabilidade está

---

[85] NETO, Delfim. *Entrevista. Novo valor eleva a contribuição. O Estado de São Paulo*, São Paulo. 22 maio 1988.

[86] *Matemática confusa. Veja*, 27 jul. 1988.

[87] *Sarney vai à TV criticar o projeto. Gazeta Mercantil*, 27 jul. 1988.

no social. A fome, a miséria, a ignorância, a doença inassistida são ingovernáveis. A injustiça social é a negação do governo e a condenação do governo (...). Repito: esta será a Constituição Cidadã, porque recuperará como cidadãos milhões de brasileiros. Cidadão é o usuário de bens e serviços do desenvolvimento. Isso hoje não acontece com milhões de brasileiros segregados nos guetos da perseguição social. Esta Constituição, o povo brasileiro me autoriza a proclamá-la, não ficará como bela estátua inacabada, mutilada ou profanada. O povo nos mandou aqui para fazê-la, não para ter medo (...)."[88]

Após 30 anos, não se pode afirmar que a Seguridade tenha quebrado o País ou que ela seja a principal vilã do ajuste fiscal e do desgoverno. Por outro lado, ela é, sem dúvidas, um dos principais pilares da governabilidade, como profetizou Ulysses Guimarães.

A tese do "País ingovernável" continuou a ser replicada por diversos atores. Em 1994, o então Senador Roberto Campos afirmou que a Carta Magna "encerra duas curiosidades". É ao mesmo tempo um "hino à preguiça" e uma "coleção de anedotas." Representa um "estímulo à ociosidade". Julgava-a como um ato de "anacronismo moderno". Descreveu-a como um "misto de regulamento trabalhista e dicionário de utopias", o "canto do cisne do nosso nacional-populismo"[89].

A mesma crítica sobre os direitos sociais na Constituição de 1988 é repetida pelos seguidores de Roberto Campos. Em 2005, Fabio Giambiagi, por exemplo, recomendou que todos os esforços fossem concentrados "na mãe de todas as reformas, que será a previdenciária, sem a qual o País será inviável".[90] Em outra oportunidade, o economista escreveu que "daqui a 50 anos, quando os historiadores se debruçarem sobre o período vivido pelo Brasil nas últimas duas décadas, não tenho dúvidas de que, na hora de apontar o momento em que o País se perdeu

---

[88] GUIMARÃES, Ulysses. *Esta Constituição terá cheiro de amanhã, não de mofo. Folha de São Paulo*, São Paulo. 28 jul. 1989.

[89] CAMPOS, Roberto. *A lanterna na popa – memórias*. Rio de Janeiro: Topbooks, 1994.

[90] GIAMBIAGI, Fabio. *Valor*, 18 jan. 2005.

nos descaminhos das opções erradas, a Constituição de 1988 será julgada com extrema severidade"[91].

Em 2006, Maílson da Nobrega afirmou: "Os constituintes erigiram uma obra arcaica e sem originalidade. Buscaram distribuir uma riqueza que não existia. (...) A Constituição de 1988 nasceu velha e se tornou um obstáculo ao desenvolvimento. Podemos consumir duas gerações buscando eliminar seus graves defeitos".

Na mesma perspectiva, em 2007, Samuel Pessôa escreveu[92]:

> "O País não cresce porque o pacto social construído ao longo do processo de redemocratização da nossa sociedade e que teve seu ponto culminante com a Constituição de 1988, está produzindo este desempenho de baixo crescimento". (...) A economia só vai crescer a taxas maiores e de forma vigorosa se a sociedade estiver disposta a rever o pacto social.(...) O elemento mais importante do pacto social vigente no Brasil, hoje, é o conjunto de regras em vigor, que torna cidadãos elegíveis a rendas do setor público, como aposentadorias integrais para funcionários públicos, regras de aposentadorias do setor privado, regras de pensões vitalícias (...) universidade pública gratuita, e uma série de outros critérios que permitem que as pessoas tenham direito ao auxílio-doença, sejam elegíveis a Seguro-desemprego, e por aí vai. Esse conjunto de direitos outorgados aos cidadãos (...) gera uma pressão cavalar sobre o gasto público. Portanto, o pacto social vigente na economia gerou um equilíbrio em que o gasto público cresce a taxas maiores que a taxa de crescimento do PIB".

Em 2011, esse economista escreveu que os juros elevados praticados no Brasil decorreriam da "baixa poupança governamental", determinada, dentre outros fatores, pela existência do sistema "generoso" de bem-estar. Desconhecendo por completo as razões que explicam o

---

[91] GIAMBIAGI, Fábio. *Brasil, raízes do atraso.* Rio de Janeiro: Elsevier, 2007.

[92] PESSÔA. Samuel. *PAC: o País vai crescer?* Entrevista. *In:* Rio de Janeiro: *Rumos,* jan.-fev, 2007.

formidável crescimento chinês nas últimas décadas, o autor credita esse êxito à "poupança" decorrente da inexistência de "Estado Social generoso"[93]:

> "Sociedades que provêm Estado de Bem-estar social generoso com diversos mecanismos públicos de mitigação de riscos apresentarão menores valores para a poupança. Quando não há Estado de Bem-estar, a poupança tende a ser muito elevada. Este é o caso da China, que poupa 50% do Produto Interno Bruto (PIB). Assim, a baixa poupança brasileira é essencialmente fruto da estrutura de incentivos que a desestimula. Desde a redemocratização a sociedade escolheu construir um forte Estado de Bem-estar, cuja consequência é a pesada carga tributária e diversos programas (...) que visam a reduzir o risco dos indivíduos em uma economia de mercado".

Conclui com a sentença de que redução dos juros requer, dentre outros fatores, a supressão das conquistas sociais da Constituição de 1988:

> "O segundo caminho é alterarmos o contrato social da redemocratização, reduzindo fortemente o Estado de Bem-Estar Social de forma a elevarmos a poupança doméstica. A elevação da poupança doméstica permite encontrarmos um equilíbrio com juros mais baixos e câmbio mais desvalorizado e inflação sobre controle".

7.4 Os pobres não cabem no Orçamento

Com o agravamento da crise econômica a partir de 2015 por conta da gestão ortodoxa da economia, ganhou vigor uma nova versão da tese do "País ingovernável", segundo a qual "as demandas sociais da democracia não cabem no orçamento".

Essa versão sentencia que a construção de superávit primário que consiga estabilizar a dinâmica da dívida pública requer a mudança no

---

[93] PESSÔA, Samuel. *Duas rotas que levam à redução da taxa de juros. Valor*, São Paulo. 14 jun. 2011. Disponível em: https://www.valor.com.br/arquivo/893219/duas-rotas-que-levam-reducao-da-taxa-de-juros. Acesso em 25.06.2019.

"contrato social da redemocratização". Argumenta-se que ritmo de crescimento dos gastos "obrigatórios" (Previdência Social, assistência social, saúde, educação, seguro-desemprego, dentre outros) está na raiz da "trajetória explosiva da dívida pública".

Em meados de 2014, Joaquim Levy, assombrado com o fato de que "o número de beneficiários de programas sociais vem crescendo expressivamente", afirmou que as "despesas obrigatórias inviabilizam a estabilidade da dívida pública".[94]

No debate eleitoral de 2014, Samuel Pessôa, sublinhou que duas agendas distintas têm pautado a formulação da política econômica desde a redemocratização. Uma delas decorre da decisão que a sociedade brasileira tomou em 1988 de construir um Estado de Bem-Estar Social padrão europeu continental. Para ele "a implantação desse Estado explica praticamente a totalidade do crescimento da carga tributária que houve desde o início dos anos 90 até hoje". Além disso, esse contrato social "produz constrangimentos ao nosso crescimento, pois resulta em baixa taxa de poupança e investimento".[95]

A visão de que "o Estado brasileiro não cabe no PIB" também foi sentenciada pelo interlocutor econômico da candidata Marina Silva nas eleições de 2014. Para ele, os gastos públicos tiveram a escalada que tiveram nos últimos 20 anos em grande parte pelo peso que a Constituição de 1988 deu ao Estado e aos serviços sociais que tem que prestar.[96]

Em 2016, o avanço do projeto liberal ganhou contornos mais sólidos com o documento "Uma Ponte para o Futuro" elaborado pelo

---

[94] LEVY, Joaquim Vieira Ferreira. *Robustez fiscal e qualidade do gasto como ferramentas para o crescimento*. São Paulo: CDPP (Coletânea de Capítulos "Sob a Luz do Sol, uma agenda para o Brasil"), 2014. Disponível em: http://cdpp.org.br/novo/wp-content/uploads/2014/12/CAP%C3%8DTULO-5.pdf. Acesso em 25.06.2019.

[95] PESSÔA, Samuel. *Duas agendas na política econômica*. Folha de São Paulo, São Paulo, 2014. Disponível em: ihttp://www1.folha.uol.com.br/fsp/mercado/186748-duas-agendas-na-politica-economica.shtml. Acesso em 25.06.2019.

[96] ELIAS, Juliana. "*Estado brasileiro não cabe no PIB", diz Giannetti*. Valor, São Paulo. 19 ago. 2014 Disponível em: https://www.evernote.com/shard/s161/sh/fde65c1a-acd6-4b37-ab0f-603e9520f872/af64f4a075b1e39f0a682017402bb7d8. Acesso em 25.06.2019.

PMDB (2015). Contando com a colaboração de conhecidos economistas liberais, o ataque aos direitos sociais permeia todo o documento. A Ordem Social da Carta de 1988 é vista como causa da "trajetória de crescimento insustentável da dívida pública". Para o PMDB, a origem da crise fiscal repousa nas "despesas públicas primárias, ou não financeiras", que "têm crescido sistematicamente acima do crescimento do PIB, a partir da Constituição de 1988".

Essas ideias ganharam proeminência no debate monopolizado pelos liberais. Mansueto Almeida, Marcos Lisboa e Samuel Pessôa (2015)[97] argumentam que a crise atual decorre da trajetória "insustentável" de aumento dos gastos públicos. Para evitar o "desastre econômico", um ajuste severo se impõe. Para além dos problemas de curto prazo "existe um desequilíbrio estrutural", percebido pelo fato de que "desde 1991, a despesa pública tem crescido a uma taxa maior do que a renda nacional". A superação do desastre "requer reformas estruturais que interrompam essa trajetória", sob o risco de o País caminhar para a "insolvência fiscal". Para os autores, a maior parte do aumento dos gastos ocorreu nas políticas sociais consagradas pela Carta de 1988:

> "Os gastos com Previdência aumentaram em 4,3 pontos percentuais do PIB entre 1991 e 2014, sendo particularmente preocupantes pelo aumento esperado nos próximos anos. (...) O gasto com saúde foi vinculado a 15% da Receita Corrente Líquida da União (RCL), enquanto o Plano Nacional de Educação (PNE) prevê que os gastos na área deverão aumentar para 10% do PIB até 2022. (...) A menos que uma agenda extensa de reformas seja iniciada, com a reversão da trajetória de aumento do gasto público, o Brasil estará condenado, na melhor das hipóteses, a uma longa estagnação. Essa agenda deve enfrentar o desequilíbrio de uma despesa que cresce acima da receita, de um setor público que concede benefícios incompatíveis com o nosso estágio de desenvolvimento – como as aposentadorias

---

[97] ALMEIDA, Mansueto; LISBOA, Marcos; PESSÔA, Samuel. *Ajuste inevitável – Desequilíbrio da economia brasileira é estrutural e exige correções mais duras e profundas. Folha de São Paulo*, São Paulo. 17 maio 2015. Disponível em: http://www1.folha.uol.com.br/fsp/ilustrissima/226576-ajuste-inevitavel.shtml. Acesso em 26.06.2019.

precoces. Um País que se tornou velho antes de se tornar desenvolvido e que desperdiçou o seu bônus demográfico. (...) Caso o governo consiga evitar a crise aguda decorrente do descontrole fiscal dos últimos anos, restará a extensa e difícil agenda de retomada do crescimento, que passa pelo reconhecimento de que nos tornamos um País que prometeu mais a diversos grupos sociais do que é capaz de entregar, com uma tendência de elevação da despesa pública maior do que a da renda, e que adotou uma estratégia desenvolvimentista fracassada, cuja consequência foi a queda da produtividade e da expansão da economia".

A conjuntura não apresenta novidades. Em 2018, a mesma tese empunhada em 1988 foi revisitada pelo candidato a Vice-presidente Hamilton Mourão[98]:

"A atual Constituição, de 1988, deu início à crise pela qual passa o País. Tudo virou matéria constitucional. A partir dela, surgiram inúmeras despesas. A conta está chegando, está caindo no nosso colo. Chegou o momento em que temos que tomar uma decisão a respeito".

Em 2019, o Vice-presidente voltou à carga: "É hora de rever o contrato social estabelecido pela Constituição de 1988".[99] Por sua vez, o Ministro da Economia, Paulo Guedes, sentenciou contra a "obsoleta" orientação socialdemocrata da Carta de 1988[100]:

---

[98] CARAZZAI, Estelita Vaz; VIZEU, Rodrigo. *Vice de Bolsonaro defende nova Constituição sem Constituinte. Folha de São Paulo*, São Paulo/Curitiba. 20 set. 2018. Disponível em: https://www1.folha.uol.com.br/poder/2018/09/vice-de-bolsonaro-defende-nova-constituicao-sem-constituinte.shtml. Acesso em 26.06.2019.

[99] LIMA, Flávia. *Mourão chama reajuste do mínimo pela inflação e BPC de 'vacas sagradas'. Folha de São Paulo*, São Paulo. 26 mar. 2019. Disponível em: https://www1.folha.uol.com.br/mercado/2019/03/mourao-diz-entender-angustias-e-duvidas-suscitadas-pela-previdencia.shtml. Acesso em 26.06.2019.

[100] CARRANÇA, Thais; VIEIRA, Guilherme. *Guedes diz que Constituição provocou gastos excessivos na área social. Valor*, São Paulo. 23 maio 2019. Disponível em: https://www.valor.com.br/brasil/6272665/guedes-diz-que-constituicao-provocou-gastos-excessivos-na-area-social. Acesso em 26.06.2019.

"Com a Constituição viemos a gastar mais na área social e passamos 30 anos investindo com uma ênfase maior na plataforma socialdemocrata, que é uma plataforma, do ponto de vista técnico, mais obsoleta".

Em suma, essa obsessão, sem racionalidade técnica, é projeto ideológico perseguido há trinta anos e agora se pretende implantar porque a correlação de forças favorável abriu nova janela de oportunidades.

7.5 Democracia e gasto social

Os especialistas do grande capital não compreendem que há correlação entre gasto social e democracia. Lindert aponta que o "grande avanço" do gasto social como porcentagem do PIB ocorrido em diversos países entre 1880 e 1930 foi um fenômeno impulsionado, dentre outros fatores, pelo continuo avanço do processo de "democratização que moldou a história pós-1880"[101].

Mais impressionante é o aumento dos gastos sociais em relação ao PIB ocorrido entre 1945 e 1975. Segundo Pierson, o aumento do gasto social nessa quadra "foi um dos mais marcantes fenômenos do desenvolvimento capitalista de pós-guerra"[102]. Nos países da OCDE, a taxa média de crescimento dos gastos sociais, em torno de 0,9% ao ano (entre 1950 e 1955), cresceu para 6,5% ao ano (1960-1975). No período de maior expansão (1960-1975), em muitos países a proporção do PIB destinada ao gasto social aumentou de 12% para 23%.

Mesmo no contexto da globalização, da hegemonia da doutrina neoliberal e da crise financeira internacional de 2007-2008, o gasto social continuou a crescer na maior parte os países centrais, no período entre 1990 e 2015 (Figura 17).

---

[101] LINDERT, PETER. *Growing Public: Social Spending and Economic Growth Since the Eighteenth Century.* Vol. 1: The Story. Cambridge: Cambridge, 2004.

[102] PIERSON, Christopher. *Beyond the Welfare State?* University Park: The Pensylvania State Univ. Press, 1991.

FIGURA 17
GASTO SOCIAL PÚBLICO DIRETO[1]

EM % DO PIB
OCDE – PAÍSES SELECIONADOS
1990, 2000 e 2015

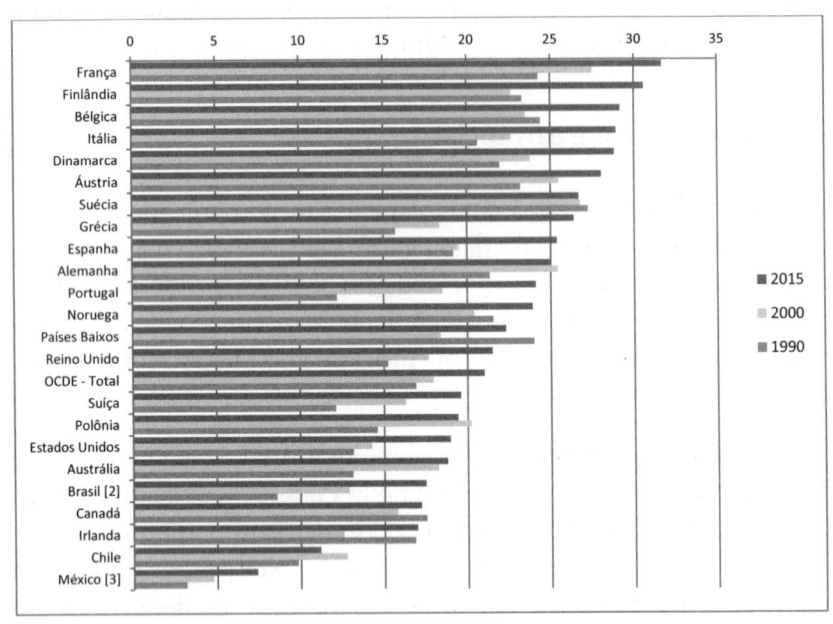

(ANFIP e DIEESE, 2017).
Fontes: Estatísticas da OCDE. Gasto Social (SOCX). Somente gasto público direto. Base de Datos de Inversión Social (Cepal); Gasto Social do Governo Central (2002-2015) (Secretaria do Tesouro Nacional-SIAFI-DISOR).
Notas: (1) Social Expenditure (SOCX) – Dados agregados. Somente gasto público direto. (2) 1990 (Cepal), 2002 (STN), 2015 (STN). (3) 1990 (Cepal), 2015 (Cepal)
Metodologia – O Banco de Dados sobre Gastos Sociais da OCDE (SOCX) é construído com a intenção de garantir dados comparáveis internacionalmente. As estatísticas incluem o gasto público e o gasto privado (compulsório e voluntário) dos 35 países membros desde 1980. Os dados agregados sintetizam informações sobre todos os programas sociais ativos destinados às seguintes finalidades: Aposentadorias por idade e tempo de contribuição; Pensões por morte, doença ou invalidez; Saúde; Família; Mercado de Trabalho; Desemprego; Habitação; entre outros. O Banco de Dados é descrito em detalhe por Adema, W, P. Fron and M. Ladaique (2011) (ver Methodology Part II). Para efeito comparativo, os dados de México e Brasil foram obtidos do Banco de Dados de Investimento Social da Cepal – que inclui gastos com Previdência, Assistência, Saúde e Habitação– e de relatório oficial da Secretaria do Tesouro Nacional, baseado em dados do SIAFI-SIDOR.

Esse comportamento, que mostra a força das demandas sociais da democracia, não deixa de ser um paradoxo no contexto da "austeridade" imposta na maior parte dos países desenvolvidos para enfrentar o brutal endividamento público direcionado para salvar as instituições financeiras privadas da falência.

7.6 O gasto social não é elevado, na comparação internacional

Ao contrário da visão financista, o comportamento recente do gasto social do País não difere das demais nações, além de não ser elevado na comparação internacional. Esse fato foi reconhecido pela Secretaria do Tesouro Nacional (STN), organismo vinculado ao Ministério da Fazenda. O documento revela que, entre 2002 e 2013, "o gasto social do Governo Central aumentou mais de 11% em todos os grupos de países no período analisado" (Europa Emergente, Zona do Euro, Países Nórdicos e América Latina Emergente), com exceção da Ásia Emergente[103].

Além disso, o estudo demonstra que o patamar do gasto social do Governo Central no Brasil não é elevado na comparação internacional. Ele é superior ao realizado pelos países emergentes da Ásia e encontra-se em patamar próximo ao dos países emergentes da América Latina. Entretanto, "em relação aos Países Europeus e seu Estado de Bem-Estar Social, o gasto social brasileiro ainda é relativamente baixo" (STN, 2016: 60)[104]. De fato, a Figura 18 (abaixo) mostra que gasto social *per capita* do Brasil é inferior ao verificado na Argentina e no Uruguai.

---

[103] STN – SECRETARIA DO TESOURO NACIONAL. *Gasto Social do Governo Central de 2002 a 2015*. Brasília: Ministério da Fazenda, 2016.

[104] STN – SECRETARIA DO TESOURO NACIONAL. *Gasto Social do Governo Central de 2002 a 2015*. Brasília: Ministério da Fazenda, 2016, p. 60.

FIGURA 18
AMÉRICA LATINA: GASTO PÚBLICO SOCIAL ANUAL *PER CAPITA* ANUAL, POR SETORES

2011-2012
18 PAÍSES[a]
EM DÓLARES DE 2005
FONTE CEPAL (2015, p. 84)

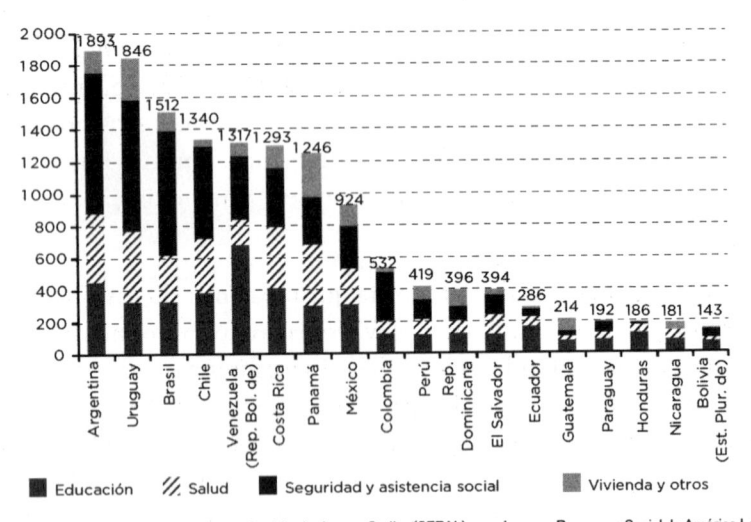

Fonte: Comissão Econômica para a América Latina e o Caribe (CEPAL), com base no Panorama Social da América Lat (LC / G.2580), Santiago do Chile. Publicação das Nações Unidas, nº de vendas: S.14.II.G.6.
a. Não inclui Cuba e Haiti.

Por outro lado, o Brasil continua sendo um dos países mais desiguais do mundo. O estudo da STN ressalta que o índice Gini do Brasil "ainda se apresenta expressivamente superior ao dos grupos de países desenvolvidos e, até mesmo, das regiões emergentes do mundo". Nesse sentido, "mesmo com os significativos avanços com relação ao combate à desigualdade nos últimos anos, o Brasil ainda tem grande potencial para aprimoramento nesse indicador"[105].

---

[105] STN – SECRETARIA DO TESOURO NACIONAL. *Gasto Social do Governo Central de 2002 a 2015*. Brasília: Ministério da Fazenda, 2016, p. 63.

7.7 Por que o gasto social no Brasil cresce a partir de 1993?

Como analisado, o comportamento do gasto social no Brasil a partir da Constituição Federal não é "um ponto fora da curva" na história das nações industrializadas e democráticas. O que ocorreu no Brasil a partir de 1988 guarda semelhanças com a experiência de muitos países da Europa e da América desde 1880 e, mais acentuadamente, a partir de 1945.

A visão liberal desconsidera que o ano de 1993 coincide com a distensão do represamento secular dos direitos sociais que ocorreu a partir desse ano por força de decisão do Supremo Tribunal Federal, a qual determinou o cumprimento imediato da Constituição de 1988. Em mais de 500 anos de história, pela primeira vez os trabalhadores rurais passaram a ter os mesmos direitos previdenciários que o segmento urbano. Com o início da vigência da Previdência rural (que substituiu o limitado Funrural), o número de concessões salta de um patamar anual de 120 mil para 900 mil. Após o reconhecimento desses direitos, a concessão de benefícios se manteve em um patamar em torno de 300 mil anuais.

A partir de 1993 também passou a vigorar o Programa Seguro-desemprego, adotado no Brasil com mais de meio século de atraso em relação às nações desenvolvidas. Atualmente são concedidos cerca de sete milhões de benefícios.

Com a regulamentação da Lei Orgânica da Assistência Social (LOAS), deu-se início à implantação do Programa de Benefícios de Prestação Continuada (BPC), que atende atualmente quase cinco milhões de famílias com renda *per capita* inferior a ¼ do salário-mínimo e pessoas portadoras de deficiências.

Também passaram a vigorar as novas regras da Previdência Social urbana, com destaque para a introdução do piso de aposentadoria equivalente ao salário-mínimo.

A série de dados iniciada em 1993 também não leva em conta fatores atípicos como, por exemplo, a notável "corrida às aposentadorias" que ocorreu entre 1995-1998 por receio do caráter excludente das novas regras que estavam sendo gestadas na tramitação da Emenda Constitucional n. 20 de 1998. No período atual, assiste-se a uma nova "corrida às aposentadorias", uma reação ante a "Nova Previdência". Assim, reformas da Previdência dificultam o ajuste fiscal.

Talvez por conflito de interesses, os adeptos da visão de que os direitos sociais "não cabem no PIB" não escrevem uma linha sequer sobre os formidáveis mecanismos de transferência de renda dos pobres para os ricos que poderiam ser contidos, por quem se interessasse em algum ajuste fiscal. A alternativa para o controle das finanças públicas é retomar o crescimento e combater os favores que privilegiam os donos da riqueza financeira. Essa é a "meia-entrada" que o Brasil tem de combater.

7.8 Objetivo dos próximos Capítulos

Temos insistido que o propósito velado do governo não é reformar a Previdência, mas destruir o modelo de sociedade pactuado em 1988. Trata-se de projeto acalentado desde 1989 que foi aprofundado a partir de 2016 e passou a avançar em marcha forçada desde o início de 2019.

A seguir pretende-se aprofundar o argumento de que a investida atual visa a destruir a Seguridade Social em quatro atos:

- **O primeiro ato é o mais grave**. A armadilha é engenhosa, pois a verdadeira "Reforma" da Previdência será feita por meio de dezenas de leis complementares de iniciativa do Poder Executivo, cuja aprovação requer quórum menor de votos dos parlamentares. A PEC n. 6/2019 apenas abre caminho para que isso ocorra. Ela desconstitucionaliza o RGPS e o BPC e constitucionaliza o Regime de Capitalização Individual e impõe regras transitórias que terão validade até que as leis complementares sejam aprovadas.
- **O segundo ato é desfigurar os mecanismos de financiamento previstos no Art. 195 da Constituição Federal**. A ideia de se fazer "segregação contábil" do Orçamento da Seguridade Social pode acabar com o sistema de financiamento

tripartite praticado no Brasil desde os anos 1930, constitucionalizando-se a visão inconstitucional, praticada desde 1989, de que a Previdência é financiada apenas pelos empregados e empregadores. Ou ainda pode tornar constitucional uma contabilidade criativa que vem sendo praticada desde 2016, e que consiste em incluir na Seguridade Social o RPPS (civil e militar)

- **O terceiro ato da destruição é fazer com que a Seguridade Social, baseada na solidariedade, transite para o Seguro Social** (Regime de Capitalização), o qual transfere para o indivíduo a responsabilidade pelos riscos da sua vida laboral.

- **O quarto ato consiste em fazer a transição da Seguridade Social para o assistencialismo**, uma espécie de "Bolsa Família" para os idosos, única possibilidade de proteção aceita pelo dogma liberal, pelo capitalismo na atual etapa de hegemonia das finanças e pelas "elites" nacionais, tradicionalmente antidemocráticas e antissociais.

Capítulo VIII

DESTRUIÇÃO DA SEGURIDADE SOCIAL SERÁ FEITA POR LEI COMPLEMENTAR

Uma questão crucial é que não se pode permitir a implosão da cidadania social inscrita na Constituição por meio de leis complementares. A arguta armadilha da PEC n. 6/2019 é que ela visa a "desconstitucionalizar" todas as regras do Regime Próprio de Previdência do Servidor (RPPS) e do Regime Geral da Previdência Social (RGPS), e a "constitucionalizar" a capitalização individual.

Em outras palavras, a verdadeira "Reforma" de Bolsonaro não é a PEC n. 6/2019, pois ela apenas introduz diretrizes transitórias que terão validade até que a verdadeira "Reforma" seja feita por meio de dezenas de leis complementares de iniciativa do Poder Executivo, deixando à margem e desprestigiando o Congresso Nacional. Esse ardil justifica-se pelo fato de que essas mudanças têm aprovação mais fácil: enquanto a aprovação de uma Emenda Constitucional requer o voto favorável de 308 deputados e 49 senadores, em duas votações em cada Casa, a aprovação de uma lei complementar requer o voto de 257 deputados e 41 de senadores, em uma votação em cada Casa.

Com a aprovação dessas leis, regras cruciais do sistema de proteção social poderão ser modificadas por atos normativos do Executivo e mesmo por Medidas Provisórias. Com o "rolo compressor" do Congresso, o que é ruim pode ficar muito pior.

A destruição do pacto social de 1988, na ausência de debate amplo, via legislação complementar, agride a soberania popular e a própria Constituição da República, razão pela qual deveria ser rejeitada pela Comissão de Constituição e Justiça e de Cidadania (CCJC).

A Ordem dos Advogados do Brasil (OAB) "tem uma posição firme, correta, técnica sobre a inconstitucionalidade" da "Reforma", afirma o Presidente da Comissão de Direito Previdenciário da OAB, José Roberto Sodero Victório. Entre outros aspectos, ele destaca ser uma "aberração jurídica" transferir esse debate, da Comissão de Constituição e Justiça e de Cidadania (CCJC) para a Comissão Especial, conforme explicitado pelo relator da CCJC. E alerta que inevitavelmente a discussão será levada ao Supremo Tribunal Federal (STF).[106]

Rechaçar essa trama é dever do qual não podem fugir os parlamentares e os movimentos sociais. Adeus Seguridade Social, caso a Ordem Social inscrita na Constituição puder ser mudada por leis complementares. Não haverá como impedir o ímpeto destruidor que se manifestará por dezenas de leis que exigem menor quórum de votação, em um cenário em que o governo está disposto a abrir seus cofres para retribuir a generosidade dos seus apoiadores. Tudo estará perdido.

---

[106] *Para comissão da OAB, 'reforma' da Previdência é inconstitucional. Radio Brasil Atual*, 08 abr. 2019. Disponível em: https://www.redebrasilatual.com.br/trabalho/2019/04/para-presidente-da-comissao-da-oab-reforma-da-previdencia-inconstitucional. Acesso em 26.06.2019.

Capítulo IX

DESFIGURAÇÃO DO ORÇAMENTO DA SEGURIDADE SOCIAL

Entre os vários mecanismos que atacam a Seguridade Social, destaca-se a ameaça de desfigurar por completo o Orçamento da Seguridade Social (art. 195). A PEC n. 6/2019 dá nova redação ao art. 194 da CF/88, incluindo, entre os objetivos da organização da Seguridade Social, a "diversidade da base de financiamento, **com segregação contábil** do Orçamento da Seguridade Social nas ações de saúde, Previdência e assistência social, preservado o caráter contributivo da Previdência social".

Não se sabe, exatamente, qual é a intenção do governo, que somente será explicitada na fase de aprovação das leis complementares. Mas, suspeita-se, em primeiro lugar, que "segregação contábil" e "caráter contributivo" da Previdência possa significar o fim do sistema tripartite de financiamento do RGPS (empregados, trabalhadores e governo). Com a "Reforma" o RGPS poderia passar a ser financiado apenas pelas contribuições dos empregados e dos empregadores. Com isso, seria constitucionalizada a contabilidade seguida desde 1989 que, ao arrepio da Carta de 1988, desconsidera a "contribuição do governo" como fonte de receita, o que gera o suposto "déficit".

Mais grave, suspeita-se, **em segundo lugar**, que "segregação contábil" também possa significar a inclusão do RPPS (civil e militar) como parte da "Previdência" prevista no Art. 194, hoje restrita ao RGPS.

Com essa medida, os gastos do RPPS, civil e militar, passariam a ser financiados pelos recursos do Orçamento da Seguridade Social, constitucionalizando prática ilegal seguida pela área econômica desde 2016.

Como mencionado, essa suspeita, se confirmada, constitucionalizaria a nova "contabilidade criativa" que vem sendo praticada pela área econômica desde 2016. Como se sabe, passou-se a incluir o RPPS (civil e militar) no rol de setores constitutivos da Seguridade Social, gerando-se "déficit" de grandes proporções Seguridade Social.

Como mencionado, essa contabilidade também é inconstitucional porque a Seguridade Social (art. 194) e o Orçamento da Seguridade Social (art. 195), que fazem parte da Ordem Social, contemplam apenas o RGPS. Incluir na Seguridade Social os (muitos) gastos e as (poucas) receitas do RPPS e da Previdência dos Militares desfigura por completo o Orçamento da Seguridade Social. Como mencionado, na Carta de 1988 a Seguridade Social figura no Título VIII (Da Ordem Social); o RPPS figura no Título III (Da Organização do Estado); e a Previdência dos militares figura no Título V (Da Defesa do Estado e das Instituições Democráticas).

9.1 O fim da DRU e das isenções fiscais reforçam a suspeita

A proposta do governo exclui a DRU das contribuições destinadas à Seguridade Social[107] e veda "o tratamento favorecido para contribuintes, por meio da concessão de isenção, da redução de alíquota ou de base de cálculo das contribuições sociais".[108]

O fim da DRU e das isenções fiscais sobre as contribuições sociais que financiam a Seguridade Social, reivindicadas há tempos pelos setores progressistas, reforçam as suspeitas de que o projeto do governo é incluir o RPPS, civil e militar, na Seguridade Social, pois, os recursos da DRU têm

---

[107] Proposta de Emenda Constitucional n. 6/2019. Modifica o sistema de previdência social, estabelece regras de transição e disposições transitórias, e dá outras providências: "Art. 39. O disposto no art. 76 do Ato das Disposições Constitucionais Transitórias não se aplica às receitas das contribuições sociais destinadas ao custeio da Seguridade Social previstas no art. 195 da Constituição".

[108] Art. 195 da Constituição da República Federativa do Brasil de 1988.

sido utilizados, em grande medida, para cobrir as despesas do RPPS (civil e militar). Da mesma forma, a inclusão desses setores na Seguridade Social, demandará mais recursos, o que pode explicar a intenção de pôr fim às isenções fiscais sobre as fontes de financiamento da Seguridade Social.

Como tudo será definido por lei complementar, também se pode cogitar que essas medidas foram incluídas na "Reforma" porque será necessário aumentar as receitas para financiar o custo da transição para o Regime de Capitalização.

9.2 Não se quer combater os sonegadores da Previdência

Ao aceitar o refinanciamento parcelado em 60 meses da dívida dos não pagadores da Previdência,[109] a proposta do governo não caminha no sentido de combater a sonegação e os maus pagadores. Como se sabe, entre 2012 e 2017, a dívida ativa dos devedores da Previdência mais que duplicou atingindo cerca de R$ 500 bilhões, metade da economia de dez anos estimada com a entrada em vigor da "Nova Previdência".

Estudos da Procuradoria-Geral da Fazenda Nacional (PGFN) dão conta de que a dívida atualizada com a Previdência chega a R$ 935 bilhões. Essa dívida tem crescido ao ritmo de aproximadamente 15% ao ano. Em 2008, havia 4,1 mil auditores-fiscais atuando no combate à inadimplência e à sonegação das contribuições previdenciárias. Hoje, há somente cerca de 900 auditores-fiscais da Receita Federal no trabalho voltado às contribuições previdenciárias[110].

---

[109] A nova redação do art. 195 reza que: "São vedadas a moratória e o parcelamento em prazo superior a sessenta meses e, na forma de lei complementar, a remissão e a anistia das contribuições sociais de que tratam a alínea "a" do inciso I e o inciso II do *caput* ou das contribuições que a substituam, e a utilização de prejuízo fiscal ou base de cálculo negativa para quitação dessas contribuições ou a compensação das referidas contribuições com tributos de natureza diversa, admitida a compensação se houver o repasse dos valores compensados ao Regime Geral de Previdência Social".

[110] ANFIP; DIEESE. *Previdência*: reformar para excluir? Contribuição técnica ao debate sobre a reforma da previdência social brasileira. Brasília: Anfip – Associação Nacional dos Auditores Fiscais da Receita Federal do Brasil; Dieese – Departamento Intersindical de Estatística e Estudos Socioeconômicos. 2017. Disponível em: http://plataformapoliticasocial. com.br/previdencia-reformar-para-excluir-completo/. Acesso em 27.06.2009.

Capítulo X

TRANSIÇÃO DA SEGURIDADE SOCIAL PARA O SEGURO SOCIAL

A tentativa de introdução do Regime de Capitalização Individual também tem sido feita com base no "debate" desonesto. É vasto o festival de desinformação sobre o tema[111]. Na abertura dos trabalhos na Comissão Especial da Reforma da Previdência Paulo Guedes foi preciso em uma

---

[111] As fabulações do Ministro da Economia na abertura dos trabalhos na Comissão de Constitucionalidade e Justiça dão conta de que a capitalização é "opcional" e que "o jovem vai ter opção". Para ele a capitalização individual evita a "bomba-demográfica". Entretanto, não diz uma palavra sobre a "bomba da desigualdade" que será gerada, como demonstra a experiência internacional. Segundo o Ministro, a capitalização não dará "um trilhão para bancos" e sim para "instituições especializadas". Num País em que a renda média dos trabalhadores é R$ 1.200,00, Guedes diz que a capitalização é a "democratização da poupança". Aponta que a desoneração da folha de salários (empresários não contribuem) vai "gerar emprego". Sem enfrentar e apresentar dados sobre os "custos da transição" do Regime de Repartição (atual) para o Regime de Contribuição Individual, Guedes sentencia que "o sistema atual não vai se esvaziar". Trata-se de afirmação irresponsável que afronta o Parlamento, pois, se os trabalhadores deixam de contribuir para o INSS e passam a contribuir para o seu plano individual o INSS quebrará pela queda das receitas. Para Guedes, a capitalização é um sistema perfeito, que "não tem desvantagens". Se ela não garantir o piso do salário-mínimo, "não tem problema nenhum": basta criar o "imposto de renda negativo", proposto por Milton Friedman. O Ministro também sinalizou a adoção de outras medidas defendidas pela Escola de Chicago, como, por exemplo, a adoção do sistema de voucher para a educação privada.

única vez, quando afirmou que "no Brasil, (a capitalização) daria certo, os juros estão na lua sempre". Ou seja, para assegurar a boa rentabilidade das contas individuais de capitalização, a política de juros altos que afoga na paralisia a economia brasileira e alimenta o desemprego e o rentismo deveria continuar, sublinham os professores Lena Lavinas e Miguel Bruno,[112] para quem "é fato que a franqueza no limite do deboche é marca registrada e irrefutável do governo Bolsonaro".

Este tópico, que procura desconstruir muitas inverdades que estão sendo difundidas, faz breves comentários sobre a transição da Seguridade Social para o Seguro Social. Trata-se de transformação de grande monta, dado que a Seguridade Social é parte de pacto baseado na solidariedade, pelo qual há consenso de que todos os cidadãos têm direito a um mínimo de proteção, mesmo aqueles sem capacidade contributiva. Por sua vez, o Seguro Social transfere para o indivíduo a responsabilidade sobre todos os riscos e inseguranças presentes ao longo de toda a sua vida laboral. Trata-se de contrato selado entre o indivíduo e o fundo de pensão, segundo o qual o direito é assegurado mediante o pagamento.

No caso da Previdência, a complexidade, a insegurança e a incerteza não são desprezíveis, pois esse contrato tem vigência por mais de 30 anos. No caso brasileiro, os riscos são enormes em função da profunda desigualdade social e heterogeneidade regional, bem como das regras assimétricas do mercado de trabalho, entre outros fatores.

A análise de Delgado é precisa quanto à essência do modelo de capitalização:

> "Previdência Privada é um jogo financeiro de longo prazo, em que somente os donos do cassino obtêm ganhos certos e definidos. Daí a unanimidade do mercado financeiro e dos seus apoiadores instalados no sistema midiático, no sistema político e noutras arenas, em apoiá-lo ostensivamente. Esses fundos assim

---

[112] LAVINAS, Lena; BRUNO, Miguel. *Guedes defende capitalização exaltando juros altos que paralisam a economia.. Época*, 11 maio 2019. Disponível em: https://epoca.globo.com/guedes-defende-capitalizacao-exaltando-juros-altos-que-paralisam-economia-opiniao-23659032. Acesso em 26.06.2019.

constituídos deteriam uma massa apreciável de poupança financeira, apta a apoiar investimentos de longa maturação, porque não são exigíveis pelos inativos antigos. Os que irão se aposentar no futuro pelo novo sistema terão que esperar por longo período a capitalização de suas contribuições por 30 ou 35 anos. É este o 'bezerro de ouro' que a proposta de Reforma apresenta à nação como principal vantagem do novo sistema".

10.1 A Capitalização vai quebrar o RGPS

É importante advertir que o Regime de Capitalização Individual vai quebrar o RGPS baseado no regime de repartição. A ideia do governo – que não está explicitada na PEC n. 6/2019 – é fazer nova Reforma Trabalhista baseada na criação da chamada carteira "verde-amarela" que terá exíguos direitos laborais e não exige que o empregador contribua para a Previdência Social. Segundo o governo, o trabalhador que "optar" pela carteira "verde-amarela" automaticamente "opta" pelo Regime de Capitalização Individual.

A tendência é que, pelas vantagens oferecidas ao empregador, no futuro, somente haverá contratações por essa via, o que acarretará uma transferência em massa dos trabalhadores que possuem a atual carteira de trabalho (que gera receitas para o RGPS) para a carteira "verde-amarela" (que gera receitas para o Regime de Capitalização Individual), inviabilizando financeiramente o RGPS.

10.2 O custo da transição vai provocar desajuste fiscal e ameaçar os atuais aposentados

A primeira consequência dessa medida é que ela representa ameaças objetivas aos atuais aposentados que também poderão ser atingidos pela "Reforma". A segunda consequência é que o queda de receitas do RGPS aumentará o chamado "custo de transição" do Regime de Repartição para o Regime de Capitalização Individual.

O governo não dispõe de informações sobre qual será o custo da transição. Mas a experiência do Chile revela que esses custos são elevados e têm sido pagos há 40 anos. No início da transição esses valores anuais atingiram cerca de 5% do PIB e atualmente se situam em patamar próximo de 2,5% do PIB.[113]

> "Na prática, os custos de transição de um modelo de Previdência para o outro são altíssimos. Os custos de transição começaram a ser pagos em 1981, e ainda estamos pagando. São 37 anos e ainda devemos, sobretudo, as pensões de pessoas que se aposentaram no sistema antigo. Atualmente, o governo chileno ainda subsidia o sistema previdenciário do Chile com 9 bilhões de dólares anuais".

O debate sobre este tema não pode avançar sem que, antes, o governo apresente, de forma criteriosa, a estimativa dos custos da transição da Seguridade Social para o Seguro Social, bem como os parâmetros que foram utilizados.

Ao contrário do que reza o discurso oficial, trata-se de medida que não contribuirá para o ajuste fiscal. Haverá maior gasto público para bancar essa transição, o que prova que o propósito sequer é fiscalista, mas exclusivamente ideológico e benéfico aos donos da riqueza financeira que gerirão esses recursos, sem garantia de que essas economias individuais retornem aos seus verdadeiros donos.

Os riscos envolvidos nesse cheque em branco que o Parlamento está prestes a entregar ao governo são tantos que não se sabe, sequer, se a capitalização individual proposta pelo governo garantirá o piso básico de benefício.

10.3 A criação de "Fundo Solidário" para a garantia de piso básico

Não é por outra razão que a proposta do governo prevê a criação de um "fundo solidário", organizado e financiado nos termos estabelecidos

---

[113] CASEIRO, Daniel. *Os 10 mitos do sistema previdenciário de Paulo Guedes, segundo Andras Uthoff. Justificando.* 18 dez. 2018. Disponível em: http://www.justificando.com/2018/12/18/10-mitos-do-sistema-previdenciario-de-paulo-guedes-segundo-andras-uthoff/. Acesso em 26.06.2019.

na lei complementar de que trata o art. 201-A da Constituição, para a "garantia de piso básico, não inferior ao salário-mínimo para benefícios que substituam o salário de contribuição ou o rendimento do trabalho".[114]

10.4 Por que implantar uma experiência que fracassou em todo o mundo ?

O Chile foi o laboratório do paradigma liberalizante para os países subdesenvolvidos. No final dos anos de 1970, durante o governo de Augusto Pinochet, o sistema de repartição simples foi substituído pelo sistema de contribuições individuais, segundo a lógica atuarial privada. A adesão dos trabalhadores formais passou a ser obrigatória. Assim como querem fazer aqui, os empresários e o Estado não contribuem e o financiamento recai apenas sobre os ombros dos trabalhadores[115].

Alfonso Swett, Presidente da CPC (Confederação da Produção e do Comércio do Chile), afirmou, em 2019, que "o aumento da informalidade minou o sistema de capitalização no Chile e o transformou em uma bomba social porque o governo não ficou atento às transformações do mercado de trabalho, não adotou políticas públicas adequadas". Para o Executivo, o que está ocorrendo no Chile é um alerta para o governo de o Brasil escolher, com cautela, o seu modelo, pois a informalidade é maior e tem crescido de forma acelerada.[116]

---

[114] Brasil. Proposta de Emenda Constitucional n. 6/2019. Modifica o sistema de previdência social, estabelece regras de transição e disposições transitórias, e dá outras providências. Art. 115 das alterações dos ADCT.

[115] MESA-LAGO, Carmelo. Las reformas de las pensiones en América Latina y la posición de los organismos internacionales. *Revista de la Cepal* n. 60. 1996; MESA-LAGO, Carmelo. Estudio comparativo de los costos fiscales en la transición de ocho reformas de pensiones en América Latina. *Serie Financiamiento del Desarrollo*, n. 93, Cepal, mar. 2000; MESA-LAGO, Carmelo. La reforma estructural de las pensiones de seguridad social en América Latina antes y después de la reforma provisional, *Socialis*, n. 4, abr. 2001. p. 17-27.

[116] SALOMÃO, Alexa. *Aumento da informalidade é bomba social para capitalização no Chile.* *Folha de São Paulo*, São Paulo. 29 maio 2019. Disponível em: https://www1.folha.uol.com.br/mercado/2019/05/aumento-da-informalidade-e-bomba-social-para-capitalizacao-no-chile.shtml. Acesso em 26.06.2019.

Com base na experiência chilena, no início da década de 1990 o Banco Mundial elaborou o clássico documento "Envelhecer sem crise" que recomendava a adoção do chamado "modelo dos três pilares". Com a influência direta do Banco Mundial, nos anos de 1990 nove países de América Latina fizeram as reformas paradigmáticas propostas: Peru; Argentina; Colômbia; Uruguai; Bolívia; México; El Salvador; Panamá; e República Dominicana. Outros treze países da Europa e Ásia também seguiram a lógica do "Seguro Social": Bulgária, Croácia, Eslováquia, Estônia, Ex-República Iugoslava de Macedônia, Federação de Rússia, Hungria, Cazaquistão, Letônia, Lituânia, Polônia, Romênia e Ucrânia.

A partir do final dos anos 1990, esse modelo começou a ser questionado. Uma das críticas mais contundentes foi realizada pelo então economista-chefe do Banco Mundial, Joseph Stiglitz que, posteriormente, foi laureado com o Nobel de Economia. Orszag e Stiglitz escreveram um documento clássico apontando, "de forma deliberadamente contestatória" os "dez mitos"[117] (macroeconômicos, microeconômicos e da economia política) dos Regimes de Capitalização Individual.

Confirmando as previsões desses autores, em 2019 a Organização Internacional do Trabalho (OIT, 2019) divulgou documento que "analisa o fracasso dos sistemas privados de pensões obrigatórios" destacando, entre outros aspectos, o "seu baixo desempenho em termos de cobertura, níveis de benefícios, custos administrativos, custos de transição e impactos sociais e fiscais".

---

[117] (1) Contas individuais aumentam a poupança nacional. (2) As taxas de rentabilidade são maiores em um sistema de contas individuais. (3) As taxas decrescentes de rentabilidade dos sistemas de pagamento por utilização refletem problemas fundamentais. (4) O investimento de fundos fiduciários públicos em ações não tem efeito macroeconômico. (5) Incentivos no mercado de trabalho são melhores em um sistema de contas individual (6) Os planos de benefício definido necessariamente fornecem mais incentivos para a aposentadoria antecipada. (7) A concorrência garante baixos custos administrativos em um sistema de contas individual. (8) Governos corruptos e ineficientes são argumentos adequados para que se implante a capitalização individual (9) As políticas de auxílios estatais são piores nos planos de benefício definido. (10) O investimento de fundos fiduciários públicos é sempre feito sem o devido cuidado e sua gestão é deficiente.

O documento informa que, entre 1981 e 2014, trinta países privatizaram total ou parcialmente seus sistemas públicos de pensões de caráter obrigatório. "Contrariamente às recomendações da Organização Internacional do Trabalho (OIT)", a maioria das privatizações recebeu apoio do Banco Mundial, do Fundo Monetário Internacional (FMI), da Organização para a Cooperação e Desenvolvimento Econômico (OCDE), da USAID e dos Bancos Interamericanos e Asiáticos de Desenvolvimento.

Segundo a OIT, até 2018, dezoito países haviam revertido total ou parcialmente a privatização das aposentadorias. O documento conclui que:

> "Considerando que 60% dos países que haviam privatizado os sistemas públicos de aposentadorias obrigatórias reverteram a privatização, e tendo-se em conta a evidência acumulada de impactos negativos sociais e econômicos, se pode afirmar que o experimento da privatização fracassou".

Dada essa conclusão contundente, pergunta-se: por que implantar no Brasil, pela via da legislação complementar, uma experiência que fracassou no mundo?

CAPÍTULO XI

A TRANSIÇÃO DA SEGURIDADE SOCIAL PARA O ASSISTENCIALISMO

A "Nova Previdência" é uma corrida de obstáculos contínua e inalcançada. Assemelha-se ao jogo de tabuleiro no qual os dados determinam que se volte para cinco casas anteriores. É certo que, com as novas regras que se pretende implantar, poucos brasileiros conseguirão proteção previdenciária na velhice (que exige um longo período de contribuição monetária) e haverá uma corrida em massa para se alcançar a proteção assistencial (que não exige tempo de contribuição). Antevendo essa tendência, o governo constrói, previamente, um muro de contenção, rebaixando o valor do benefício do BPC de R$ 998,00 para R$ 400,00. Como se pretende mostrar a seguir é daqui que virá muito mais que o trilhão exigido por Paulo Guedes.

Poucos brasileiros terão proteção na velhice por três razões aprofundadas a seguir.

Em primeiro lugar, porque as novas regras desconsideram a dramática realidade do mercado de trabalho brasileiro, que tendem a se agravar no futuro, por conta da Reforma Trabalhista, do avanço do processo de "uberização" das relações de trabalho e da Quarta Revolução Industrial, em curso, que aprofunda o processo de substituição do trabalho humano pelas máquinas, agora dotadas de inteligência artificial.

Em segundo lugar, porque as novas regras de acesso à aposentadoria são equivalentes às que são praticadas em países desenvolvidos, o que é execrável, pois há um abismo a separar o contexto histórico e as condições de vida daquelas nações e o contexto histórico e condições de vida vigentes no Brasil, sociedade com longo passado escravagista, de industrialização tardia, com incipiente experiência democrática e mercado de trabalho desestruturado e desigual.

Em terceiro lugar, porque há várias outras medidas que transcendem a exclusão e beiram a crueldade e, assim como as anteriores, também limitarão o acesso à proteção previdenciária da imensa maioria dos brasileiros.

Além da exclusão, a "Reforma" também rebaixa o valor dos benefícios previdenciários e assistenciais.

Talvez sejam essas as razões que levaram Carlos Von Doellinger, Presidente do Ipea, que conhece Paulo Guedes desde que voltou de Chicago, em 1978, a afirmar que a Reforma da Previdência "tem por trás, vamos dizer entre aspas, um saco de maldades. Vai atingir o velho, o aposentado".[118]

11.1 Regras duras para um mercado de trabalho frágil e inseguro

A proposta fixa regras transitórias para o Regime Geral da Previdência Social (RGPS) mais severas que as praticadas em países desenvolvidos, desconsiderando a realidade dramática do mercado de trabalho brasileiro. Como foi mencionado (Capítulo 5), atualmente há cerca de 30 milhões de adultos que não estudam nem trabalham (desalento, oferta de subemprego e falta de oportunidade) e, portanto, estão fora da força de trabalho Dentre os trabalhadores que compõem a População Economicamente Ativa (PEA),

[118] LIMA, Flávia. *"Reforma tem saco de maldades por trás", diz presidente do Ipea. Folha de São Paulo*, São Paulo. 20 abr. 2019. Disponível em: https://www1.folha.uol.com.br/mercado/2019/04/reforma-tem-saco-de-maldades-por-tras-diz-presidente-do-ipea.shtml?utm_source=facebook&utm_medium=social&utm_campaign=compfb&fbclid=IwAR2VN8pnEUmRnfdNUxo18AG19s-DvjreanDCUGyCwWEzibE7MgLzdl I6LCHk. Acesso em 26.06.2019.

13,2 milhões estão em situação de desemprego (aberto) e outros 92,3 milhões estão ocupados, mas cerca de 35 milhões trabalham sem carteira, por conta própria ou têm vínculo precário. Portanto, há enorme contingente que já não contribui com a Previdência, terá dificuldades para cumprir as regras atuais, e não terá possibilidade de cumprir as novas regras e, provavelmente, restarão sem proteção previdenciária na velhice[119].

Em um País tão desigual e heterogêneo como o Brasil, as assimetrias do mercado de trabalho são diferenciadas nas diversas regiões. As diferenças dos graus de informalidade apresentadas pelas 27 Unidades da Federação são muito acentuadas. Em 2014, São Paulo, Santa Catarina, Distrito Federal e Paraná apresentavam graus de informalidade inferiores a 40%. De outro lado, o Maranhão exibia informalidade no mercado de trabalho superior a 75%. Em 18 Unidades da Federação a informalidade era superior à registrada na média do País (Figura 19).

---

[119] TEIXEIRA, Marilane. *A desestruturação do mercado de trabalho*. São Paulo. *Le Monde Diplomatique Brasil*. Edição 141. abr. 2019.

FIGURA 19
GRAU DE INFORMALIDADE POR UNIDADES DA
FEDERAÇÃO (1)

EM %
2014
BRASIL

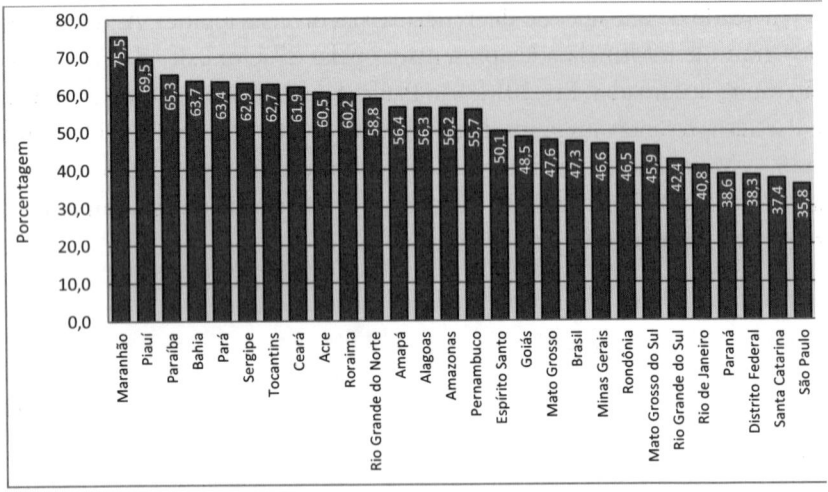

Fonte: IBGE-PNAD (ANFIP e DIEESE, 2017).
Nota (1) (Empregados sem carteira + trabalhadores por conta própria), (trabalhadores protegidos + empregados sem carteira + trabalhadores por conta própria).

Ainda segundo estudo da Anfip e Dieese, em 2016, das 27 Unidades da Federação, 15 apresentam taxa de desemprego maior do que a média nacional, com destaques para a Bahia (15,9%), Pernambuco (15,3%), Amapá (14,9%) e Alagoas (14,8%). No outro extremo, doze Unidades da Federação apresentam taxas de desemprego inferiores à média nacional, sendo a menor observada em Santa Catarina (6,4%).

11.2 Regras equivalentes às praticadas em nações desenvolvidas

A proposta de "Reforma" da Previdência fixa regras para o RGPS equivalentes ou mais severas que as praticadas em países desenvolvidos, não considerando suficientemente as questões que diferenciam o Brasil de países de níveis de riqueza e de bem-estar muito superiores e que têm sido usados como referências de comparação.

1. Aposentadoria integral para poucos e acima dos parâmetros de nações subdesenvolvidas

Os brasileiros precisarão ter 65/62 anos (homem/mulher) e contribuir por 40 anos para conseguir se aposentar com 100% do salário de contribuição (cujo teto hoje é de R$ 5.839,45).

Para a imensa maioria dos trabalhadores, contribuir ininterruptamente durante 40 nos é tarefa inalcançável, dada a realidade do mercado de trabalho. A fixação de 40 anos de contribuição reproduz a impropriedade de inspirar a Reforma brasileira em modelos de países desenvolvidos, nos quais, de modo geral, o tempo de contribuição exigido para o acesso à aposentadoria integral está transitando de 35 para 40 anos.

A idade mínima de 65/62 anos (homem/mulher) afronta parâmetros internacionais de nações subdesenvolvidas como o Brasil. Como mencionado, é fato que, desde 1998, o Brasil exige 65/60 anos de idade (homens/mulheres) e, nessa época, esse parâmetro era superior ao praticado em muitas nações desenvolvidas.

Estudos comparativos internacionais realizados por Costanzi e Sidone indicam que entre 2006 e 2014 há tendência ampliação da idade legal de aposentadoria, mas de forma diferenciada entre países desenvolvidos e subdesenvolvidos[120]. No caso dos homens, estudos da *European Comission* estimam que, em 2020, 25% dos países do bloco praticarão idades legais de aposentadoria inferiores a 65 anos. A previsão é que somente em 2040 todos os países da União Europeia deverão ter idade legal de aposentadoria de 65 anos ou mais.

---

[120] COSTANZI, Rogerio Nagamine; SIDONE, Otávio José Guerci. *Previdência*: tendências internacionais das Reformas. Brasília: IPEA. Nota técnica n. 49. Disoc – Diretoria de Estudos e Políticas Sociais, jun 2018, p. 6. Disponível em: http://repositorio. ipea.gov.br/handle/11058/8580. Acesso em 24.06.2019.

A situação é bem diferente no caso dos países que têm nível de desenvolvimento socioeconômico semelhantes aos Brasil. Nos países subdesenvolvidos da Ásia e da África, observa-se um movimento no sentido da redução "das idades legais de aposentadoria inferiores a 60 anos, com incremento da importância relativa da faixa de 60 a 64 anos", apontam os autores.

No caso das mulheres, também se nota uma tendência generalizada "de redução no número de países que têm idades legais de aposentadoria abaixo dos 60 anos, entre 2006 e 2014, na África, na Ásia, na América Latina e no Caribe e na Europa, bem como se observa o crescimento da importância relativa de requisitos entre 60 a 64 anos".

Em 2008, 60,7% dos países da União Europeia possuíam idade legal de aposentadoria para as mulheres inferior a 65 anos de idade; estima-se que esse patamar irá cair para 42,9% (2020) e para 7,1% (2040).

Entretanto, nos países subdesenvolvidos, a situação é bem diferente. Em 2014, a idade mínima menor que 60 anos (mulheres) era praticada em 37% dos países da África; 66% dos países da Ásia; em 55% dos países da Oceania; e em 19% dos países da América Latina e Caribe.

2. "Gatilho" demográfico: é justo impor aos brasileiros pobres idade mínima semelhante à que será exigida na Alemanha?

Não se pode aceitar a regra do "gatilho" demográfico segundo o qual a idade mínima de 65/62 anos (homens/mulheres) pode elevar-se sempre que a expectativa de sobrevida aos 65 anos subir um ponto.[121]

---

[121] Proposta de Emenda Constitucional n. 6/2019. Modifica o sistema de previdência social, estabelece regras de transição e disposições transitórias, e dá outras providências: "Art. 40 (...) § 3º: As idades mínimas para concessão dos benefícios previdenciários a que se referem os § 1º e § 2º serão ajustadas quando houver aumento na expectativa de sobrevida da população brasileira, na forma estabelecida para o Regime Geral de Previdência Social". "Art. 201 (...) § 4º. A lei complementar de que trata o § 1º estabelecerá os critérios pelos quais a idade mínima será majorada quando houver aumento na expectativa de sobrevida da população brasileira".

Em 2015 a expectativa de sobrevida era de 18,5 anos. Estimativas do IBGE apontam que em 2024 ela passaria para 19,4 anos e em 2036 para 20,4 anos. Portanto em 2024 e 2036 as idades mínimas para a aposentadoria seriam de 66/63 e 67/64, respectivamente (Figura 20).

FIGURA 20
EXPECTATIVA DE SOBREVIDA AOS 65 ANOS[1]
EM ANOS

1980-2060
BRASIL

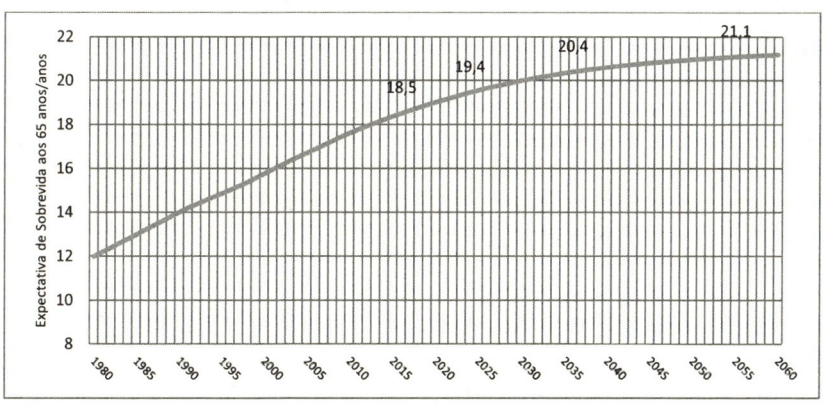

Fonte: IBGE. Projeção da População de 2013.
Nota: (1) Entre 1981(1992) e 1990(1997), as esperanças de vida ao nascer foram extraídas das tábuas de mortalidade interpoladas a partir das tábuas construídas para os anos de 1980(1991) e 1991(1998). *Apud*: MTPS – Grupo Técnico de Previdência – GTP. 2016. Página 20 (ANFIP e DIEESE, 2017)

Com isso, chegaremos juntos com os **países mais desenvolvidos do mundo a atingir a exigência de idade mínima de 67 para homens. A Figura 21 revela que,** antes da crise financeira global de 2007-2008, a "idade de referência" para ter acesso à aposentadoria "integral" era inferior a 65 anos em diversos países. Somente após a crise internacional, foram implantadas reformas que elevaram a idade mínima para 65 ou 67 anos de forma gradual ao longo do tempo. Observe-se que, mantido o "gatilho" demográfico, no início da década de 2030 o Brasil poderá exigir idade mínima de 67 anos para homens. Estaríamos no mesmo patamar de nações como Alemanha, Austrália, Canadá, Dinamarca, Espanha, Estados Unidos, Holanda e Reino Unido, por exemplo.

FIGURA 21
MUDANÇAS NA IDADE MÍNIMA LEGAL DE APOSENTADORIA

PAÍS	IDADE DE REFERÊNCIA PARA A APOSENTADORIA INTEGRAL				IMPLANTAÇÃO
	Antes crise de 2008		Depois da crise de 2008		
	Homens	Mulheres	Homens	Mulheres	
Alemanha	65	65	67	67	Gradual de 2012 até 2029
Austrália	65	60	67	67	Gradual de 2017 a 2023
Áustria	65	60	65	65	Gradual entre 2024 e 2033
Canadá	65	65	67	67	Gradual de 2023 a 2029
Colômbia	60	55	62	57	Gradual até 2014
Coreia do Sul	61	61	65	65	Gradual até 2034
Dinamarca	65	65	67	67	Gradual de 2024 a 2027
Espanha	65	65	67	67	Gradual de 2013 a 2027
Estados Unidos	66	66	67	67	Gradual até 2027
Estônia	63	60,5	65	65	Gradual até 2026
Holanda	65	65	67	67	Gradual até 2023
Hungria	60	55	65	65	Gradual de 2012 a 2022
Itália	66	60	67	67	Gradual até 2020
Portugal	65	65	66	66	A partir de 2014
Reino Unido	65	62	67	67	Gradual até 2028
Turquia	60	58	65	65	Gradual até 2048

Fontes: OCDE – Pensions at Glance (2011, 2013 e 2015). COSTANZI, R. Análise Sintética das Reformas Previdenciárias no Mundo. Informações Fipe, abril de 2016. (ANFIP e DIEESE, 2017)

Com a manutenção do gatilho, o Brasil passaria a exigir, um ano a mais da referência em Portugal e dois anos a mais do que será praticado na Áustria, Coreia do Sul e Turquia (nesse caso, apenas em 2048). Observe-se que na Colômbia, um País subdesenvolvido como o Brasil, a idade mínima exigida passou de 60 para 62 anos a partir de 2014.

3. Aposentadoria parcial para poucos e acima dos parâmetros internacionais

Os trabalhadores precisarão ter 65/62 anos (homem/mulher) e contribuir por 20 anos para conseguir se aposentar com a aposentadoria parcial que corresponde a 60% da média aritmética do total de contribuição para a Previdência (pela regra atual o cálculo é feito sobre 80% do total de contribuições, eliminando-se as menores contribuições). A cada ano a mais que tiver contribuído, o valor será 2% maior.

A elevação do período contributivo de 15 para 20 anos parece pouca, mas não é. Dados da Secretaria de Previdência Social (SPS-MF) obtidos pela *Folha de São Paulo*[122] "mostram que 60% das aposentadorias por idade concedidas de janeiro a dezembro de 2015 foram para trabalhadores que não chegaram aos 20 anos de contribuição (...)": 34% cumpriram 15 anos de contribuição e 31% contribuíram entre 16 e 20 anos. As regras são ainda mais perversas para as mulheres que encontram maiores dificuldades para acessar o benefício; em 2014, 50% das mulheres que se aposentaram por idade tinham entre 15 e 16 de contribuição.

Estudos do Dieese indicam que a dificuldade de cumprir 20 anos de contribuição deve-se à elevada informalidade e à alta rotatividade da mão de obra. Em 2015, de um período de 12 meses, em média, o trabalhador permanecia só 9 meses no trabalho. Assim, para completar 20 anos de contribuição eram necessários quase 27 anos de trabalho ininterruptos com carteira assinada.

É provável que, atualmente, em decorrência do agravamento da recessão após 2015 e da Reforma Trabalhista implantada em 2017, esse percentual de permanência no emprego venha a ser menor. Pode-se aventar a hipótese de que, hoje, de um período de 12 meses, só 6 meses sejam realmente trabalhados, em média. Assim, para completar 20 anos de contribuição, para obter a aposentadoria parcial, podem ser necessários 40 anos.

4. Países desenvolvidos exigem menor "idade mínima" para a aposentadoria parcial

Matijascic, Kay e Ribeiro, analisando as regras vigentes em diversos países antes da crise financeira global de 2008, apontam que a fixação de idade mínima para a aposentadoria na OCDE (em torno de 65 anos) é a "idade de referência" que é o limite legal de idade estipulado para o recebimento da aposentadoria integral[123].

---

[122] Disponível em: https://www1.folha.uol.com.br/mercado/2017/02/1858004-exigencia-de-25-anos-de-contribuicao-pegaria-79-de-aposentados-por-idade.shtml. Acesso em 26.06.2019.

[123] MATIJASCIC, Milko; KAY, Stephen; RIBEIRO, José Olavo. Aposentadorias, pensões, mercado de trabalho e condições de vida: o Brasil e os mitos da experiência

A "idade mínima" para o recebimento da aposentadoria parcial (ou o benefício básico, ou o pedido de **aposentadoria antecipada) é inferior a "idade de referência" para se receber a aposentadoria integral.** A **Figura 22, elaborada** pelos autores, revela que em 2004, nos casos da Itália e de Portugal, por exemplo, havia diferença de 8 e 10 anos, respectivamente – no caso dos homens e das mulheres – entre a "idade mínima" (aposentadoria parcial) e a "idade de referência" (aposentadoria integral).

FIGURA 22

IDADE MÍNIMA, REFERÊNCIA E MÉDIA DE SAÍDA DA FORÇA DE TRABALHO

EM ANOS
PAÍSES SELECIONADOS
2004

PAÍS	IDADE MÍNIMA DE APOSENTADORIA		SAÍDA DA FORÇA DE TRABALHO	IDADE REFERÊNCIA DE APOSENTADORIA (ANOS)	
	Homem	Mulher		Homem	Mulher
Bélgica	60	60	60,6	65	62
França	55	55	58,8	60	60
Itália	57	57	59,7	65	60
Alemanha	63	63	60,9	65	65
Dinamarca	65	65	63,6	67	67
Suécia	61	61	63,7	65	65
Reino-Unido	65	60	62,6	65	60
Portugal	55	55	63,1	65	65

Fonte: *Observatoire des Retraites.* Dados para 2004.
Matijascic, Kay e Ribeiro (2007).

Em outras palavras, o indivíduo pode se aposentar com a "idade mínima" (aposentadoria parcial), recebendo valor inferior ao que receberia se ficasse tempo maior no mercado de trabalho, até atingir a "idade de referência" e ter direito ao benefício integral.

---

internacional. *In:* FAGNANI, Eduardo; LUCIO, Clemente Ganz; HENRIQUE, Wilnês (Org.). *Previdência Social: como incluir os excluídos?* Uma agenda voltada para o desenvolvimento econômico com distribuição de renda. São Paulo: LTR, Debates Contemporâneos – Economia Social e do Trabalho, 4. 2007.

5. Países desenvolvidos exigem menor tempo de contribuição para a aposentadoria parcial

A mesma distinção, verificada no caso da idade, ocorre no caso da exigência ou não de tempo de contribuição. Segundo os autores, em muitos países, em 2006, a "carência mínima" exigida – que assegura o direito ao recebimento do benefício básico ou pedido de aposentadoria antecipada – era "tempo de residência", "tempo de filiação" ou "tempo de cobertura". Em outros casos, exigia-se entre 10 e 15 anos de contribuição. Por sua vez, a "carência de referência" (que possibilita o benefício integral) baseia-se em tempo de contribuição em torno de 35 anos (Figura 23).

FIGURA 23
CARÊNCIA E IDADE DE ACESSO ÀS APOSENTADORIAS
PAÍSES SELECIONADOS
2006

PAÍS	CARÊNCIAS MÍNIMAS (NÃO INCLUI BENEFÍCIOS ASSISTENCIAIS)	CARÊNCIA DE REFERÊNCIA (PENSÃO ORDINÁRIA OU COMPLETA)	IDADE HOMEM/MULHER
Brasil	15 anos de contribuição	35/30 anos de contribuição	65 h e 60 m
Rússia	5 anos de cobertura	25/20 anos de contribuição	60 h e 55 m
Índia	10 anos de cobertura	Não existe pensão completa	55
China	15 anos de cobertura	Atuarial via contribuição	60 h 50-60 m
Coréia do Sul	10 anos de cobertura	Exceder 20 anos de contribuição	60
Uruguai	15 anos de serviço (70 de idade)	35 anos de cobertura	60
Chile	10 anos de contribuição	22 anos de contribuição	65 h e 60 m
Colômbia	Não prevê	21 anos de contribuição	60 h e 55 m
México	Não prevê	25 anos de contribuição	65
Portugal	15 anos de contribuição	40 anos de contribuição	65
Itália	5 anos de contribuição	40 anos de contribuição (sem idade)	65
Alemanha	5 anos de filiação	Não existe pensão completa	65
Suécia	3 anos de contribuição	30 anos de contribuição	65
Reino Unido	12-11 anos h-m de filiação	44-39 anos de contribuição	65 h e 60 m
Austrália	10 anos de residência	Não existe pensão completa	65 h – 63 m
Canadá	10 anos de residência	40 anos de residência	65
EUA	10 anos de contribuição	(...)	65

Fonte: AISS (Associação Internacional de Seguridade Social)
Matijascic, Kay e Ribeiro (2007).

Em trabalho mais recente, Matijascic atualiza essas informações, incluindo as novas regras que foram implantadas, após as reformas impostas pela crise financeira global de 2008.

Com relação à "carência mínima" de idade para ter a aposentadoria parcial, nota-se que ela continua inferior a "idade de referência" (exigida para ter a aposentadoria integral) em países como Portugal (8 anos a menos), Alemanha (2 anos a menos), Suécia (4 anos a menos) e EUA (3 anos a menos). Enquanto nesses países a "idade de referência" é, em geral, em torno de 65 anos, a "carência mínima" é de, respectivamente, 57, 63, 61 e 62 anos.

Com relação à "carência mínima" de contribuição para ter a aposentadoria parcial, note-se que Portugal e Itália exigem 15 anos de contribuição; a Alemanha exige 5 anos de contribuição. Por outro lado, os EUA e a Índia, não exigem contribuição monetária, mas 10 anos de "cobertura"; e a Argentina, "10 anos de serviço".

FIGURA 24
CARÊNCIA E IDADE DE ACESSO ÀS APOSENTADORIAS
PAÍSES SELECIONADOS
2013 e 2014

PAÍS	CARÊNCIAS MÍNIMAS (NÃO INCLUI BENEFÍCIOS ASSISTENCIAIS)	CARÊNCIA DE REFERÊNCIA (APOSENTADORIA ORDINÁRIA OU COMPLETA)	IDADE DE REFERÊNCIA (HOMEM/MULHER)	IDADE MÍNIMA (HOMEM/MULHER)
Rússia	Cinco anos de cobertura	Não fixa	60/55 anos	Regional
Índia	Dez anos de cobertura	Não existe pensão completa	55 anos	Não
China	Quinze anos de cobertura	Atuarial via contribuição	60/55 a 60 anos	50/45 anos
África do Sul	Teste de meios	Não aplicável	60 anos	Não muda
Argentina	Dez anos de serviço	30 anos de contribuição	65/60 a 65 anos	Não muda
México	Não prevê	25 anos de contribuição	65 anos	Não
Chile	Vinte anos de contribuição	Não fixa	65/60 anos	Não
Portugal	Quinze anos de contribuição	40 anos de contribuição	66 anos	57 anos
Itália	Quinze anos de contribuição	42 anos de contribuição	66/62 anos	Não
Alemanha	Cinco anos de contribuição	45 anos de contribuição	65 anos	63 anos
Suécia	Não definida	Não fixa	65 anos	61 anos
EUA	Dez anos de cobertura	35 anos de cobertura	66 anos	62 anos

Fonte: SSA (2013a; 2013b; 2014a; 2014b).
Obs.: Os dados para países da Europa e da Ásia são de 2013; para países das Américas e da África, de 2012 (MATIJASCIC, 2016).

Regras ainda mais elevadas tendem a se traduzir em exclusão crescente de grande número de trabalhadores. Nesse sentido, no final da década passada, Matijascic, Kay e Ribeiro já advertiam que "é preciso reverter as severas condições de acesso, em caso de carências mínimas, pois é difícil, nos dias de hoje, contribuir por quinze anos, sendo cinco anos seguidos antes da concessão do benefício"[124].

---

[124] MATIJASCIC, Milko; KAY, Stephen; RIBEIRO, José Olavo. Aposentadorias, pensões, mercado de trabalho e condições de vida: o Brasil e os mitos da experiência internacional.

6. A necessária sincronia entre a "idade mínima" de aposentadoria e a "idade de saída" do mercado de trabalho

Outro ponto central a ser levado em conta na Reforma da Previdência é a necessária sincronia entre a idade mínima de aposentadoria e a idade de saída do mercado de trabalho. A idade mínima deve ser inferior à idade de saída laboral.

Em 2004, na maior parte dos países analisados por Matijascic, Kay e Ribeiro, havia essa sincronia. Na Itália e em Portugal, por exemplo, a idade mínima de aposentadoria (57 e 55 anos) era pouco inferior à idade de saída do mercado de trabalho (59,7 e 63,1 anos, respectivamente)[125].

Por outro lado, nos países em que a idade mínima é superior à idade de saída do mercado de trabalho, os trabalhadores podem estar sujeitos a maior "precariedade, pois a pessoa deixa de receber salários sem ter direito à aposentadoria", afirmam os autores.

A experiência internacional mostra que, na maior parte dos casos, há grande assimetria, no caso dos homens, entre a idade média de saída do mercado de trabalho e idade atual de aposentadoria para quem entrou no mercado de trabalho aos 20 anos de idade. No México e no Chile, que limitaram severamente as regras de acesso à aposentadoria essa assimetria é elevada. No primeiro caso, a idade de saída do mercado de trabalho em 2014 (65 anos) era sete anos superior à idade de aposentadoria (72 anos). No caso do Chile, a assimetria é de 3,4 anos (65 e 68,4 anos, respectivamente).

Provavelmente em função dessa assimetria, verifica-se que a taxa de desemprego dos trabalhadores idosos (65-69 anos) é elevada em

---

In: FAGNANI, Eduardo; LUCIO, Clemente Ganz; HENRIQUE, Wilnês (Org.). *Previdência Social: como incluir os excluídos?* Uma agenda voltada para o desenvolvimento econômico com distribuição de renda. São Paulo: LTR, Debates Contemporâneos – Economia Social e do Trabalho, 4. 2007.

[125] MATIJASCIC, Milko; KAY, Stephen; RIBEIRO, José Olavo. Aposentadorias, pensões, mercado de trabalho e condições de vida: o Brasil e os mitos da experiência internacional. *In:* FAGNANI, Eduardo; LUCIO, Clemente Ganz; HENRIQUE, Wilnês (Org.). *Previdência Social: como incluir os excluídos?* Uma agenda voltada para o desenvolvimento econômico com distribuição de renda. São Paulo: LTR, Debates Contemporâneos – Economia Social e do Trabalho, 4. 2007.

diversos países. A alta taxa de desemprego entre a população idosa se explicaria pela necessidade de buscar emprego a fim de obter renda na ausência da proteção previdenciária.

Em situação oposta, destaca-se o exemplo da França, onde a taxa de desemprego entre idosos é relativamente baixa, em decorrência da maior assimetria entre a idade média de saída do mercado de trabalho (59,4 anos) e idade atual de aposentadoria para quem entrou no mercado de trabalho aos 20 anos de idade (61,2 anos).

Em função disso, muitos analistas criticam as propostas de reformas que propõem elevar a idade mínima além da idade de saída da força de trabalho, pois poderão elevar a precariedade da situação do trabalhador idoso, ampliando gastos com outros programas sociais, como o Seguro-desemprego, por exemplo.

7. O exemplo do Japão e da Itália

Os custos para a sociedade de um idoso desempregado e sem proteção na velhice são elevados. Em grande medida por isso, em 2016, o Parlamento Japonês aprovou uma Reforma da lei na Previdência Social do País, a qual reduz o tempo mínimo de contribuição para aposentadoria, de 25 anos para 10 anos.[126] Caminho semelhante foi seguido pela Itália que, em 2019, reduziu a idade para aposentadoria. A Reforma da Previdência, chamada "Quota 100", permitirá a aposentadoria aos 62 anos sobre 38 anos de contribuição. A lei atual exige uma idade mínima de 67 anos.[127]

---

[126] *Japão reduz para 10 anos aposentadoria por tempo de contribuição. Mundo Nipo*, 19 nov. 2016. Disponível em: https://mundo-nipo.com/noticias-2/19/11/2016/japao-reduz-para-1-0-anos-aposentadoria-por-tempo-de-contribuicao/. Acesso em 26.06.2019.

[127] *Itália adota 'renda cidadã' e reduz idade para aposentadoria. Em.com.br Internacional*, 17 jan. 2019. Disponível em: https://www.em.com.br/app/noticia/internacional/2019/01/17/interna_internacional,1022349/italia-adota-renda-cidada-e-reduz-idade-para-aposentadoria.shtml. Acesso em 26.06.2019.

8. Por que a Reforma brasileira não deve buscar inspiração nos países desenvolvidos?

É uma impropriedade inspirar a Reforma brasileira em modelos de países desenvolvidos, porque há um abismo a separar o contexto histórico e as condições de vida daquelas nações e o contexto histórico e condições de vida vigentes no Brasil, sociedade com longo passado escravagista, de industrialização tardia e com incipiente experiência democrática. Essas diferentes condições traduzem-se em profundas desigualdades e heterogeneidades socioeconômicas, demográficas e regionais[128]:

- Nos países igualitários, o índice de Gini é inferior a 0,30; no Brasil é 0,52; O PIB *per capita* situa-se em um patamar entre US\$ 30 e US\$ 61 mil; aqui é de US\$ 15 mil; o salário-mínimo na Alemanha é cinco vezes maior que o brasileiro (US\$ 404).

- No Brasil quase 50% da população ocupada é informal, o que não se verifica na OCDE; a rotatividade do mercado de trabalho é elevada (50% dos trabalhadores brasileiros tinham menos de três anos no atual trabalho), na comparação com a Itália (20%), por exemplo. Na OCDE os jovens entram no mercado de trabalho por volta de 24 anos; aqui 45,9% dos homens urbanos e 78,2% dos homens rurais começam a trabalhar com até 14 anos.

- A expectativa de vida ao nascer no Brasil (75 anos) é mais de seis anos inferior à de muitos países da OCDE. No caso dos homens, ela é cerca de dez anos menor. O IBGE estima que o brasileiro só alcançará os parâmetros de nações da OCDE em 2060.

- No Brasil, a "expectativa de sobrevida aos 65 anos", é três anos mais curta que a verificada em muitos países da OCDE.

---

[128] ANFIP; DIEESE. *Previdência*: reformar para excluir? Contribuição técnica ao debate sobre a reforma da previdência social brasileira. Brasília: Anfip – Associação Nacional dos Auditores Fiscais da Receita Federal do Brasil; Dieese – Departamento Intersindical de Estatística e Estudos Socioeconômicos. 2017. Disponível em: http://plataformapoliticasocial.com.br/previdencia-reformar-para-excluir-completo/. Acesso em 27.06.2009.

- A "expectativa de duração da aposentadoria" aqui é cerca de oito anos inferior à verificada em alguns países desenvolvidos.

- Aqui a "probabilidade de não atingir 65 anos de idade" é 37,3%; no Canadá, é de 9,3%.

- Estimativas da Organização Mundial da Saúde (2001) apontam que no Brasil a probabilidade de "vida sem saúde", no caso dos homens (20,2%), era mais que o dobro da verificada na Itália (9,2%).

- A média de "anos de estudo" aqui (7,6 anos) é inferior à da Alemanha (12,9 anos), por exemplo.

- A taxa de mortalidade infantil – antes dos cinco anos – no Brasil (16,4%) é mais de quatro vezes superior a de muitos países OCDE.

- A "expectativa de vida saudável" aqui (64 anos) é quase dez anos menor que a da Itália (73 anos).

- Atualmente, as doenças crônicas respondem por mais de 70% das causas de mortes no Brasil. Essas ocorrências geram incapacidades e limitação das pessoas em suas atividades de trabalho e, com o envelhecimento, espera-se significativo aumento da incidência dessas doenças.

Além de extremamente desigual, o Brasil é extremamente heterogêneo. Essas diferentes condições traduzem-se em profundas desigualdades e heterogeneidades socioeconômicas, demográficas e regionais. Segundo Anfip e Dieese[129]:

- A expectativa de vida ao nascer no Brasil (ambos os sexos) é de 75 anos. Mas em 18 Unidades da Federação ela é menor que a média nacional. O mesmo corre no caso de 3.170 municípios

---

[129] ANFIP; DIEESE. *Previdência*: reformar para excluir? Contribuição técnica ao debate sobre a reforma da previdência social brasileira. Brasília: Anfip – Associação Nacional dos Auditores Fiscais da Receita Federal do Brasil; Dieese – Departamento Intersindical de Estatística e Estudos Socioeconômicos. 2017. Disponível em: http://plataformapoliticasocial.com.br/previdencia-reformar-para-excluir-completo/. Acesso em 27.06.2009.

e, no caso dos homens, em mais da metade das Unidades da Federação (em torno de 70 anos).

• Dos 5.565 municípios brasileiros, apenas 0,8% têm IDH semelhante ao das nações da OCDE ("Muito Alto") e 34% têm IDH próximo da média nacional ("Alto"). Os demais têm IDH "Médio" (40% do total), semelhante ao verificado em Botsuana e Iraque; "Baixo" (24,6%), padrão verificado no Congo e Nigéria; e "Muito Baixo" (0,5%), algo próximo do Senegal e Afeganistão.

Em suma, estamos argumentando que poucos brasileiros terão capacidade de cumprir as novas regras para ter acesso à proteção previdenciária, que exige contribuição, e haverá demanda em massa para se obter a proteção assistencial, que não exige contribuição, cujos valores dos benefícios foram rebaixados do piso do salário-mínimo para R$ 400,00.

Vimos que essa transição da Seguridade Social para o assistencialismo será impulsionada pela fixação de regras de acesso que desconsideram a dramática realidade do mercado de trabalho brasileiro e que são equivalentes às que são praticadas em países desenvolvidos. Enfatizamos que, em função desses fatos: (1) A aposentadoria integral será para poucos que terão condições de conjugar 65/62 anos de idade e 40 anos de contribuição. (2) A aposentadoria parcial será inacessível para mais de 35% dos brasileiros que não conseguem comprovar 20 anos de contribuição. (3) A idade mínima de 62/65 anos poderá ser 64/67 em 2033, porque o texto prevê esse aumento sempre que a expectativa de sobrevida aos 65 anos se eleve.

11.3 Outras medidas restritivas que limitarão a proteção previdenciária

Há dezenas de outras medidas restritivas que dificultarão o acesso à proteção previdenciária de parcela substantiva da população brasileira. Há casos que transcendem a exclusão e beiram a crueldade.

1. Aposentadoria por tempo de contribuição: transição curta e severa

A "Reforma" pretende extinguir a Aposentadoria por Tempo de Contribuição e revogar todas as demais regras de transição, incluindo o Fator Previdenciário Progressivo (instituído em 2015) que prevê a elevação gradual da Fórmula 85/95 para 90/100 a partir de 2027.

A "Nova Previdência" propõe três regras de transição muito curtas (em torno de 12 anos) e severas, pois, de modo geral, requerem o acúmulo de 105 pontos para o homem (65 anos de idade e 40 anos de contribuição, por exemplo) e 100 pontos para as mulheres (65 anos de idade e 35 anos de contribuição).

Observe-se que no caso dos homens os 105 pontos passam a contar em 2028 e, no caso das mulheres, os 100 pontos passam a valer a partir de 2033. Assim, os homens passam dos atuais 96 para 105 pontos (um acréscimo de 9 pontos em 10 anos), enquanto as mulheres passam dos atuais 86 para 100 pontos (um acréscimo de 14 pontos em 14 anos). Trata-se de uma difícil corrida de obstáculos, pois todo ano aumenta a pontuação. Em função do "gatilho" da idade, é provável que por volta de 2024 seja necessário acrescentar um ano a mais na idade.

2. Endurecimento das regras de aposentadoria das pessoas com deficiência

A "Nova Previdência" endurece as regras de acesso à proteção previdenciária das pessoas com deficiência que não estão em "condições de miserabilidade".[130] A garantia de renda mensal, no valor de um salário-mínimo, à pessoa com deficiência requer que ela seja "previamente submetida à avaliação biopsicossocial realizada por equipe multiprofissional e interdisciplinar, que comprove estar em condição de miserabilidade, vedada a acumulação com outros benefícios assistenciais e previdenciários,

---

[130] Brasil. Proposta de Emenda Constitucional n. 6/2019. Modifica o sistema de previdência social, estabelece regras de transição e disposições transitórias, e dá outras providências. Art. 203.

conforme disposto em lei". Após a "avaliação biopsicossocial", os benefícios serão concedidos desde que o segurado comprove 35 anos de contribuição ("deficiência leve"); 25 anos de contribuição ("deficiência moderada") e 20 anos de contribuição ("deficiência grave").

O texto também determina que "o pagamento do benefício de prestação continuada à pessoa com deficiência (...) ficará suspenso quando sobrevier o exercício de atividade remunerada, hipótese em que será admitido o pagamento de auxílio-inclusão equivalente a dez por cento do benefício suspenso, nos termos previstos em lei."

3. Restrições ao acesso da Aposentadoria Rural

A "Reforma" elimina o tratamento diferenciado do segurado especial por trabalho na economia familiar. Desde a Constituição de 1988, a idade mínima de acesso à aposentadoria dos trabalhadores da agricultura familiar é de 55 anos para as mulheres e 60 para os homens, com obrigatoriedade de comprovar 15 anos de atividade rural. Eles só precisam comprovar esse período com documentos como o Imposto sobre a Propriedade Territorial Rural ou com declarações de testemunhas e atestados complementares de sindicatos da categoria. A "Reforma" determina que a idade mínima da mulher passe de 55 para 60 anos, igualando-se a idade mínima dos homens. Além disso, substitui-se a necessidade de "comprovação de atividade rural" por período de 15 anos para ter acesso à aposentadoria integral por "comprovação de contribuição" por período de 20 anos para ter acesso à aposentadoria parcial.

No novo modelo, em não havendo comercialização da produção rural necessária para atingir o valor mínimo anual exigido, o segurado terá de recolher a contribuição pelo valor mínimo anual de R\$ 600,00, medida incompatível com os regimes de safras e com a sazonalidade da produção rural, que dificultam a regularidade de contribuições monetárias. Além disto, muitas unidades produtivas da agricultura familiar não auferem renda suficiente para arcar com mais esse encargo.

A ampliação da idade da mulher e o modelo de financiamento desconsidera a realidade das condições de vida dos brasileiros que vivem no campo. Observe-se que, em 2014, 78% dos homens e 70% das mulheres do meio rural começaram a trabalhar com até 14 anos (Figura 25).

FIGURA 25
PROPORÇÃO DOS OCUPADOS POR FAIXA DE IDADE DE INGRESSO NO MERCADO DE TRABALHO RURAL, POR SEXO

EM %
2014
BRASIL

FAIXA ETÁRIA	HOMEM	MULHER
Até 14 anos	78%	70%
15 a 17 anos	16%	17%
18 e 19 anos	4%	6%
20 anos ou mais	2%	6%

Elaboração: ANFIP e DIEESE (2017)
Fonte: IBGE-Pnad. Anos diversos.

É importante sublinhar o argumento, no mínimo, curioso que um dos principais ideólogos da "Nova Previdência" utiliza para justificar a isonomia entre a Previdência rural e urbana[131]:

> "Um trabalhador pobre urbano que vive no desemprego, **não pode nem extrair comida do solo porque ele vive num mundo urbano,** ele se aposenta apenas aos 65 anos hoje, que é o BPC. Senão ficar bom, tudo bem, mas tem que ajudar a equacionar o problema. Não pode ser assim, eu entro e você não entra" (grifo meu).

---

[131] ROCHA, Ludmylla. *Paulo Tafner propõe contribuição patronal obrigatória igual à do trabalhador, Poder 360*, 25 maio 2019. Disponível em: https://www.msn.com/pt-br/finance/other/paulo-tafner-prop-c3-b5e-contribui-c3-a7-c3-a3o-patronal-obrigat-c3-b3ria-igual-c3-a0-do-trabalhador/ar-AABTBEo. Acesso em 25.06.2019.

4. Aposentadoria por invalidez de primeira e de segunda classe

A "Nova Previdência" retira das garantias do RGPS a cobertura dos eventos doença e morte, modificando o conceito atual de "invalidez" para "incapacidade temporária ou permanente para o trabalho e idade avançada".[132] Com isso, cria-se uma aposentadoria de primeira classe, por invalidez, e outra, de segunda classe.

A primeira contempla o trabalhador que tiver a incapacidade ligada ao exercício profissional (acidentes de trabalho ou doenças comprovadamente causadas pela atividade) que, nesse caso, receberá 100% da média das suas contribuições, proporcional ao tempo de contribuição.

A invalidez de segunda classe é assegurada caso a invalidez não tenha relação com o trabalho. Nesse caso, o beneficiário receberá somente 60% do valor a que teria direito, com acréscimos caso tenha contribuído por mais de 20 anos (2% a mais no valor por ano excedente).

5. Pensão por morte poderá ser inferior ao salário-mínimo

Atualmente a pensão por morte corresponde ao pagamento de 100% do salário de contribuição até o teto do RGPS. Com as novas regras, o valor do benefício corresponde a 50% da média do salário de contribuição e exigência de 20 anos de contribuição previdenciária (acrescido 2% por ano a mais). Sobre esse montante, são adicionados 10% por dependente e, até o limite de 100% para cinco dependentes ou mais, a pensão por morte será integral, se o falecido deixar cinco ou mais dependentes. Com um dependente, o benefício será de 60%.

A pensão por morte poderá ser inferior um salário-mínimo em virtude da supressão do § 2º do art. 201 da CF/88, segundo o qual "nenhum benefício que substitua o salário de contribuição ou o rendimento do trabalho do segurado terá valor mensal inferior ao salário-mínimo".

---

[132] Art. 201, I, da Proposta de Emenda Constitucional n. 6/2019.

6. Restrição ao acúmulo de mais de uma aposentadoria e pensão.

A proposta veda a acumulação de mais de uma aposentadoria ou de uma pensão. Em caso de recebimento de mais de uma pensão por morte de cônjuges e órfãos ou de pensão por morte e aposentadoria, será assegurada o pagamento integral da mais vantajosa e de uma parte de cada um dos demais benefícios, apurada cumulativamente de acordo com as seguintes faixas de renda: 80% do valor igual ou inferior a um salário-mínimo; 60% do valor que exceder um salário-mínimo, até o limite de dois salários-mínimos; 40% do valor que exceder dois salários-mínimos, até o limite de três salários-mínimos; e 20% do valor que exceder três salários-mínimos, até o limite de quatro salários-mínimos. Por outro lado a "Nova Previdência" permite a acumulação de pensão por morte do RGPS com pensão por morte do RPPS ou de militares; pensão por morte do RGPS com aposentadoria do RGPS ou RPPS ou de militares.

7. Mudança no conceito de "proteção à maternidade"

O conceito de "proteção à maternidade" é substituído por "salário-maternidade", o que, na prática, pode restringir esse direito.[133]

8. Restrição ao acesso ao Abono Salarial

A "Reforma" reduz o número de pessoas que passarão a ter direito ao abono salarial do PIS. Hoje quem ganha até dois salários-mínimos tem direito ao benefício.[134] A proposta é pagar só quem receba um salário-

---

[133] Art. 201 da Proposta de Emenda Constitucional n. 6/2019. Modifica o sistema de previdência social, estabelece regras de transição e disposições transitórias, e dá outras providências.

[134] Proposta de Emenda Constitucional n. 6/2019. Modifica o sistema de previdência social, estabelece regras de transição e disposições transitórias, e dá outras providências. "Art. 239. (...) § 3º. Aos empregados que percebam de empregadores que contribuem para o Programa de Integração Social (PIS) ou para o Programa de Formação do Patrimônio do Servidor Público (Pasep) *até um salário-mínimo de remuneração mensal*

mínimo, o que exclui cerca de 20 milhões de brasileiros pobres.

9. O que a Reforma da Previdência tem a ver com o FGTS?

Embora esse item tenha sido suprimido na tramitação da PEC na Comissão de Constituição e Justiça e de Cidadania (CCJC), é importante destacar que o projeto original endurecia as regras para empregados aposentados que voltarem a trabalhar. O texto propunha que o empregador, a partir do momento em que seu funcionário se aposenta e permanece na empresa, não precisa mais recolher a contribuição de 8% para o seu FGTS. A proposta também retirava a obrigatoriedade de o empregador pagar multa de 40% sobre o valor do FGTS ao trabalhador que for demitido e já estiver aposentado.[135] Hoje, o trabalhador que se aposenta recebe o valor que tem depositado em sua conta individual do FGTS e, se continuar trabalhando, o patrão continua depositando na sua conta os 8% do fundo porque a aposentadoria não encerra o contrato de trabalho. Quando a empresa demitir esse trabalhador, ele recebe todos os direitos trabalhistas e os 40% da multa do FGTS.

11.4 Medidas que rebaixam o valor das aposentadorias e pensões

Como se não bastasse exigir mais longo período contributivo e mais idade, a "Reforma" também rebaixa o valor dos benefícios

---

é assegurado o pagamento de um abono salarial anual calculado na proporção de um doze avos do valor do salário-mínimo vigente na data do pagamento, multiplicado pelo número de meses trabalhados no ano correspondente, considerado como mês integral a fração igual ou superior a quinze dias de trabalho, observado o disposto no § 3º- A".

[135] Proposta de Emenda Constitucional n. 6/2019. Modifica o sistema de previdência social, estabelece regras de transição e disposições transitórias, e dá outras providências: "Art. 2º: O Ato das Disposições Constitucionais Transitórias passa a vigorar com as seguintes alterações: (...) Art. 10 (..) § 4º. O vínculo empregatício mantido no momento da concessão de aposentadoria voluntária não ensejará o pagamento da indenização compensatória prevista no inciso I do *caput* do Art. 7º da Constituição, nem o depósito do fundo de garantia do tempo de serviço devido a partir da concessão da aposentadoria"

previdenciários e assistenciais:

1. O fim do reajuste pela inflação

A Constituição de 1988 assegura "o reajustamento dos benefícios para preservar-lhes, em caráter permanente, o valor real". Para as aposentarias e pensões de menor valor, a correção monetária é assegurada pelo piso do salário-mínimo. Para as aposentarias e pensões superiores ao piso mínimo (RGPS e do RPPS), leis complementares estabeleceram que essa correção seja feita pelo INPC (Índice Nacional de Preços ao Consumidor).

A preocupação em assegurar a preservação do "valor real" dos benefícios deu-se para evitar o expediente recorrente na ditadura militar de reajustar os benefícios abaixo da inflação, impondo perdas reais aos aposentados e pensionistas. A CF/88 chegou, inclusive, a determinar a reposição do valor real dos benefícios entre 1979 e 1984.

Entretanto, a PEC n. 6/2019 exclui o termo "valor real" do § 8º do Art. 40 (RPPS) e do § 4º do Art. 201 (RGP), transferindo a definição dessas regras de reajuste para a legislação complementar.

Com a eliminação da regra de ajuste do salário-mínimo que levou a um fundamental aumento do poder de compra dos trabalhadores na década de 2000 e em meados da década presente, o governo Bolsonaro aproxima-se cada vez mais das políticas econômicas concentradoras de renda dos anos de 1960 e 1970.

2. O novo cálculo do valor dos benefícios

Haverá rebaixamento do valor da aposentadoria integral e parcial, pois, para o cálculo do valor dos benefícios, serão considerados 100% de todos os salários de contribuição e não mais 80% como ocorre hoje. O cálculo sobre 80% justifica-se para se eliminar os salários de contribuição mais baixos, associados, geralmente, ao início da atividade laboral. Com a consideração de 100% dos salários de contribuição, o valor do benefício será bem menor, pois ninguém entra no mercado de trabalho com altos salários.

No caso da aposentadoria parcial também haverá rebaixamento do valor dos benefícios, pois será considerado 60% da média aritmética (atualmente é 100%) de 100% dos salários de contribuição para a Previdência (atualmente é 80%).

3. A possibilidade real de se acabar com o piso do salário-mínimo

A Constituição de 1988 avançou ao estabelecer que "nenhum benefício que substitua o salário de contribuição ou o rendimento do trabalho do segurado terá valor mensal inferior ao salário-mínimo".[136] Essa medida foi adotada porque o Regime Militar sistematicamente corrigia os benefícios abaixo da inflação. Como consequência, mais de 70% dos benefícios urbanos eram inferiores ao salário-mínimo e, no caso dos benefícios rurais, o valor do benefício correspondia à metade do salário-mínimo. Além de introduzir o piso, a CF/88 também estabelece a vinculação da correção do valor dos benefícios à correção do salário-mínimo.

Na tramitação da legislação complementar, não causaria surpresa que a indexação do piso do salário-mínimo aos benefícios assistenciais e previdenciários seja extinta. Como se sabe, o salário-mínimo e suas regras de indexação estão na mira dos governantes, a começar do próprio Vice-presidente da República para quem a forma de reajuste não pode ser vista como "vaca sagrada" e precisa mudar, associando o reajuste do salário-mínimo aos problemas econômicos atuais. E foi direto ao ponto: "É hora de rever o contrato social estabelecido pela Constituição de 1988".[137]

---

[136] Art. 201, § 5º da Proposta de Emenda Constitucional n. 6/2019.

[137] *Mourão critica reajuste do salário-mínimo acima da inflação. Economia iG*, 27 mar. 2019. Disponível em: https://economia.ig.com.br/2019-03-27/salario-minimo-mourao.html. Acesso em 26.09.2019.

4. A desfiguração do BPC como instrumento da Seguridade Social

Extremamente preocupante também são as mudanças drásticas propostas para a concessão do Benefício de Prestação Continuada (BPC), dirigido aos idosos (65 anos ou mais) e pessoas com deficiência com renda familiar *per capita* inferior a ¼ de salário-mínimo que não conseguiram acesso à proteção previdenciária. O BPC beneficia cerca de 5 milhões de pessoas socialmente mais vulneráveis, garantindo renda mensal de cidadania no valor de um salário-mínimo.

Trata-se, portanto, da proteção àqueles incapazes de garantir sua sobrevivência por meio do trabalho remunerado, seja pela idade avançada, seja pela limitação imposta por uma doença ou deficiência. Ao lado das aposentadorias e pensões, o BPC concorreu para que a pobreza e a indigência nesta população se tornassem fenômeno quase residual. Em 2014, apenas 0,78% dos idosos com 65 anos ou mais viviam com renda familiar *per capita* de até ¼ de salário-mínimo; e 8,7% viviam com renda *per capita* de até meio salário-mínimo[138]. O projeto do governo passa a garantir uma renda mínima de R$ 400,00 a partir dos 60 anos. Esses idosos voltariam a receber um salário-mínimo quando chegassem aos 70 anos de idade e comprovassem estar em "condições de miserabilidade". As idades deverão ser ajustadas quando houver aumento na expectativa de sobrevida da população brasileira. É vedada a acumulação da transferência de renda do BPC com outros benefícios assistenciais e com proventos de aposentadoria ou pensão por morte do RGPS e RPPS ou com proventos de inatividade e pensão por morte. Não será devido abono anual para a pessoa idosa beneficiária da renda mensal do BPC.[139]

---

[138] ANFIP; DIEESE. *Previdência*: reformar para excluir? Contribuição técnica ao debate sobre a reforma da previdência social brasileira. Brasília: Anfip – Associação Nacional dos Auditores Fiscais da Receita Federal do Brasil; Dieese – Departamento Intersindical de Estatística e Estudos Socioeconômicos. 2017. Disponível em: http:// plataformapoliticasocial.com.br/previdencia-reformar-para-excluir-completo/. Acesso em 27.06.2009.

[139] Proposta de Emenda Constitucional n. 6/2019. Modifica o sistema de previdência social, estabelece regras de transição e disposições transitórias, e dá outras providências. Art. 203 e artigos 40-43 do Ato das Disposições Constitucionais Transitórias (ADCT).

Para um dos principais formuladores da "Nova Previdência", o valor de R$ 400,00 se justificaria porque "o valor médio necessário para tirar essa pessoa (em condição) da miséria é de R$ 350,00. Eles calibraram o valor para ser R$ 400,00".[140]

Sem levar em conta que o Brasil é o País mais desigual do mundo, como informam os estudos recentes de Thomas Piketty, o especialista, ainda por cima, desconhece que o acesso ao BPC requer que se comprove condição de miserabilidade (renda per capita de 1/4 do valor do salário-mínimo)[141]:

> "Nenhum país do mundo dá benefício assistencial, portanto, não contributivo na mesma idade e no mesmo valor do benefício previdenciário. O benefício previdenciário, afinal de contas, é uma contraprestação de serviço pelas contribuições que o cara fez. Em qualquer lugar do mundo é assim: ou o cara tem a mesma idade de aposentadoria dos demais trabalhadores com valor menor ou tem o mesmo valor em idade maior. O Brasil tem o mesmo valor e a mesma idade".

Para ele, o BPC seria uma opção, fruto da malandragem do brasileiro, uma espécie de "Lei de Gerson" assistencial[142]:

> "Ora, aqueles que estão fazendo o esforço para contribuir para ter a aposentadoria de um salário-mínimo, ao saberem disso, o que eles fazem? Não contribuem mais. Isso está medido. Já está quantificado,

---

[140] ROCHA, Ludmylla. *Paulo Tafner propõe contribuição patronal obrigatória igual à do trabalhador, Poder 360*, 25 maio 2019. Disponível em: https://www.msn.com/pt-br/finance/other/paulo-tafner-prop-c3-b5e-contribui-c3-a7-c3-a3o-patronal-obrigat-c3-b3ria-igual-c3-a0-do-trabalhador/ar-AABTBEo. Acesso em 25.06.2019.

[141] ROCHA, Ludmylla. *Paulo Tafner propõe contribuição patronal obrigatória igual à do trabalhador, Poder 360*, 25 maio 2019. Disponível em: https://www.msn.com/pt-br/finance/other/paulo-tafner-prop-c3-b5e-contribui-c3-a7-c3-a3o-patronal-obrigat-c3-b3ria-igual-c3-a0-do-trabalhador/ar-AABTBEo. Acesso em 25.06.2019.

[142] ROCHA, Ludmylla. *Paulo Tafner propõe contribuição patronal obrigatória igual à do trabalhador, Poder 360*, 25 maio 2019. Disponível em: https://www.msn.com/pt-br/finance/other/paulo-tafner-prop-c3-b5e-contribui-c3-a7-c3-a3o-patronal-obrigat-c3-b3ria-igual-c3-a0-do-trabalhador/ar-AABTBEo. Acesso em 25.06.2019.

já se sabe que isso ocorre. Não faz economia praticamente nenhuma – são R$ 30 bilhões em 10 anos – isso é respiro".

11.5 Por que vamos transitar da Seguridade para o Assistencialismo?

Procurou-se sublinhar que a "Nova Previdência" é uma corrida inatingível para a imensa maioria dos brasileiros. No futuro, poucos conseguirão ter proteção previdenciária, porque ela exigirá um longo período de contribuição para o acesso à aposentadoria (parcial e integral) o que é descabido para a realidade socioeconômica brasileira. Essa limitação atingirá tanto aqueles que permanecerem no sistema de repartição, quanto os que "optarem" pela capitalização individual.

Em consequência, haverá grande demanda pela proteção assistencial, que não exige contribuição. Essa é a razão pela qual o governo, ratificando que a "Reforma" é "um saco de maldades", de forma preventiva, ergue uma barreira de contenção fiscal: rebaixa o valor do Benefício de Prestação Continuada (BPC) para R$ 400,00.

Atualmente, o RGPS e o BPC pagam benefícios próximos do piso do salário-mínimo para mais de 35 milhões de brasileiros. A corrida para o BPC e a redução do valor desse benefício dos atuais R$ 998,00 para R$ 400,00 permitirão, só esses fatores, no futuro, uma redução dos gastos atuais da Previdência e do BPC em mais de 50%.

Ocorre que as regras sobre a periodicidade e o indexador da correção monetária dos R$ 400,00 serão definidas por legislação complementar. Não é irreal supor que essa legislação estabeleça que esses pontos sejam definidos "por ato normativo do Ministério da Economia".

Não é fantasia supor que o valor de R$ 400,00 fique congelado, sem correção, por longo período, rebaixando o seu valor real (a exemplo do que sempre ocorreu com o salário-mínimo e com a tabela de isenção do Imposto de Renda da Pessoa Física).

Não é alucinação imaginar que o congelamento do valor do BPC por alguns anos poderia fazer com que o valor real desse benefício caia para R$ 300,00, por exemplo. Com isso, o governo rebaixaria o gasto com a Previdência e a assistência social para cerca de 30% do gasto atual.

Hoje há uma massa de benefícios em torno de R$ 998,00. No futuro, pode haver uma massa de benefícios em torno de R$ 300,00. Em 2018 as despesas do RGPS e do BPC totalizaram R$ 641 bilhões. No futuro essas despesas anuais poderão corresponder a cerca de 30% desse montante (R$ 192 bilhões). Com isso haveria economia de R$ 450 bilhões por ano, R$ 4,5 trilhões em 10 anos. Será dessa forma que se realizará o objetivo fiscalista do governo.

Com isso, podemos sair da situação atual em que 80% da população idosa tem ao menos o RGPS e o BPC como fonte de renda, para um cenário em que cerca de 80% da população não terá essa proteção e viverá com benefício assistencial de R$ 400,00 ou R$ 300,00.

Caminharemos, assim, da Seguridade para o assistencialismo; teremos equilíbrio fiscal, mas com destituição social em massa.

Capítulo XII

MAIS DESIGUALDADE

Alerta-se a sociedade e os parlamentares para o fato de que a destruição da Seguridade Social vai ampliar ainda mais a obscena desigualdade social brasileira, dado que ela é o principal mecanismo de proteção social e de correção das assimetrias de renda existentes no País. Note-se que o Sistema Único de Saúde (SUS), um dos maiores sistemas públicos de saúde do mundo, é a única alternativa para mais de 70% dos brasileiros. Na assistência social, o Benefício de Prestação Continuada (BPC) protege mais de 5 milhões de pessoas idosas e portadoras de deficiência com renda familiar *per capita* inferior a ¼ de salário-mínimo. O Programa Seguro-desemprego concede atualmente cerca de 7 milhões de benefícios, a maior parte equivalente ao salário-mínimo. O Regime Geral da Previdência Social (RGPS) mantém mais de 30 milhões de benefícios diretos nos segmentos urbano e rural, cujo valor do benefício gira em torno de R$ 1.400,00.

Dessa forma, a Seguridade Social transfere renda diretamente para mais de 40 milhões de brasileiros; e, indiretamente, para mais de 120 milhões de indivíduos (considerando-se que cada beneficiário tenha, ao menos, mais dois membros na família), sendo que cerca de 70% desses benefícios equivalem ao piso do salário-mínimo.

A Seguridade Social combate o êxodo rural, fomenta a agricultura familiar, tem papel redistributivo nos municípios mais pobres e reduz a desigualdade da renda e a pobreza[143]. A Previdência e a assistência social são importantes mecanismos de promoção da economia regional e municipal.

Estudos realizados pela Anfip mostram que, em 2017, em 88% dos municípios brasileiros as transferências monetárias da Previdência e da assistência social para os moradores foram superiores ao montante das receitas tributárias das prefeituras. O maior impacto é registrado nos municípios entre 10 mil e 20 mil habitantes, nos quais o pagamento de benefícios supera as despesas em R$ 25,8 bilhões, o que representa 7,5% do PIB desse conjunto de municípios.

O estudo também aponta que em 73,6% dos municípios brasileiros (4.100) as transferências monetárias da Previdência e da assistência social para os moradores foram superiores ao montante transferido pela União por meio do Fundo de Participação dos Municípios (FPM). A Região Sul é a que detém o maior percentual de municípios com valor de benefícios mais elevados que o valor do FPM (81,3%), seguida pela Região Sudeste (78,1%).

Hoje, 82% dos idosos têm proteção na velhice, pois contam, ao menos com o benefício da Previdência e da assistência social. Segundo pesquisa da Associação Brasileira de Educadores Financeiros (Abefin) em parceria com a Unicamp, 84% dos trabalhadores dependem somente do INSS para aposentadoria. Esse contingente expressivo enfrenta dificuldades para lidar com o dinheiro, sofre prejuízos e não tem sustentabilidade financeira no futuro, sintomas "que podem levar as famílias ao endividamento, com impactos indesejáveis sobre a renda".[144]

Sem a Previdência e a Seguridade, a pobreza extrema entre os idosos seria muito maior. Em 2014, apenas 8,76% das pessoas com 65 anos ou mais vivia com renda menor ou igual a ½ salário-mínimo. Sem

---

[143] GALIZA, Marcelo; VALADARES, Alexandre Arbex. Previdência Rural: contextualizando o debate em torno do financiamento e das regras de acesso. *Nota Técnica* n. 25. Brasília: Ipea, 2016.

[144] *Mais de 80% dos trabalhadores dependem só do INSS para aposentadoria, aponta pesquisa.* *G1*, 25 maio 2019. Disponível em: https://g1.globo.com/economia/noticia/2019/05/21/mais-de-80percent-dos-trabalhadores-dependem-so-do-inss-para-aposentadoria-aponta-pesquisa.ghtml?fbclid=IwAR2TucTkw9Z1R8VSN9cizcOvgsIJxzN1wx_skBHhRYa ZYQd4T0j2DFeVzm4. Acesso em 26.06.2019.

esses benefícios, o percentual de idosos pobres aos 70 anos superaria 65% do total (ANFIP e DIEESE, 2017).

FIGURA 26

LINHA DE POBREZA (CIDADÃOS QUE VIVEM COM ½ SALÁRIO-MÍNIMO, OU MENOS) OBSERVADA HOJE E ESTIMADA, CASO NÃO HOUVESSE A PREVIDÊNCIA SOCIAL

EM % DA POPULAÇÃO POR FAIXA DE IDADE
2014
BRASIL

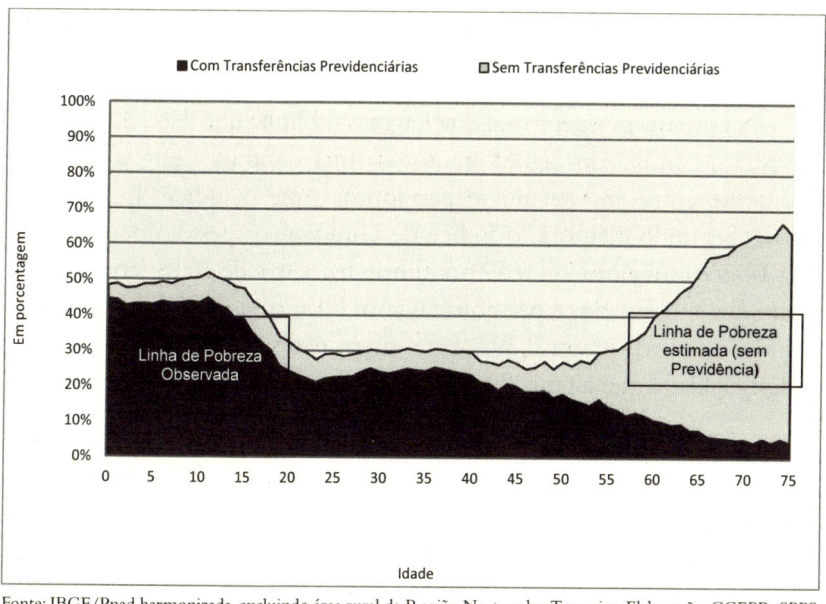

Fonte: IBGE/Pnad harmonizada, excluindo área rural da Região Norte, salvo Tocantins. Elaboração: CGEPR-SPPS-MTPS.

A Seguridade Social também é poderoso mecanismo fiscal de redução da desigualdade da renda. Estudos sobre a incidência da política fiscal na distribuição da renda na América Latina revelam que, no Brasil, o maior impacto na redução da desigualdade da renda é proporcionado pelas transferências monetárias e os gastos com a Seguridade Social (saúde, Previdência e assistência social), seguido pela educação (queda de 16,4 pontos percentuais no índice de Gini).

Para a Cepal, o alto grau de cobertura dos sistemas públicos de aposentadoria e pensões (no Brasil cerca de 80% dos idosos estão cobertos) "tem uma alta incidência da distribuição da renda disponível".[145] No Brasil, após a incidência de impostos e dos gastos sociais na renda dos indivíduos, o índice de Gini cai, apenas, 5 pontos percentuais (de 0,55 para 0,50) no caso da "população em idade de trabalhar", enquanto que, no caso da "população em idade de aposentadoria", a queda é de 15 pontos percentuais (de 0,65 para 0,40).

Esses resultados são relevantes se considerarmos a transição demográfica em curso no Brasil que caminha no sentido de um maior envelhecimento populacional. A expansão da cobertura previdenciária desse contingente terá impactos significativos na redução do índice de Gini de grande parte da população do País.

Na mesma perspectiva, Lena Lavinas sublinha que "ao contrário do que reza a cartilha dos agora arautos da luta contra a desigualdade", é justamente entre aposentados e pensionistas que o índice de Gini é o menor. Segundo a autora, o índice de Gini para as pessoas ocupadas na faixa 14-59 anos alcançou 0,59 no último trimestre de 2018; por sua vez, o Gini dos aposentados e pensionistas com 60 anos ou mais, nesse mesmo período, manteve-se em 0,39. "Para quem não sabe, é a menor medida de desigualdade que algum dia tivemos, um recorde!"[146]

Assim, "não é verdade que nosso Seguro Social só faz reproduzir, na inatividade, as desigualdades estruturais do nosso mercado de trabalho. Isso é frase feita, mais uma daquelas que viram (falsa) verdade". Então, aposta comigo, diz a professora: "eliminar o que redistribui pode reduzir privilégios ou tende a potencializá-los? Bingo!"

---

[145] "Es evidente que la acción fiscal tiene mayores efectos en la distribución del ingreso en aquellos países donde se han producido avances importantes en el esfuerzo por universalizar la cobertura de pensiones, pues la mayoría de los adultos mayores no cuentan con ingresos propios significativos" (CEPAL, 2015: 102).

[146] LAVINAS, Lena. *A quem a reforma da Previdência privilegia?*. Cebes, 10 mar. 2019. Disponível em: http://cebes.org.br/2019/03/a-quem-a-reforma-da-previdencia-privilegia/. Acesso em 27.06.2019.

Capítulo XIII

MAS HÁ ALTERNATIVAS PARA O BRASIL NÃO "QUEBRAR" QUE NÃO DESTROEM A SEGURIDADE SOCIAL

"A Previdência Social no Brasil é deficitária". "Sem a Reforma, o Brasil vai quebrar". Expressões como estas são utilizadas há mais de trinta anos no Brasil para justificar reformas que retiram direitos sociais e garantias fundamentais conquistados pelos trabalhadores no passado recente.

Se houvesse debate, os brasileiros poderiam saber que as alternativas para o equilíbrio financeiro da Previdência requerem decisões de três naturezas:

- **Em primeiro lugar**, há alternativas que passam pela possibilidade de elevar as receitas mediante a promoção do crescimento da economia e da inclusão dos trabalhadores informais, o que requer que se superem as inconsistências do regime macroeconômico e fiscal brasileiro que afetam o orçamento previdenciário.

- **Em segundo lugar**, pelas possibilidades de se reforçar a capacidade financeira do Estado, pela maior equidade na contribuição das classes de maior renda.

- **Em terceiro lugar**, é possível melhorar o desempenho das contas da Previdência simplesmente pelo cumprimento da

Constituição da República e pela preservação do seu espírito, no que concerne à Seguridade Social, profundamente desvirtuado desde 1989.

13.1 O crescimento da economia: o ajuste pela Receita

Ao contrário do que pregam os adeptos do "austericídio", sublinha-se que a alternativa não é ajustar para crescer, mas crescer para ajustar, dada a importância dos fatores exógenos (comportamento das receitas) em relação aos endógenos (comportamento das despesas) no equilíbrio financeiro da Seguridade e da Previdência Social.

Ao isolar a "crise da Previdência" e associá-la exclusivamente ao "excesso" de despesas, ficam afastadas de qualquer consideração as decisões do sistema político e as opções macroeconômicas que afetam as receitas do governo, da Previdência e da Seguridade Social.

José Luis Oreiro, professor de Economia da UnB, estima que "se a economia brasileira estivesse hoje (abril de 2019) operando ao nível do produto potencial, a receita tributária do setor público consolidado teria um acréscimo mais de R$ 90 bilhões com relação à previsão para o ano de 2019, o que representa 64% do déficit primário estimado (R$ 139 bilhões) pelo Ministério da Economia para o corrente ano".[147] **Portanto, em dez anos, o efeito fiscal seria de mais de R$ 900 bilhões, quase igual à economia que o governo almeja com a "Reforma" da Previdência.**

A experiência dos anos de 1990 demonstrou que a queda nas receitas da Previdência foi agravada em decorrência do baixo crescimento econômico e seus impactos na retração do mercado de trabalho. Em contraposição, a partir de meados da década passada, após 25 anos de estagnação, a economia voltou a crescer. Entre 2005 e 2013, o crescimento

---

[147] OREIRO, José Luis. *Nova recessão à vista? A economia brasileira está morrendo por falta de estímulos de demanda.* 16 abr. 2019. Disponível em: https://jlcoreiro.wordpress.com/2019/04/16/nova-recessao-a-vista-a-economia-rasileira-esta-morrendo-por-falta-de-estimulos-de-demanda/. Acesso em 27.06.2019.

médio do PIB foi de 4,36% ao ano. Como consequência, as contribuições previdenciárias cresceram acima da inflação, apresentando um aumento real que supera o crescimento real do PIB. De 2005 a 2014, essa arrecadação passou de 5% para 6,3% do PIB[148].

Com isso, mesmo considerando-se a visão inconstitucional, praticada desde 1989, de que as receitas da Previdência são integradas apenas pelas contribuições dos empregados e empregadores, observe-se que, por conta do crescimento da economia, o segmento urbano do RGPS foi superavitário entre 2010 e 2015, após ter "déficit" nulo, entre 2008-2009, e reduzido, entre, 2005-2007 (Figura 27).

FIGURA 27
RESULTADO DO RGPS URBANO

EM R$ BILHÕES CORRENTES E % DO PIB
2005-2015
BRASIL

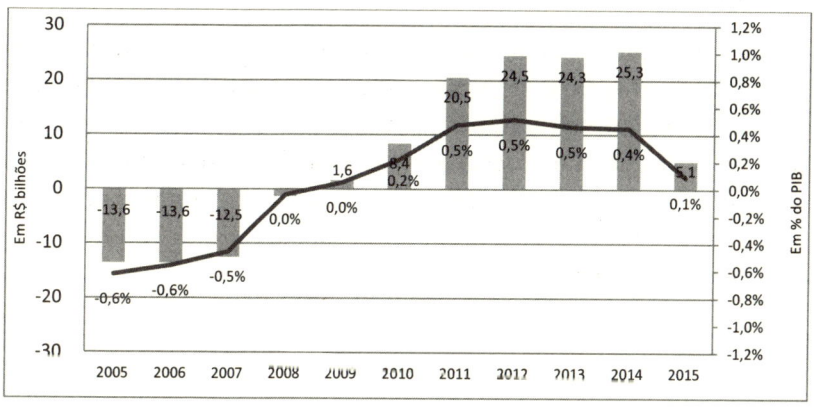

Fonte: MTPS, Fórum de Debates Sobre Políticas de Emprego, Trabalho e Renda e de Previdência Social (maio de 2016) (ANFIP e DIEESE, 2017)

---

[148] ANFIP. *Análise da Seguridade Social 2015*. Associação Nacional dos Auditores da Receita Federal do Brasil e Fundação Anfip de Estudos da Seguridade Social. Brasília: Anfip, 2016.

Por sua vez, como mencionado, a Previdência Rural – típico benefício da Seguridade Social – não é financiada pelo trabalhador urbano. A Constituição Federal de 1988 criou novas fontes específicas para essa finalidade (CSLL e Cofins). Déficit é uma despesa sem fonte de financiamento. O Art. 195 da CF/88 deixa claro que esse não é o caso da Previdência Rural.

O crescimento econômico é pré-requisito para o equilíbrio financeiro da Previdência e da Seguridade Social, pois suas receitas incidem sobre a folha de salário, o faturamento e o lucro das empresas. A recessão deprime essas receitas, e o inverso ocorre com o crescimento. Nesse sentido, o financiamento previdenciário reflete fatores externos ao setor, relacionados à política econômica e ao mercado de trabalho. A retração da atividade econômica e do mercado de trabalho são as raízes dos problemas. Atualmente, parcela substancial da População em Idade Ativa está fora do mercado de trabalho e não contribui para a Previdência. O crescimento da economia poderia incorporar esse segmento que passaria a contribuir monetariamente o que teria reflexos na recomposição das receitas.

O agravamento das finanças da Previdência e da Seguridade Social a partir de 2015 é fruto da opção pela "austeridade" econômica que colocou o País, que não estava em crise severa, em uma grave depressão. No caso da Seguridade Social, a consequência foi que, entre 2015 e 2018, houve queda real de R$ 110 bilhões no total das receitas das contribuições sociais que integram a sua base constitucional de financiamento (Figura 28).

FIGURA 28
EVOLUÇÃO DAS RECEITAS DE CONTRIBUIÇÕES SOCIAIS DO GOVERNO FEDERAL

EM VALORES CONSTANTES DE DEZEMBRO DE 2017 (IPCA)
2005-2018
BRASIL

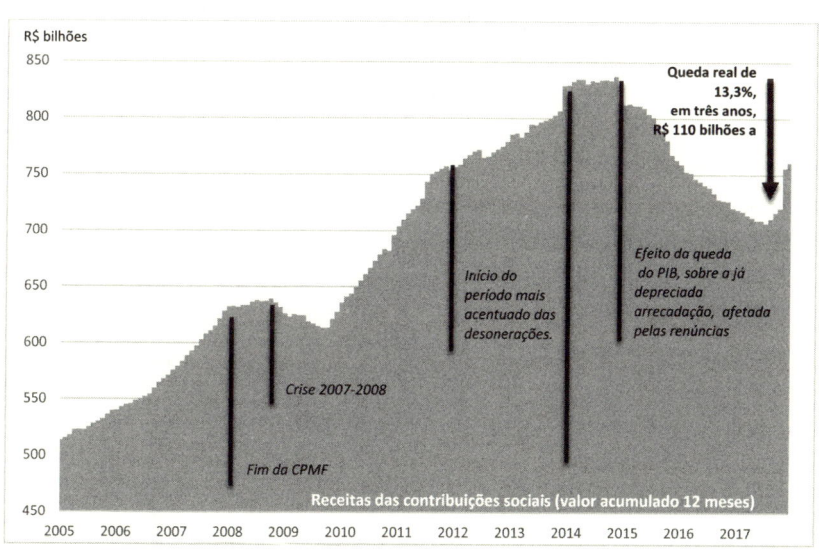

Fonte: STN-MF. Elaboração ANFIP e Fundação ANFIP

O Orçamento da Seguridade Social, que foi superavitário até 2015, passou a ser a apresentar déficit (Figura 29).

FIGURA 29
ORÇAMENTO DA SEGURIDADE SOCIAL (RECEITAS MENOS DESPESAS)

(DADOS PRELIMINARES PARA 2018)
EM R$ BILHÕES
2005-2018
BRASIL

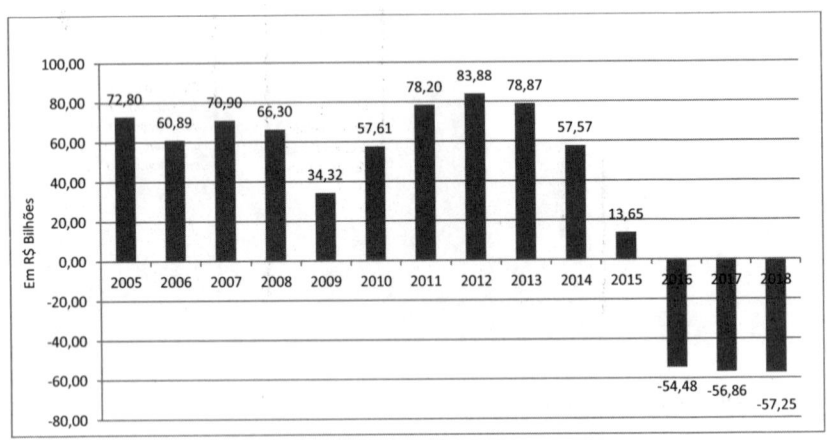

Fonte: ANFIP e FUNDAÇÃO ANFIP (FAETS). Análise da Seguridade Social 2018 (No Prelo)

Os déficits da Seguridade Social entre 2016-2018 decorrem, sobretudo, da retração das receitas das contribuições dos empregados e dos empregadores sobre a folha de salários e das contribuições do governo, pelas contribuições sociais (Cofins, CSLL e PIS-Pasep), em decorrência da recessão econômica (Figura 30).

FIGURA 30
RECEITAS E DESPESAS DO ORÇAMENTO DA SEGURIDADE SOCIAL

(DADOS PRELIMINARES PARA 2018)
EM R$ MILHÕES
2005-2018
BRASIL

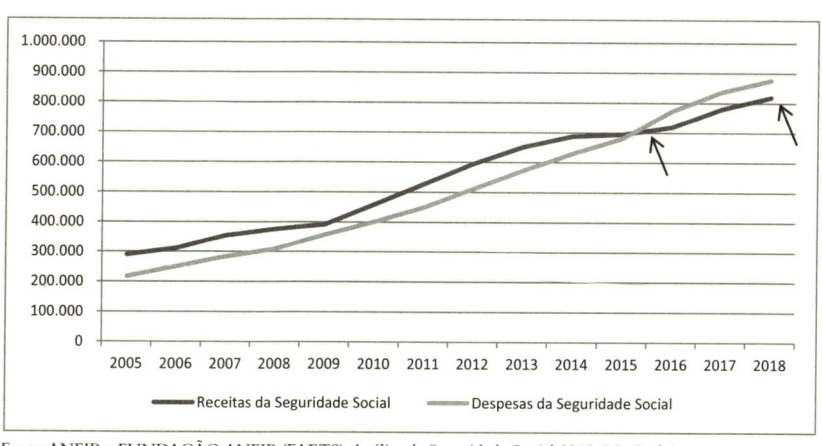

Fonte: ANFIP e FUNDAÇÃO ANFIP (FAETS). Análise da Seguridade Social 2018 (No Prelo).

Em menor medida, esses déficits também decorrem da "corrida às aposentadorias". Assim como ocorreu entre 1995-1998, diante da iminência de reforma excludente, os indivíduos, para não perderem direitos, antecipam os pedidos de aposentadoria (Figura 31).

FIGURA 31
BENEFÍCIOS URBANOS CONCEDIDOS

APOSENTADORIA POR IDADE E POR TEMPO
DE CONTRIBUIÇÃO
1980-2018
BRASIL

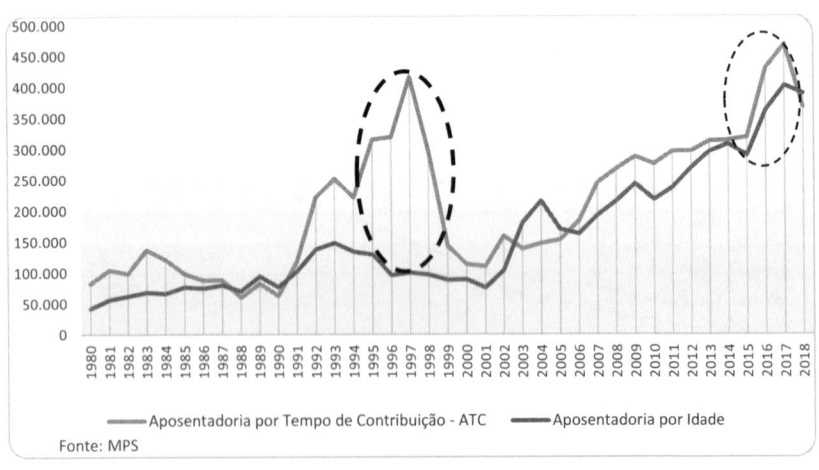

Fonte: MPS

Elaboração: Juliano Mussi

Portanto, o equilíbrio financeiro da Previdência Social no longo prazo requer que a economia volte a crescer. Para isso, é necessário que se enfrentem as inconsistências do regime macroeconômico brasileiro que, como mencionado, visa à geração de superávits primários para o pagamento de parcela dos juros da dívida pública, dificultando o manejo do orçamento para os objetivos do crescimento. A sobreposição de regras restritivas não permite a gestão anticíclica da crise e conduzem a um ajuste fiscal ortodoxo permanente.

No círculo vicioso da austeridade, cortes dos gastos públicos induzem à redução do crescimento, o que provoca novas quedas da arrecadação e exige novos cortes de gastos. Entretanto, na realidade, a piora dos resultados primários deve-se à desaceleração econômica. A tese da "contração fiscal expansionista", em voga desde 2015, foi contraditada pelos fatos. Desde então, observa-se que, apesar de todo o esforço do governo para reduzir as despesas primárias, as receitas despencaram e o déficit continua elevado, evidenciando o caráter contraproducente do ajuste. A economia real só piorou, a dívida pública é crescente, as expectativas se deterioraram, apesar de toda a austeridade manifestada e praticada.

A trajetória da dívida pública responde a uma interação complexa entre as diversas políticas macroeconômicas. Diferentemente do que supõe o senso comum, não é possível explicar essa dinâmica da dívida bruta, pela "gastança do governo" nas contas não financeiras expressas pelo resultado primário.

Segundo o estudo "Austeridade e Retrocesso", a maior parte do déficit nominal de 10,3% do PIB em 2015 decorre da política de altos juros, que impõe enorme custo fiscal ao conjunto de políticas econômicas. O estudo mostra que contribuição do déficit das contas primárias (não financeiras) no déficit nominal de 10,3% do PIB foi de, apenas, 1,9% do PIB. O restante (8,4% do PIB) decorreu da somatória dos custos de oportunidade da manutenção das reservas internacionais (custo de 2,7% do PIB) e dos créditos ao BNDES (0,7% do PIB) com o resultado das operações de *swaps* cambiais que são utilizadas para tentar controlar a cotação do dólar (1,5% do PIB) e da remuneração dos credores da dívida pública (3,6% do PIB). Portanto, trata-se de idiossincrasia afirmar que a questão fiscal decorre da "gastança" primária, ou seja, das despesas sociais e investimentos.

13.2 Maior equidade na contribuição das classes de maior renda

Se houvesse debate, os brasileiros poderiam saber que as alternativas para o equilíbrio financeiro da Previdência requerem maior contribuição das classes sociais que detêm a riqueza financeira. Nesse sentido, a recomposição da capacidade financeira do Estado passa, dentre outros fatores, pela redução dos juros, pela realização de reforma da estrutura tributária, pela revisão dos incentivos fiscais e pelo combate à sonegação.

Redução dos Juros

O descolamento do Brasil com o restante do mundo, no qual se pratica juros reais negativos, é aviltante. Não existem justificativas técnicas para que, em 2015, o Brasil (com dívida bruta de 66,2% do PIB) pagasse 8,5% do PIB de juros, enquanto que a Grécia, por exemplo, que literalmente estava "quebrada", com dívida bruta/PIB quase três vezes superior (197% do PIB), pagasse menos da metade de juros (4,2% do PIB).

A Figura 32 compara gastos com juros e gasto previdenciário no período 2006-2015. Nota-se que, em 2015, o Brasil pagou R$ 502 bilhões de juros, contra R$ 436 bilhões de gastos com benefícios previdenciários. As despesas com juros consumiram 8,5% do PIB, ao passo que os gastos previdenciários somente 7,5% do PIB.

FIGURA 32
GASTOS FEDERAIS DIRETOS COM JUROS E PREVIDÊNCIA

R$ BILHÕES CORRENTES
2005-2015
BRASIL

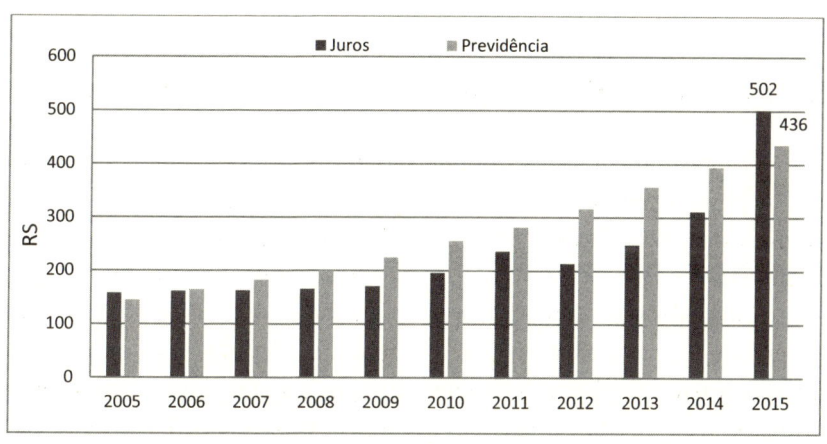

Fonte: Banco Central (ANFIP e DIEESE, 2017).

No entanto, a maior parte dos benefícios previdenciários é custeada por contribuições de trabalhadores e empregadores, restando ao governo arcar com a chamada necessidade de financiamento do INSS.

Por sua vez, os gastos com juros são inteiramente cobertos pelos recursos públicos, pesando muito mais do que a Previdência nas contas do Estado. Se levarmos em conta que o RGPS beneficia diretamente mais de 30 milhões de brasileiros e os juros beneficiam algumas centenas, a questão que se coloca é qual reforma é mais urgente? A Reforma Previdenciária ou a Reforma Financeira?

Em função dos juros, o crescimento da Dívida Pública Bruta do Governo Geral (DBGG) nos últimos dez anos foi expressivo, adquirindo magnitude muito superior aos gastos com benefícios do Regime Geral de Previdência. O que explica o crescimento da Dívida Bruta do Governo Geral não é o gasto com a Previdência Social. O fator mais relevante a exercer pressão ascendente sobre a dívida é a taxa de juros dos títulos do Tesouro.

Atualmente **pagamos cerca de R$ 500 bilhões de juros por ano, mais de quatro anos da 'economia' que governo espera da "Nova Previdência". A recomposição da capacidade financeira do Estado requer que se altere essa** visão espúria, segundo a qual ao governo só compete controlar os gastos primários, não havendo nenhum limite para os gastos financeiros, o que eterniza a formidável transferência da riqueza pública para os ricos privados.

Reforma Tributária que enfrente a concentração da renda

O ajuste fiscal também pode ser alcançado mediante a realização de Reforma Tributária que vá além da mera "simplificação" do sistema de impostos. É necessário que ela também enfrente o essencial que é o profundo caráter regressivo da tributação, porque incide sobre o consumo, não sobre a renda e a propriedade das classes abastadas. Não é verdade que a nossa carga tributária seja elevada, na comparação internacional. Mas é fato que temos a maior carga tributária, em todo o mundo, que incide sobre o consumo, repassada aos preços das mercadorias, onde captura parcela proporcionalmente maior da renda dos pobres, que da renda das classes mais abastadas.

Amplo estudo realizado pela Anfip e pelo Fenafisco, elaborado por dezenas de especialistas, concluiu que "é tecnicamente possível que o Brasil tenha sistema tributário mais justo e alinhado com a experiência dos países mais igualitários, preservando o equilíbrio federativo e o Estado Social inaugurado pela Constituição de 1988"[149].

As simulações mostram que é tecnicamente possível quase duplicar o atual patamar de receitas da tributação da renda, patrimônio e transações financeiras, de R$ 472 bilhões para R$ 830 bilhões, um incremento de

---

[149] ANFIP; FENAFISCO. *A Reforma Tributária Necessária – justiça fiscal é possível*: subsídios para o debate democrático sobre o novo desenho da tributação brasileira. FAGNANI, Eduardo (org.). Brasília: Anfip; Fenafisco. São Paulo. Plataforma Política Social. 2018. Disponível em: http://plataformapoliticasocial.com.br/justica-fiscal-e-possivel-subsidios-para-o-debate-democratico-sobre-o-novo-desenho-da-tributacao-brasileira/. Acesso em 27.06.2009.

R$ 357 bilhões; em contrapartida, pode-se reduzir a tributação sobre bens e serviços e sobre a folha de pagamento em R$ 310 bilhões (caso se deseje preservar inalterada a carga tributária) (Figura 33).

FIGURA 33
AUMENTO DA PROGRESSIVIDADE PELA MUDANÇA DA BASE DE INCIDÊNCIA: SITUAÇÃO ATUAL E SITUAÇÃO PROPOSTA

EM R$ MILHÕES
VALORES DE 2015 E ESTIMATIVAS
BRASIL

BASE DE INCIDÊNCIA R$	ATUAL R$	PROPOSTA R$	DIFERENÇA R$
Renda [1]	352.305,41	606.084,14	253.778,73
Patrimônio	85.696,86	158.699,55	73.002,69
Transações Financeiras	34.686,30	65.380,84	30.694,54
Total	472.688,57	830.164,53	357.475,96
Bens e Serviços	957.923,80	726.126,34	(231.797,46)
Folha de Salários	482.003,11	403.263,25	(78.739,86)
Total	1.439.926,91	1.129.389,59	(310.537,32)
Outros	15.567,38	15.567,38	0
TOTAL	1.912.615,48	1.959.554,12	46.938,64

Nota (1) Inclui a o acréscimo de arrecadação na rubrica de Imposto sobre Renda Retido na Fonte – Não Residentes de, pelo menos, 0,12% do PIB, aproximadamente R$ 6,9 bilhões. Fonte: *A Reforma Tributária Necessária – Justiça fiscal é possível: subsídios para o debate democrático sobre o novo desenho da tributação brasileira* (documento completo). Eduardo Fagnani (Organizador). Brasília: ANFIP: FENAFISCO: São Paulo: Plataforma Política Social. 2018. Disponível em: http://plataformapoliticasocial.com.br/justica-fiscal-e-possivel-subsidios-para-o-debate-democratico-sobre-o-novo-desenho-da-tributacao-brasileira/. Acesso em 27.06.2019.

Esse potencial de incremento da taxação sobre a renda, patrimônio e transações financeiras (R$ 357 bilhões), além de ampliar a justiça fiscal, **representa cerca de três vezes mais recursos anuais do que, supostamente, seriam proporcionados pela "Nova Previdência".**

Desses R$ 357 bilhões de receitas potenciais, R$ 157 bilhões seriam obtidos por mudanças no Imposto de Renda da Pessoa Física (IRPF), por meio da revogação das diversas modalidades de isenção das altas rendas, combinadas pela implantação de Nova Tabela Progressiva para o IRPF.

Nessa nova tabela, 38,5% dos declarantes ficariam isentos do IRPF, 48,7% seriam desonerados e 10% manteriam a alíquota atual. A tabela elevaria a tributação para apenas 2,7% dos declarantes, cerca de 750 mil contribuintes: 1,42% (390 mil contribuintes que recebem entre 40 e 60 salários-mínimos) seriam onerados com a alíquota (35%), superior à atual: e 1,31% (360 mil contribuintes que recebem mais de 60 salários-mínimos e acima de 320 salários-mínimos mensais) (Figura 34).

FIGURA 34
TABELA DE ALÍQUOTAS PROGRESSIVAS DO IRPF: DISTRIBUIÇÃO DAS ALÍQUOTAS E POTENCIAL ARRECADATÓRIO

BASE 2015
BRASIL

FAIXA DE SALÁRIO-MÍNIMO MENSAL	ALÍQUOTA (%)	QUANTIDADE DE DECLARANTES	% DO TOTAL DE DECLARANTES	QUANTIDADE DE DECLARANTES (ACUMULADO)	% DE DECLARANTES (ACUMULADO)
Até ½	0,00%	1.301.366	4,73%	1.301.366	4,73%
Mais de 1/2 a 1	0,00%	573.674	2,08%	1.875.040	6,81%
Mais de 1 a 2	0,00%	1.227.268	4,46%	3.102.308	11,27%
Mais de 2 a 3	0,00%	3.278.035	11,91%	6.380.343	23,19%
Mais de 3 a 4	0,00%	4.230.782	15,37%	10.611.125	38,56%
Mais de 4 a 5	7,50%	3.173.086	11,53%	13.784.211	50,09%
Mais de 5 a 7	7,50%	4.339.708	15,77%	18.123.919	65,86%
Mais de 7 a 10	15,00%	3.352.450	12,18%	21.476.369	78,04%
Mais de 10 a 15	22,50%	2.536.352	9,22%	24.012.721	87,26%
Mais de 15 a 20	27,50%	1.180.520	4,29%	25.193.241	91,55%
Mais de 20 a 30	27,50%	1.086.611	3,95%	26.279.852	95,50%
Mais de 30 a 40	27,50%	489.421	1,78%	26.769.273	97,28%
Mais de 40 a 60	35,00%	389.811	1,42%	27.159.084	98,69%
Mais de 60 a 80	40,00%	142.916	0,52%	27.302.000	99,21%
Mais de 80 a 160	40,00%	141.451	0,51%	27.443.451	99,73%
Mais de 160 a 240	40,00%	32.329	0,12%	27.475.780	99,84%
Mais de 240 a 320	40,00%	13.753	0,05%	27.489.533	99,89%
Mais de 320	40,00%	29.311	0,11%	27.518.844	100,00%
TOTAL		27.518.844	100%		

A Reforma Tributária Necessária – Justiça fiscal é possível: subsídios para o debate democrático sobre o novo desenho da tributação brasileira (documento completo) / Eduardo Fagnani (Organizador). Brasília: ANFIP: FENAFISCO: São Paulo: Plataforma Política Social. 2018. Disponível em: http://plataformapoliticasocial.com.br/justica-fiscal-e-possivel-subsidios-para-o-debate-democratico-sobre-o-novo-desenho-da-tributacao-brasileira/. Acesso em 27.06.2019.

As mudanças propostas no IRPF corrigiriam uma das grandes anomalias da tributação brasileira: quem declara renda superior a 240 salários-mínimos mensais tem aproximadamente 70% dos seus rendimentos isentos ou não tributáveis. Assim, na situação atual, quem ganha mais de 320 salários-mínimos mensais, por exemplo, paga alíquota efetiva de IRPF de apenas 6,36% (um valor próximo de quem ganha entre sete e 15 salários-mínimos). Na situação proposta essa alíquota efetiva subiria para 32,7% (Figura 35).

FIGURA 35
TABELA DE ALÍQUOTAS PROGRESSIVAS DO IRPF: ALÍQUOTAS EFETIVAS REAIS POR RENDA MÉDIA ANUAL (ATUAL E PROPOSTA/SIMULAÇÃO)

BASE 2015
BRASIL

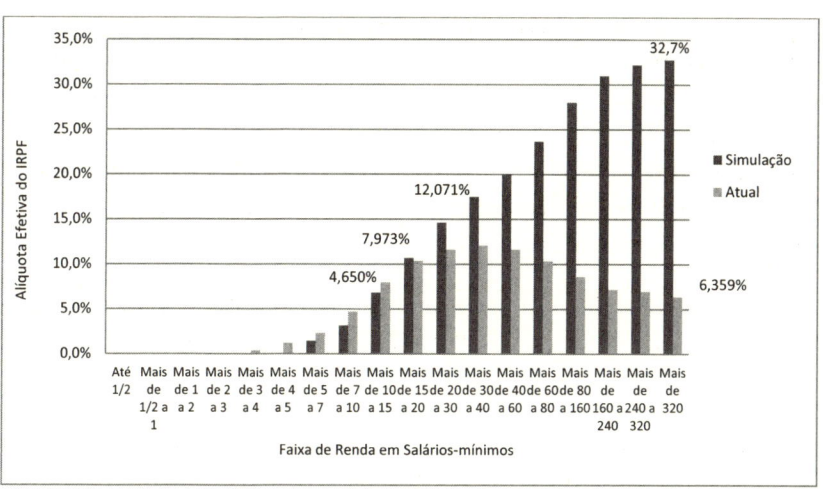

A Reforma Tributária Necessária – Justiça fiscal é possível: subsídios para o debate democrático sobre o novo desenho da tributação brasileira (documento completo) / Eduardo Fagnani (Organizador). Brasília: ANFIP: FENAFISCO: São Paulo: Plataforma Política Social. 2018. Disponível em: http://plataformapoliticasocial.com.br/justica-fiscal-e-possivel-subsidios-para-o-debate-democratico-sobre-o-novo-desenho-da-tributacao-brasileira/. Acesso em 27.06.2019.

Revisão das isenções fiscais e a sonegação equivalem ao gasto da Seguridade Social

O referido estudo alerta que há dois mecanismos crônicos e históricos de transferência de renda para as camadas mais privilegiadas que não podem ser ignorados no debate sobre ajuste fiscal, Reforma Tributária e Reforma Previdenciária: as isenções fiscais e a sonegação. Enfrentar esses problemas caminha na mesma direção de buscar a progressividade e a recomposição da capacidade financeira do Estado[150].

É preciso uma profunda revisão nas isenções tributárias, pelas quais o Governo Federal (e também Estados e Municípios), anualmente, abre mão e deixa de arrecadar cerca de 20% de suas receitas. Em 2017, o montante de isenções totalizou **R$ 406 bilhões,**[151] **mais de quatro anos de 'economia' da "Nova Previdência".**

Também é necessário impor combate implacável à sonegação de impostos, estimada em cerca de R$ 500 bilhões anuais, **mais de cinco anos de 'economia' da "Nova Previdência".** A sonegação deve ser tratada como crime. Mas deixou de o ser em 1995, quando a legislação (Lei n. 9.249/1995) trouxe a possibilidade de se extinguir a punibilidade do agente, nos crimes tributários, caso o pagamento do tributo tenha sido feito antes do recebimento da denúncia. Também é preciso acabar com a prática do "refinanciamento", que premia sistematicamente os sonegadores, com programas de parcelamento de débitos.

É imprescindível que se faça uma revisão criteriosa das renúncias fiscais, além de dar combate sem trégua à sonegação. Em conjunto, esses

---

[150] ANFIP; FENAFISCO. *A Reforma Tributária Necessária – justiça fiscal é possível*: subsídios para o debate democrático sobre o novo desenho da tributação brasileira. FAGNANI, Eduardo (org.). Brasília: Anfip; Fenafisco. São Paulo. Plataforma Política Social. 2018. Disponível em: http://plataformapoliticasocial.com.br/justica-fiscal-e-possivel-subsidios-para-o-debate-democratico-sobre-o-novo-desenho-da-tributacao-brasileira/. Acesso em 27.06.2009.

[151] MARTELLO, Alexandre. "Renúncia fiscal soma R$ 400 bi em 2017 e supera gastos com saúde e educação". *Globo*, Brasília. 03 set. 2017. Disponível em: https://g1.globo.com/economia/noticia/renuncia-fiscal-soma-r-400-bi-em-2017-e-supera-gastos-com-saude-e-educacao.ghtml. Acesso em 27.06.2019.

recursos – que são transferidos para as camadas mais abastadas e, deste modo, aprofundam o caráter regressivo da tributação – totalizam, aproximadamente, 12,8% do Produto Interno Bruto (PIB), montante superior ao dispêndio da Seguridade Social (11,3% do PIB) que a "Nova Previdência" planeja destruir.

Em suma: se, de fato, o País estivesse na iminência de "quebrar", não seria o caso de se priorizar, com urgência, a Reforma Tributária, que tem potencial de arrecadação fiscal muito superior a tal suposta economia que adviria da "Nova Previdência"? Por que penalizar os mais pobres (beneficiários do RGPS, do BPC e do Abono Salarial), se há alternativa de se arrecadar mais e, ao mesmo tempo, fazer justiça fiscal e social?

13.3 Alternativas relacionadas à Previdência e à Seguridade Social[152]

O equilíbrio financeiro da Previdência Social também pode ser obtido pelo cumprimento dos Arts. 194 e 195 da Constituição de 1988, fato que nunca ocorreu desde 1989. Apenas em 2015, com esse descumprimento, deixou-se de contabilizar nas contas da Previdência Social, como "contribuição do governo", parcela da arrecadação proveniente da Cofins (R$ 202 bilhões), da CSLL (R$ 61 bilhões) e do PIS-Pasep (R$ 53 bilhões). Nesse mesmo ano, a Seguridade Social também deixou de contar com R$ 157 bilhões, por conta das desonerações tributárias (incluída a isenção da contribuição patronal para a Previdência) e de uma parte dos R$ 61 bilhões, por conta das Desvinculações das Receitas da União (DRU).

O equilíbrio financeiro da Previdência Social no longo prazo também requer que a Constituição da República seja cumprida no que diz respeito à organização da Seguridade Social e ao Orçamento da Seguridade Social. Além disso, é preciso instituir o Conselho Nacional da Seguridade Social, previsto no Parágrafo Único do Art. 194 da Constituição Federal, jamais implantado.

---

[152] Baseado em ANFIP e DIEESE (2017)

O equilíbrio financeiro da Seguridade e da Previdência Social também requer a extinção da Desvinculação das Receitas da União (DRU), criada em 1994 e renovada continuamente. Como já foi mencionado, o desvio anual de receitas da Seguridade Social com a DRU passou de R$ 32 bilhões em 2005 para R$ 60 bilhões em 2014. Em 2015, a DRU praticamente não incidiu sobre a Seguridade Social, devido ao fato de o superávit ter sido de apenas R$ 11 bilhões em decorrência da queda de 3,8% do PIB. Com recém-aprovado aumento do percentual da DRU de 20 para 30%, estima-se a supressão de R$ 120 bilhões de contribuições sociais ao ano.

Também será preciso acabar com as renúncias tributárias que incidem sobre o Orçamento da Seguridade Social. Como mencionado, apenas em 2015, o valor desonerado com Cofins, CSLL, PIS-Pasep e com a isenção da contribuição patronal para a Previdência atingiu R$ 157 bilhões.

Outra medida necessária é impedir as desonerações patronais sobre a folha de pagamento. A Lei n. 13.161/2015 redefiniu as alíquotas de contribuição sobre o valor da receita bruta de diversos setores produtivos, o que implica redução do valor da renúncia prevista em 2016, para R$ 15,6 bilhões, contra os R$ 25,4 bilhões verificados em 2015. Além disto, deve-se sublinhar que o Fundo do Regime Geral de Previdência Social deveria ser integralmente compensado pela renúncia decorrente da desoneração (Lei n. 12.546, Art. 9º, IV), de modo a não haver alterações no cálculo do resultado da Previdência Social.

O equilíbrio financeiro da Previdência e da Seguridade Social também requer a revisão das isenções fiscais concedidas para diversos setores, que não contribuem para a Previdência, como, por exemplo, entidades filantrópicas e o agronegócio. Em 2016, no caso da Previdência Social, a participação relativa ao agronegócio na arrecadação foi de apenas 0,5%, montante residual para um segmento cuja participação no PIB atingiu 23% e que exporta mais da metade do valor total exportado pelo Brasil. Entre outros fatores, isso é devido ao fato de que desde 1997 esse segmento recebeu isenção fiscal e deixou de contribuir para a Previdência Rural.

Em suma, se a Previdência está "quebrada", não é razoável a decisão de desvincular recursos da Seguridade Social, fragilizando ainda mais um sistema supostamente já "deficitário". Na mesma perspectiva, não é plausível isentar setores econômicos de contribuir para o financiamento do sistema; tampouco é plausível isentar de contribuições para a Previdência clubes de futebol, igrejas e toda ordem de entidades filantrópicas; e menos ainda é plausível isentar o setor do agronegócio do esforço de contribuir para o reforço da arrecadação.

Da mesma forma, em um cenário de crise, não se justifica a inércia do governo em sua ação fiscalizadora e punitiva aos empresários que não pagam as contribuições previdenciárias e aos empregadores que cometem fraudes nos contratos de trabalho. Em todos esses casos, o que se vê é que o próprio governo parece disposto a criar e alimentar aquele dito "déficit".

A melhoria da fiscalização interna da Previdência Social poderia ampliar consideravelmente a arrecadação. Essa melhoria requer maior determinação da Receita Federal do Brasil. Em 2008, havia 4.100 auditores-fiscais vinculados à Secretaria da Receita Previdenciária, atuando no combate à inadimplência e à sonegação das contribuições previdenciárias. Hoje, após a incorporação à Secretaria da Receita Federal do Brasil, apesar de se terem alterado os instrumentos e a forma de atuação, concentrados atualmente no combate à sonegação, há somente cerca de 900 auditores-fiscais da Receita Federal no trabalho voltado às contribuições previdenciárias. A recriação do Ministério da Previdência Social também é medida necessária para a melhoria da gestão financeira e administrativa interna do setor.

A fragilidade fiscalizatória é observada pelo fato de que, entre 2011 e 2018, o estoque da Dívida Ativa previdenciária passou de R$ 185,8 bilhões para R$ 190,7 bilhões, montante quase quatro vezes maior que o alegado "rombo" de R$ 85 bilhões; mas apenas 0,32% do montante total da dívida foram recuperados anualmente.

A melhoria da fiscalização da Previdência Social, em conjunto com a inspeção do trabalho, pode reduzir significativamente a sonegação das contribuições previdenciárias. Filgueiras e Krein estimam que o montante de recursos que deixa de ser arrecadado pela Previdência anualmente por conta de fraudes praticadas pelos empregadores (vínculo empregatício não reconhecido, sobretudo) é bilionário[153].

---

[153] FILGUEIRAS, Vitor Araújo; KREIN, José Dari. *Reforma da Previdência para quem?* Proposta para uma reforma efetiva e pragmática. 2016. Disponível em: http://plataformapoliticasocial.com.br/reforma-da-previdencia-para-quem/. Acesso em 27.06.2019.

NOTA FINAL

No Brasil sempre houve um fosso entre os anseios da população e os desígnios das chamadas elites. Note-se que, poucos anos após a Lei Áurea (1888), com o País ainda submetido aos resquícios da escravidão, a Constituição de 1934 sofisma que "todos os poderes emanam do povo e em nome dele são exercidos".

Hoje se formou um "consenso" de que reformas defendidas pelo "mercado" seriam imprescindíveis – o que é paradoxal, porque o dito mercado não é maioria nas urnas, não tem nenhum compromisso com os destinos da nação e, em geral, não reside no País[154]. Esse paradoxo reflete a grave crise do sistema político, que não representa os interesses gerais da sociedade.

É emblemático que, como sublinhado neste livro, a "Nova Previdência" visa a implodir o modelo de sociedade pactuado em 1988 e que foi forjado, durante mais de duas décadas, nos enfrentamentos e nas lutas da sociedade contra a ditadura militar (1964-1985). Como se

---

[154] Nesse sentido, é emblemática a entrevista concedida ao *Valor* (23/6/2017) por representante de uma corporação internacional, para quem, "o capitalismo não é antiético, é aético. Dê-me uma reforma da Previdência em que o dólar vai para R$ 3,00 e a Bolsa, para 75 mil pontos. É uma forma de o capitalismo dizer gostei. Vocês aí, embaixo do Equador, que se dividam para ver quem paga a conta. (...) O que o gringo quer do Brasil? Ganhar dinheiro, quer comprar alguma coisa, e o que vocês estão fazendo lá não me importa, vocês que moram no Brasil" – disse ele.

sabe, ao cabo desse processo, escreveu-se uma Constituição da República que é um marco do processo civilizatório brasileiro. Com essa Constituição, pela primeira vez em mais de quinhentos anos de história, os brasileiros passaram a ter, simultaneamente, direitos políticos, civis e sociais assegurados por lei. A própria Constituição da República determina que mudanças de grande monta na ordem constitucional exigem referendo popular. Mas, o "mercado" exige que a implosão da Seguridade Social seja feita a toque de caixa por dezenas de leis complementares.

Rechaçar essa trama é dever do qual não podem fugir os parlamentares, os movimentos sociais e os setores da sociedade comprometidos com o propósito de impedir novo retrocesso no incipiente processo civilizatório brasileiro.

POST SCRIPTUM

O JOGO NÃO ACABOU

Há tempo para evitar a tragédia da desigualdade que advirá dessa reforma

> "O homem pode ser vencido, uma instituição ou empresa podem ser vencidas, um partido pode ser vencido, mas numa nação, jamais o povo poderá ser vencido" (Ulysses Guimarães)

Como mencionado, a redação deste livro foi concluída em 30 de maio de 2019. Nessa data, foi possível analisar apenas a proposta original do governo (PEC n. 6, de 2019). Posteriormente, a proposta original foi modificada na Comissão Especial (junho e julho) e no plenário da Câmara dos Deputados (10, 11 e 12 de julho).

Assim, para atualizar o leitor, julgamos necessário redigir este *post scriptum* que, em suas duas partes, analisa os principais pontos que foram alterados, respectivamente, na Comissão Especial e no plenário da Câmara dos Deputados, onde o governo teve fôlego para fazer a tramitação apenas em primeiro turno.

É importante destacar que o debate honesto e tecnicamente qualificado proporcionado por dezenas de especialistas serviu de subsídio para ação parlamentar. Embora extremamente minoritária, é importante destacar a postura firme, corajosa e intransigente dos parlamentares dos partidos oposicionistas. Essa resistência permitiu que, na Câmara dos Deputados, fossem abortadas algumas medidas indecentes remanescentes da Comissão Especial.

A "redução de danos" foi vitória limitada da sociedade expatriada que continua sacrificada, especialmente os sem emprego, os subocupados, os desalentados que já não procuram emprego, os portadores de deficiência, os inválidos e as viúvas desamparadas à própria sorte. É ultrajante que essa "vitória" do Congresso Nacional, que impõe grave retrocesso civilizatório, tenha sido comemorada com tanto entusiasmo pelos parlamentares e pela mídia corporativa. Entretanto, o jogo não acabou. Ainda há tempo de luta e resistência, pois o projeto, após o recesso parlamentar, ainda tramitará na Câmara dos Deputados (segundo turno) e no Senado (dois turnos) – o que deverá ocorrer nos meses de agosto e setembro.

I – ANÁLISE DAS MUDANÇAS OCORRIDAS NA COMISSÃO ESPECIAL

O texto aprovado na Comissão Especial da Reforma da Previdência da Câmara dos Deputados traz alterações em relação à PEC original encaminhada pelo Poder Executivo. A força do debate técnico qualificado proposto pela oposição surtiu algum efeito. Foram retiradas do texto original as medidas mais abjetas que ameaçavam a proteção previdenciária da população mais vulnerável. A introdução do regime de capitalização individual foi adiada para o Regime Geral de Previdência Social (RGPS), mas mantida para Estados e Municípios. As propostas deploráveis na Previdência rural não foram acatadas pela Comissão Especial, embora a exigência de 20 anos de contribuição tenha sido mantida para os homens. As mudanças iníquas propostas no Benefício de Prestação Continuada (BPC) também foram rechaçadas, embora a regulamentação da matéria ainda dependa de lei complementar, o que pode abrir a possibilidade de novos retrocessos. Também se destacam a manutenção da correção dos benefícios pela inflação e o fim do gatilho demográfico para a elevação da idade mínima.

Entretanto, a espinha dorsal da proposta original permaneceu viva nesta etapa. A desconstitucionalização foi mantida em pontos centrais do Regime Próprio de Previdência Social (RPPS) e do RGPS. As ameaças ao Orçamento da Seguridade Social continuaram presentes e, se mantidas, irão destruir a Seguridade Social pela asfixia do financiamento da previdência urbana e rural (RGPS), mas também o Sistema Único de Saúde, a Assistência Social e o Seguro-desemprego.

Um conjunto de regras de acesso inalcançáveis para o trabalhador de baixa renda não foram revistas, com destaque para o tempo de contribuição de 20 anos (aposentadoria parcial) e de 40 anos (aposentadoria integral), que impõe obstáculo difícil de ser superado por esses brasileiros expostos a um mercado de trabalho precário, inseguro e desfavorável ao emprego formalizado de longa duração.

As regras de transição continuaram curtas, severas e impraticáveis para os mais pobres. O trabalhador contribuirá por período mais longo e receberá menos, porque as regras de cálculo de valores impõem perdas significativas, por não eliminar do cálculo 20% dos menores salários e por rebaixar o valor do benefício para 60% da média de contribuições.

O caráter regressivo da "reforma" que restou do texto aprovado na Comissão Especial também é percebido: por manter a desvinculação entre o valor da pensão por morte e o salário-mínimo; por vedar a acumulação de pensão e aposentadoria; por não resolver a questão da inclusão previdenciária do trabalhador que recebe menos que o salário-mínimo mensal (esse problema tende a se agravar com a reforma trabalhista); por endurecer as regras de acesso para as pessoas portadoras de deficiência e para os trabalhadores que requerem aposentadoria por invalidez; por incluir regras para a gestão dos "benefícios não programados" (invalidez, acidente de trabalho etc.) que abrem o mercado para seguradoras e instituições privadas; e por mudar radicalmente o conceito de atividades prejudiciais à saúde, entre outras medidas analisadas a seguir.

Em suma, a resultante da tramitação do projeto na Comissão Especial é que as medidas mais indecentes do "saco de maldades" implícito na proposta original foram parcialmente atenuadas, mas o seu núcleo indecente permaneceu intacto, sobretudo pela implícita dissolução do modelo de sociedade pactuado em 1988, após mais de duas décadas de luta pela redemocratização do país. Esse processo, em marcha acelerada desde 2016, concentra sua fúria, agora, para sepultar a Seguridade Social, que é o principal mecanismo de proteção, de redução de desigualdades e de combate à pobreza do país. O êxito do grande capital sobre a sociedade obtido até o momento provocará destituição em massa de idosos.

A seguir, analisa-se o que mudou em relação à proposta original e, sobretudo, procura-se identificar os pontos considerados execráveis, porque altamente lesivos aos interesses dos trabalhadores, que se espera que sejam rechaçados pela ação social e parlamentar.

1. A REFORMA NÃO SERÁ FEITA ONDE ELA É MAIS NECESSÁRIA

O relatório da Comissão Especial excluiu da reforma o que, de fato, precisa ser reformado. Estão fora dela os Estados e Municípios e os militares, policiais militares e bombeiros militares. A Previdência dos parlamentares federais sofre alterações de pouca monta.

A falsidade do propósito de "combater privilégios" fica escancarada quando se observa que esses segmentos são poupados e que a carga da reforma será suportada, de forma desproporcional, apenas pelos beneficiários do Regime Geral da Previdência Social (RGPS) e, em menor medida, pelos servidores públicos civis federais (RPPS).

Estados e Municípios

O texto aprovado na Comissão Especial exclui a possibilidade de efeitos imediatos da PEC sobre Estados, Distrito Federal e Municípios. Os ajustes nesse caso dependerão de iniciativas das Assembleias Legislativas e Câmaras de Vereadores dos respectivos entes federativos. Essa medida é paradoxal porque aí é onde estão as maiores distorções, visto que, historicamente, os governantes resistem contra reformas, por causa dos custos políticos, num cenário no qual a cada dois anos ocorrem eleições (Prefeituras e Governos estaduais). Na maior parte dos casos, a integralidade (aposentadoria com o último salário) e a paridade (correções de benefícios equivalentes às dos salários da ativa) ainda são permitidas.

Além disso, para o servidor estadual, que possui estabilidade no emprego, ainda vigoram idades mínimas inferiores às que são exigidas para o trabalhador do INSS (65 anos para homens e 60 para mulheres) desde 1998.

Estudo realizado pela Instituição Fiscal Independente (IFI)[155] aponta que a retirada dos Estados da reforma da Previdência terá sérias consequências financeiras nas próximas décadas. O déficit atual de R$ 100 bilhões por ano tende a se agravar ao longo do tempo. Segundo o estudo, o chamado déficit atuarial chega a R$ 5,2 trilhões; em 2017, o déficit atingiu R$ 89 bilhões em 2017 (14,7% da Receita Corrente Líquida, em média). Em grande parte dos Estados há desequilíbrio entre o número de funcionários ativos e inativos. Em alguns estados, o quantitativo de inativos supera o de ativos. O falso propósito de combater "privilegiados" fica escancarado por essa lacuna.

Previdência dos Militares

A PEC n. 6 de 2019 já havia excluído da reforma a Previdência dos Militares, o que também é paradoxal em relação à propaganda oficial enganosa assentada na caça aos privilégios. A reforma desse segmento foi separada da proposta encaminhada para os demais trabalhadores; será feita por projeto de lei e não por Emenda Constitucional. Policiais militares e bombeiros militares entraram também nessas mesmas regras.

A despeito das especificidades da carreira, as regras atuais desse segmento são generosas em relação aos demais trabalhadores. Não se exige idade mínima e o tempo mínimo de serviço para aposentadoria é de 30 anos. A alíquota de contribuição de ativos e inativos é de 7,5%, muito inferior à praticada pelos demais trabalhadores. Esses servidores federais, ao contrário dos servidores civis, possuem paridade e integralidade em relação ao salário da ativa.

O oficial que não progrida na carreira pode ir para a reserva aos 44 anos. As categorias de dependentes que podem receber pensão são

---

[155] PELLEGRINI, Josué. *A situação das previdências estaduais*. Brasília: Senado: IFI. Estudo especial, 03/06/2019, n. 9.

mais amplas que as praticadas para os trabalhadores civis (esposa, o filho menor de 21 anos ou inválido e a filha solteira e o filho estudante menor de 24 anos, desde que não recebam remuneração). Se comprovarem dependência econômica e a convivência no mesmo teto também podem receber pensão a filha divorciada ou viúva, a mãe solteira e separada, os avós e pais inválidos.

Previdência dos Parlamentares

O relator também exclui os parlamentares que cumpriram ou estão no exercício do seu mandato, mantendo praticamente intactas as regras de transição definidas por lei aprovada em 1997 (Plano de Seguridade Social dos Congressistas).

Atualmente exige-se do parlamentar idade mínima de 60 anos e 35 anos de contribuição. Para cada ano de mandato, o parlamentar recebe, como aposentadoria, o valor de 1/35 do seu salário. A aposentadoria integral equivalente ao salário na ativa é concedida ao parlamentar que exercer o mandato por 35 anos.

A proposta para os parlamentares que forem eleitos a partir de 2022 é exigir 65 anos de idade para homens e 62 anos para mulher, além de 20 anos de contribuição. O salário estará limitado ao teto do INSS (R$ 5.839,45). Entretanto, para os parlamentares que já têm mandato, as regras de transição são relativamente suaves. A idade mínima exigida sobe para 65/62 anos (homem/mulher) e o tempo de contribuição (20 anos) é acrescido de um "pedágio" de 30% sobre o tempo que falta para a aposentadoria (no caso dos demais trabalhadores, o "pedágio" pode chegar a 100%).[156]

---

[156] Art. 14 do Ato das Disposições Constitucionais Transitórias (ADCT) segundo o texto aprovado: "Os segurados do regime de Previdência de que trata a Lei n. 9.506, de 30 de outubro de 1997, que fizerem a opção de permanecer neste regime previdenciário deverão cumprir período adicional correspondente a trinta por cento do tempo de contribuição que faltaria para aquisição do direito à aposentadoria na data de entrada em vigor desta Emenda Constitucional e somente poderão se aposentar a partir dos sessenta e dois anos de idade, se mulher, e sessenta e cinco anos de idade, se homem".

2. A REFORMA VAI REFORMAR O QUE JÁ FOI REFORMADO

Restou reformar, então, o que tem sido objeto de repetidas reformas nas últimas décadas. É o caso do Regime Próprio da Previdência Social (RPPS) dos servidores federais civis e do Regime Geral da Previdência Social (RGPS).

2.1 A reforma do RPPS dos Servidores Federais Civis

Esse segmento já foi ajustado pelas Emendas Constitucionais n. 20/1998, n. 42/2003 (que acabou com a integralidade e a paridade), n. 45/2005 e n. 70/2012 (que impõe o teto de benefício de R$ 5.839,45 para o servidor que ingressou na carreira partir de 2012). Em outras palavras, nos últimos 20 anos, os agentes públicos federais civis foram objeto de quatro reformas constitucionais que, progressivamente, criaram regras mais rígidas. Os que ingressaram na administração pública a partir de fevereiro de 2003 já não possuem aposentadoria integral e paridade; e os que foram admitidos de 2015 em diante já estão submetidos às mesmas regras do regime geral (INSS).

Com essas mudanças, a questão financeira de longo prazo desse segmento já foi equacionada, pois as despesas cairão de 1,26% do PIB (2018) para 0,32% do PIB (2060), estima o Ministério da Economia.[157] Isso ocorrerá em função do teto de aposentadoria para os novos ingressantes e da taxa de mortalidade dos servidores que começaram a trabalhar antes de 2012.

• **A "desconstitucionalização" foi mantida**

A idade mínima para aposentadoria foi incluída na Constituição, **mas os demais parâmetros deverão ser estabelecidos por legislação**

---

[157] Relatório da Avaliação Atuarial do Regime Próprio de Previdência Social – RPPS da União. Brasília: Ministério da Fazenda-MF: Secretaria de Previdência – SPREV: Subsecretaria dos Regimes Próprios de Previdência Social – SRPPS: Coordenação-Geral de Atuária, Contabilidade e Investimentos – CGACI. (Consultar Anexo II-A e Anexo II-B – Projeções atuariais do regime de previdência dos servidores civis da união). Disponível em: https://docplayer.com.br/82027571Relatorio-da-avaliacao-atuarial-do-regime-proprio-de-previdencia-social-rpps-da-uniao.html. Acesso em 13.07.2019.

complementar, com destaque para a definição do tempo de contribuição e demais critérios de concessão da aposentadoria pelo RPPS da União, bem como das idades e outras condições especiais para as aposentadorias de servidores com deficiência, policiais e os que trabalham expostos a agentes nocivos.

O texto aprovado na Comissão Especial prevê que futura lei complementar federal estabelecerá normas gerais de organização e funcionamento dos RPPS da União, Estados e Municípios, remetendo ao texto da Constituição os temas que deverão ser tratados por essa legislação: "Lei complementar de iniciativa do Poder Executivo federal disporá sobre as normas gerais de organização, de funcionamento e de responsabilidade previdenciária na gestão dos regimes próprios de Previdência social de que trata este artigo, contemplará modelo de apuração dos compromissos e seu financiamento, de arrecadação, de aplicação e de utilização dos recursos, dos benefícios, da fiscalização pela União e do controle externo e social, e estabelecerá, dentre outros, critérios e parâmetros".[158]

O relator também decidiu que "poderão" ser estabelecidos por lei complementar do respectivo ente federativo a idade e o tempo de contribuição, diferenciados, para os seguintes segmentos: professores das escolas públicas; servidores com deficiência; agente penitenciário; agente socioeducativo; policial; servidores cujas atividades sejam exercidas com efetiva exposição a agentes nocivos químicos, físicos e biológicos prejudiciais à saúde, ou associação destes agentes, vedados a caracterização por categoria profissional ou ocupação e o enquadramento por periculosidade.

• **O regime de capitalização foi mantido**

O regime de capitalização (Previdência complementar) para os servidores públicos da União, dos Estados e dos Municípios foi mantido no texto aprovado, que acrescenta a possibilidade de que esses fundos também venham a ser geridos por "entidade fechada de Previdência complementar" ou por **"entidade aberta de Previdência complementar"**,[159] que é

---

[158] Art. 40, § 17, da Constituição Federal.
[159] Art. 40, § 15.

instituição da iniciativa privada ligada ao sistema financeiro, **abrindo para a iniciativa privada a exploração deste mercado milionário, de duas dezenas de Estados, o Distrito Federal e mais de cinco mil municípios**. O relator manteve a previsão de que a Previdência complementar dos servidores públicos seja instituída na modalidade de contribuição definida e seja efetivada por entidade fechada ou aberta.

• Alíquotas progressivas, mas confiscatórias

A Comissão Especial ratificou a proposta do governo de inserir na Constituição a tabela de contribuição dos trabalhadores do setor privado e dos servidores públicos da União, adotando novas alíquotas progressivas aplicadas escalonadamente segundo faixas de valor. As alíquotas vão de 7,5% até 22%, atingindo 16,8% para remuneração igual ao teto constitucional de remuneração, equivalente a R$ 39.200,00. Alíquotas progressivas são necessárias, mas não podem assumir caráter confiscatório. Para quem ganha mais de R$39 mil por mês, o texto é conivente com a existência de funcionários públicos com proventos acima do teto constitucional (nenhum servidor deve ter salário superior ao salário do Ministro do Supremo Tribunal Federal). Nesse caso, dos verdadeiros privilegiados, a reforma da Previdência não é necessária: exige-se exclusivamente que a Constituição da República seja cumprida.

• Contribuição dos inativos que ganhem acima do salário-mínimo

A Comissão Especial manteve a regra iníqua segundo a qual a "contribuição ordinária" passa a incidir sobre o valor dos proventos de aposentadoria e de pensões **que superem o salário-mínimo** (hoje, é cobrada dos benefícios superiores ao teto):[160]

---

[160] Art. 40, § 18: "Incidirá contribuição sobre os proventos de aposentadorias e pensões concedidas por regime próprio de Previdência social de que trata este artigo que superem o limite máximo estabelecido para os benefícios do Regime Geral de Previdência Social de que trata o art. 201, com percentual igual ao estabelecido para os servidores titulares de cargos efetivos e, se demonstrado déficit atuarial do respectivo regime, na forma da lei complementar de que trata o § 22, a contribuição alcançará inclusive os valores que superem um salário-mínimo".

• Cobrança de "contribuições extraordinárias" de ativos e inativos

Além de alíquotas confiscatórias, o texto aprovado na Comissão especial mantém a proposta do governo que introduz a cobrança de "contribuições extraordinárias" dos servidores públicos, aposentados e pensionistas sempre que for comprovado déficit atuarial no respectivo Regime. Assim, para equacionar esse déficit, "é facultada a instituição de contribuição extraordinária dos servidores públicos ativos, dos aposentados e dos pensionistas". Essa contribuição "deverá ser instituída simultaneamente com outras medidas para equacionamento do déficit e vigorará por período determinado, contado da data de sua instituição", diz o texto.[161] Esta é uma condição que Estados e Municípios devem introduzir nas respectivas legislações para que a Emenda Constitucional tenha validade. As regras definitivas para as alíquotas e bases de incidência das contribuições previdenciárias do ente público, dos servidores ativos, dos aposentados e dos pensionistas serão definidas em lei.

• Idade Mínima e tempo de contribuição

Pelas regras atuais, a aposentadoria de servidores públicos federais civis que ingressaram a partir de 2004 pode se dar de duas maneiras. A aposentadoria por idade é concedida aos 65 anos de idade (homem) e 60 anos de idade (mulher), acrescido de 10 anos no serviço público e cinco anos no último cargo. A aposentadoria por tempo de contribuição é concedida aos 60 anos de idade e 35 anos de contribuição (homem) e 55 anos de idade e 30 anos de contribuição (mulher), mais 10 anos no serviço público e cinco anos no último no cargo.

A proposta aprovada acaba com a aposentadoria por tempo de contribuição. A aposentadoria por idade será concedida aos 65/62 anos de idade (homem/mulher), 25 anos de contribuição, 10 anos no serviço público e 5 anos no último cargo. Para obter a aposentadoria parcial, o servidor deve ter 25 anos de contribuição e receberá 70% da média

---

[161] Art. 149, § 1º; § 1º – A; § 1º – B; § 1º – C.Ver também Art. 9 do Ato das Disposições Constitucionais Transitórias (ADCT).

salarial de 100% das contribuições (a cada ano a mais trabalhado, o valor aumenta em 2%). Para ter a aposentadoria integral (100% da média salarial) será preciso contribuir por 40 anos.

- **Regra de transição**

As regras de transição são muito curtas e severas. No caso da mulher, em 2019, a soma da idade com o tempo de contribuição deve ser de 86 pontos. A pontuação sobe um ponto a cada ano (atualmente, ela sobe 1 ponto a cada 2 anos) até chegar a 100 pontos em 2033 (sobe 14 pontos em 14 anos). Além dos pontos, é preciso ter ao menos 30 anos de contribuição, 20 anos de tempo de serviço público e cinco anos no cargo em que requer a aposentadoria. Haverá ainda uma idade mínima de 56 anos, em 2019, e de 57 anos, em 2022.

No caso do homem, em 2019, a soma da idade com o tempo de contribuição deve ser de 96 pontos. A pontuação sobe um ponto a cada ano até chegar a 105 pontos em 2028 (sobre 9 pontos em 9 anos). Além dos pontos, é preciso ter ao menos 35 anos de contribuição, 20 anos de tempo de serviço público e cinco anos no cargo em que requer a aposentadoria. Haverá ainda uma idade mínima de 61 anos, em 2019, e de 62 anos, em 2022.

Para quem ingressou no serviço público até 2003, no caso da mulher, exige-se 57 anos de idade, 20 anos de serviço público e cinco no cargo em que requer a aposentadoria. O direito à integralidade e à paridade requer que se pague "pedágio" de 100% sobre o tempo restante para completar 30 anos de contribuição.

No caso do homem, exige-se 60 anos de idade, 20 anos de serviço público e cinco anos no cargo em que requer a aposentadoria. O direito à integralidade e à paridade também requer que se pague "pedágio" de 100% sobre o tempo restante para completar 35 anos de contribuição.

- **Aposentadoria de professores**

Atualmente, em geral, os professores da rede pública podem aposentar-se com idade mínima baixa (55/50 anos, homem/mulher) em relação aos trabalhadores do INSS (65/60 anos) mais 30/25 anos de contribuição (homem/mulher), sendo exigidos ainda dez anos no serviço público e cinco anos no mesmo cargo. O texto aprovado exige idade mínima de 60/57 anos (homens/mulheres), 25 anos de contribuição (ambos os sexos) no magistério (educação infantil e ensinos fundamental e médio), dez anos no serviço público e cinco anos no mesmo cargo.

A regra de transição para as mulheres, em 2019, requer soma da idade com o tempo de contribuição de 81 pontos, chegando a 95 pontos em 2033. Exige-se ainda idade mínima de 51 anos, em 2019, e de 52 anos, em 2022. No caso dos homens, a regra de transição, em 2019, exige soma da idade com o tempo de contribuição de 91 pontos, chegando a 100 pontos em 2028. Exige-se ainda idade mínima de 56 anos, em 2019, e 57 anos, em 2022.

- **Aposentadoria dos policiais civis e federais e dos agentes penitenciários e socioeducativos**

Atualmente não se exige idade mínima, o que é iníquo, mas apenas 30 anos de contribuição e 20 anos de tempo de exercício na função (homens) e 25 anos de contribuição e 15 anos de tempo de exercício na função (mulheres). A proposta aprovada na Comissão especial inclui idade mínima de 55 anos para homens e mulheres, 30 anos de contribuição e 25 anos de tempo de exercício na função.

A regra de transição para os policiais civis e federais passa a exigir, para homens, idade mínima de 55 anos, 30 anos de contribuição e 20 anos de tempo de exercício, e, para mulheres, idade mínima de 55 anos, 25 anos de contribuição e 15 anos de tempo de exercício.

No caso dos agentes penitenciários e socioeducativos, exige-se idade mínima de 55 anos, 30 anos de contribuição e 20 anos de tempo de exercício, para homens, e idade mínima de 55 anos, 25 anos de contribuição e 20 anos de tempo de exercício, para mulheres. A partir de 2020, o tempo mínimo de exercício da atividade subirá um ano a cada dois anos, até o máximo de 20 anos para policial mulher e até 25 anos para policial homem e agentes de ambos os sexos.

2.2 A reforma do RGPS: os pobres pagarão a conta

No caso do Regime Geral da Previdência Social (RGPS), os problemas já foram equacionados por reformas anteriores, iniciadas no início da década de 1990, visando a regulamentar a Constituição de 1988,[162] passando pela Emenda Constitucional n. 20 de 1998 e por diversas outras medidas legais adotadas nas décadas subsequentes. O RGPS pode requerer alguns ajustes pontuais, mas, definitivamente, não requer reforma estrutural.

Entretanto, de forma também paradoxal, quem de fato pagará a conta são os "privilegiados" que recebem benefícios próximos de R$ 1.300,00. Note-se que o governo considera que as regras do RGPS "fazem com que os mais ricos sejam relativamente beneficiados". Segundo o texto oficial, "rico" seria um aposentado (por tempo de contribuição) que ganha R$ 2.231,00; e pobre seria o aposentado (por idade) que ganha R$ 1.252,00.

Esse conceito de "riqueza" e "pobreza", repetido pelo relator da Comissão Especial, talvez explique o fato de que, na versão original, cerca de 70% da economia estimada em dez anos (cerca de 90% em vinte anos) recaía, exatamente, sobre o RGPS, o BPC e o Abono Salarial. Com as mudanças aprovadas na Comissão Especial, esse quadro não se altera: dos R$ 934 bilhões de economia estimada,[163] 74,4% virão do RGPS (R$ 688 bilhões), do Abono Salarial (R$ 76,4 bilhões) e do BPC (R$ 33,3 bilhões).

O governo diz estar penalizando mais os ricos que os pobres. Suposta evidência do caráter "redistributivo" da "reforma" seria a mudança das alíquotas efetivas de contribuição por faixa de renda. O texto aprovado seguiu a proposta do governo, de inserir na Constituição a

---

[162] Destaquem-se a Lei n. 8212/1991 (Lei Orgânica da Seguridade Social) e a Lei n. 8.213/1991 (Planos de Benefícios da Previdência Social).

[163] A dita "economia" de R$ 1,071 trilhão também seria alcançada pelo aumento de R$ 83,9 bilhões nas receitas, a ser obtido da contribuição previdenciária sobre a exportação do agronegócio (isento desde 1997) e de R$ 53,5 bilhões (adicional de 5% na CSLL para instituições financeiras).

tabela de contribuição dos trabalhadores do setor privado e dos servidores públicos da União, adotando novas alíquotas que, além de progressivas, seriam aplicadas escalonadamente segundo faixas de valor. Para os segurados do INSS, a alíquota mínima diminui de 8% para 7,5%, e a máxima sobe de 11% para 14%.

Portanto, o caráter "redistributivo" seria percebido pela redução de 8% para 7,5% da alíquota para quem ganha até salário-mínimo, e a ampliação de 11% para 14% para os "ricos" que ganham R$ 5.839,45 (teto). A redução da alíquota de 8% para 7,5%, para quem ganha salário-mínimo, resultará em "aumento da renda" para o trabalhador de baixa renda, de R$ 4,99 por mês. A concessão de R$ 4,99 por mês é o ponto alto da propaganda enganosa do governo de que a "reforma" reduz a desigualdade. Em troca, ele reduz o valor da aposentaria parcial pela metade e obriga o trabalhador a contribuir durante 60 meses adicionais.

Entende-se que um debate honesto sobre a questão dos reais privilegiados deva ser feito no âmbito da reforma tributária, da gestão da dívida pública, da política de isenções fiscais e da antipolítica de combate à sonegação. No caso do RGPS, as alíquotas efetivas de contribuição previdenciária deveriam ser inferiores aos 7,5% propostos, dado que cerca de dois terços dos beneficiários recebem o piso do salário-mínimo,

A seguir, procuramos aprofundar a análise do texto final aprovado na Comissão Especial e de suas consequências para as camadas de baixa renda protegidas pela Seguridade Social (Previdência urbana e rural, Assistência Social, Saúde e Seguro-desemprego), cujo processo de dissolução foi perversamente preservado no texto aprovado pela Câmara dos Deputados.

3. O ESPECTRO DA DESTRUIÇÃO DA SEGURIDADE SOCIAL PERMANECE VIVO

Contra o debate desonesto que tem sido impingido aos trabalhadores brasileiros, temos insistido em que o propósito velado do governo não é reformar a Previdência, mas destruir

o modelo de sociedade pactuado em 1988. Trata-se de projeto acalentado desde 1989, que foi aprofundado a partir de 2016 e passou a avançar em marcha forçada desde o início de 2019. A investida atual visa a destruir a Seguridade Social em quatro atos:

- A desconstitucionalização;

- A desfiguração do Orçamento da Seguridade Social;

- A degradação da Seguridade Social, para o Seguro Social; e

- A degradação da Seguridade Social, para o assistencialismo.

Agora cuidamos de analisar o processo pelo qual aconteceu de restarem essas questões, mesmo depois das discussões e da tramitação do projeto na Comissão Especial e, até, no plenário da Câmara dos Deputados.

3.1 A desconstitucionalização foi mantida

A PEC original visa a implodir a Seguridade Social por meio de leis complementares. A armadilha engenhosa consiste em "desconstitucionalizar" (extrair do corpo da Constituição de 1988) todas as regras do RGPS e do RGPS, as quais passariam a ser definidas por leis complementares, que exigem número menor de votos parlamentares.

No caso do RGPS, o texto aprovado na Comissão Especial só constitucionaliza a idade mínima e mantém a desconstitucionalização ao definir as demais regras para os diferentes tipos de benefícios. Mais especificamente, delegam-se a leis ordinárias a fixação, em caráter permanente, da maioria dos parâmetros de concessão de benefícios do RGPS, com destaque para o tempo mínimo de contribuição para a aposentadoria (inclusive de aposentadorias especiais); a regra de cálculo do valor das aposentadorias; e o conjunto de regras para a concessão da pensão por morte.

A seguir, esse ponto é detalhado para alguns segmentos.

- **Benefício de Prestação Continuada (BPC)**

Após as críticas da oposição, o relator não acatou as mudanças socialmente abjetas propostas na versão original. Entretanto, na terceira versão de seu parecer, o relator acrescenta um ponto enigmático, segundo o qual "os critérios de vulnerabilidade social" poderão ser definidos por lei complementar. Esse incremento poderá abrir a possibilidade de novos retrocessos impostos por quórum menor de votos parlamentares.

• Pessoas com deficiência e aposentadoria especial

Nesse caso, tudo será definido por lei complementar: "É vedada a adoção de requisitos ou critérios diferenciados para concessão de benefícios, ressalvado, **nos termos de lei complementar**, a possibilidade de previsão de idade mínima e tempo de contribuição distintos da regra geral para concessão de aposentadoria exclusivamente em favor dos segurados: I – **com deficiência**, previamente submetidos à avaliação biopsicossocial realizada por equipe multiprofissional e interdisciplinar; II – **cujas atividades sejam exercidas com efetiva exposição a agentes nocivos químicos, físicos e biológicos prejudiciais à saúde**, ou associação destes agentes, vedados a caracterização por categoria profissional ou ocupação e o enquadramento por periculosidade".[164]

• Acumulação de aposentadoria e pensões

O projeto aprovado na Comissão Especial veda a acumulação de aposentadorias e pensões, além de estabelecer diversas regras transitórias que serão definidas por lei complementar.[165]

• Abono Salarial

O texto ratifica o projeto original que determina que o benefício seja pago apenas para quem receba um salário-mínimo (e não dois salários-mínimos, segundo a lei vigente). Entretanto, trata-se de medida transitória ("até que lei defina o valor") e poderá ser objeto de novas restrições de direitos.

---

[164] Art. 201, § 1º.

[165] Art., 201, § 15: "Lei complementar estabelecerá vedações, regras e condições para a acumulação de benefícios previdenciários."

- **Trabalhadores com rendimento inferior ao salário-mínimo**

Atualmente esses trabalhadores estão excluídos da proteção previdenciária. Esse contingente tende a se ampliar com a implantação da reforma trabalhista, que institui novas modalidades de contratação precárias e de baixo rendimento, que muitas vezes não chega ao salário-mínimo, como, por exemplo, o trabalho intermitente (por horas). Entretanto, essa questão será objeto de lei complementar.[166]

- **Benefícios não programados (auxílio-acidente, auxílio-doença e outros, nos casos em que se comprove incapacidade temporária para o trabalho)**

Além de postergar a definição para a legislação complementar, também abre a possibilidade de que esse atendimento seja feito pela iniciativa privada. Nesse sentido, pretende-se reduzir o papel do Estado, abrindo-se mais um promissor mercado para as seguradoras privadas, que passará a ofertar a maior parte da cobertura contra qualquer tipo de benefícios de risco não programados.

3.2 A desfiguração do orçamento da Seguridade Social foi mantida

A ideia original de se fazer a "segregação contábil" do Orçamento da Seguridade Social foi mantida no texto aprovado, mas com nova redação: "rubricas contábeis específicas".[167] O propósito é que sejam identificadas as receitas e as despesas vinculadas a ações das áreas que compõem a Seguridade Social (Saúde, Previdência, Assistência e Seguro-desemprego).

Constitucionalização do suposto "déficit" do RGPS

Essa medida, associada à ideia de que se deve "preservar o caráter contributivo da Previdência social", é grave, porque pode acabar com o sistema de financiamento tripartite da Previdência praticada no Brasil

---

[166] Art. 201, § 8º.
[167] Art. 194, VI.

desde os anos 1930, constitucionalizando-se a visão inconstitucional, praticada desde 1989, de que a Previdência é financiada apenas pelos empregados e empregadores.

Inclusão do RPPS (Civil e Militar) na Seguridade?

O texto determina o fim da incidência da DRU sobre as contribuições sociais que financiam a Seguridade Social, bem como a vedação da prática de conceder isenções fiscais sobre essas contribuições e sobre a contribuição patronal que financiam a Seguridade Social. O relator admite que essas práticas "produzem um efeito considerável sobre o déficit" do RGPS. Mas, segundo o relatório, "as atuais desonerações estão preservadas, conforme ressalva incluída nas disposições transitórias".

O fim da DRU e das isenções fiscais sobre as contribuições sociais que financiam a Seguridade Social reforçam as suspeitas de que o projeto do governo é incluir o RPPS, civil e militar, na Seguridade Social, pois, os recursos da DRU têm sido utilizados, em grande medida, para cobrir as despesas do RPPS (civil e militar).

Essa prática inconstitucional de se incluir o RPPS (civil e militar) na Seguridade Social verifica-se desde 2016. Como mencionado, o desprezo à Constituição é flagrante, dado que a Constituição de 1988 trata separadamente de cada um dos três regimes previdenciários:

- A Seguridade Social figura no Título VIII – Da Ordem Social (Capítulo II – Da Seguridade Social);

- O RPPS, figura no Título III – Da Organização do Estado (Capítulo VII – Da Administração Pública); e

- A Previdência dos Militares figura no Título V – Da Defesa do Estado e das Instituições Democráticas (Capítulo II – Das Forças Armadas).

Em suma, a Seguridade Social (art. 194 da CF/88) e o Orçamento da Seguridade Social (art. 195), que fazem parte da Ordem Social, contemplam apenas o RGPS. Incluir na Seguridade Social os (muitos) gastos e as (poucas) receitas do RPPS e da Previdência dos Militares é "contabilidade criativa" absolutamente inconstitucional.

A inclusão desses setores na Seguridade Social demandará mais recursos, o que pode explicar a intenção de pôr fim às isenções fiscais sobre as fontes de financiamento da Seguridade Social. Como tudo será definido por lei complementar, também se pode cogitar que essas medidas foram incluídas na "reforma" porque será necessário aumentar as receitas para financiar o custo da transição para o regime de capitalização.

Não se vê punição do "devedor contumaz" da Previdência

O objetivo de punir o devedor contumaz da Previdência fica prejudicado pela regra, aceita pelo relator, de "vedar" a moratória e o parcelamento de débitos previdenciários "em prazo superior a sessenta meses".[168] Essa cláusula é inócua, pois tanto faz 10, 60 ou 240 meses. O devedor contumaz aceita 60 meses e logo adiante deixa de pagar. Para coibir essa prática é indispensável pôr fim à política de parcelamento de débitos. O relator defende a manutenção dos parcelamentos já aprovados que superem 60 meses.

Ameaças ao Seguro-desemprego, FAT e BNDES

O parecer do relator propõe que os recursos do PIS/Pasep passem a compor as receitas do RGPS. A Constituição Federal[169] direciona esses recursos para o financiamento do "programa do Seguro-desemprego e o abono". O mesmo artigo determina que "pelo menos quarenta por cento [desses recursos] serão destinados a financiar programas de desenvolvimento econômico, através do Banco Nacional de Desenvolvimento Econômico e Social, com critérios de remuneração que lhes preservem o valor".

Em suma, o relator pretendia excluir o programa Seguro-desemprego, bem como as demais políticas financiadas pelo Fundo de Amparo ao Trabalhador (FAT), do rol de setores que integram a Seguridade

---

[168] Art. 195, § 11.
[169] Art. 239.

Social. Entretanto, no primeiro "voto complementar", o relator retrocedeu e retirou essa proposição.

Aumento da Alíquota da CSLL

Em seu primeiro parecer, o relator incluiu o aumento, de 15% para 20%, da alíquota da Contribuição Social Sobre o Lucro Líquido a ser aplicado sobre lucros de pessoas jurídicas de seguros privados, de capitalização e das instituições financeiras (bancos, distribuidoras de valores, corretoras de câmbio, sociedades de crédito imobiliário e de arrendamento, administradoras de cartões de crédito, associações de poupança e crédito e bolsas de valores).[170] Entretanto, diante da forte oposição desses segmentos, o texto aprovado restringiu o aumento dessa alíquota de 15% para 20% apenas para os bancos.

Empresas do agronegócio continuam isentas, dispensadas de contribuir para a Previdência rural

Desde 1997, as empresas de exportação da produção rural são isentas de contribuições. O substitutivo do relator eliminou esse benefício, esperando-se um incremento na arrecadação de R$ 80 bilhões nos próximos dez anos. Entretanto, o texto final aprovado restabeleceu essa vergonhosa isenção-privilégio.

3.3 Da Seguridade Social para o Seguro Social: a capitalização foi adiada

A PEC n. 6 objetivava fazer com que a Seguridade, baseada na solidariedade social, transitasse para o Seguro Social, pela introdução do regime de capitalização individual, que transfere para o indivíduo a responsabilidade pelos riscos da sua vida laboral. Por ora, essa proposta indecente foi vetada. Segundo o relator o regime de capitalização "não

---

[170] Art. 33.

é o modelo mais adequado para um país cujos trabalhadores têm baixos rendimentos, além de ter elevado custo de transição".

Na verdade, a capitalização foi adiada. "A capitalização pode não entrar neste texto inicial, mas nada impede que seja aprovada no próximo semestre. O PDT, por exemplo, tem uma ótima proposta de capitalização, apresentada e debatida desde o período eleitoral", escreveu Rodrigo Maia no *Twitter*. Essa ideia foi ratificada por Rodrigo Maia e outros líderes da base governista após a aprovação do texto na Câmara dos Deputados.

3.4 Da Seguridade Social para o assistencialismo: o núcleo excludente foi mantido e as ameaças permanecem

Como mencionado, mantidas as regras excludentes originais, poucos brasileiros teriam proteção previdenciária (que exige tempo de contribuição) e haveria uma corrida em massa para a proteção assistencial (que não exige contribuição). Antevendo essa tendência, o governo construiu, previamente, um muro de contenção fiscal, rebaixando o valor do benefício do BPC de R$ 998,00 para R$ 400,00. Esse valor poderia ficar "congelado" por longo período, pois o indexador e a periodicidade do reajuste seriam definidos por lei complementar. Esse trânsito é a Seguridade Social que se degrada para o assistencialismo – com uma massa de idosos vivendo com benefícios próximos a R$ 250,00 ou R$ 300,00.

A Comissão Especial não acatou esse insulto à cidadania pretendido no BPC. Entretanto, a regulamentação da matéria será feita por lei complementar para definir "os critérios de vulnerabilidade social". Não se sabe ao certo o que isso significaria, mas a exigência de número menor de votos parlamentares para aprovar lei complementar pode ser nova janela de oportunidades para se imporem mudanças mais drásticas ou para retomar o projeto original, sem afetar o calendário célere definido pelo governo e o Parlamento.

Também houve recuos na Previdência rural e em outros pontos, tratados a seguir. Entretanto, o texto aprovado mantém intacto o núcleo excludente da reforma do RGPS porque preserva regras de acesso que desconsideram a dura realidade do mercado de trabalho e equivalem às adotadas em países desenvolvidos cuja realidade é distante daquela vivida em país desigual e heterogêneo como o Brasil. Consequência disso será a morte antes da aposentadoria, ou a formação de uma legião de "inaposentáveis" ou, ainda, na melhor das hipóteses, a fuga para o assistencialismo (BPC), cujas regras serão objeto de lei complementar.

Medidas indecentes que foram retiradas ou abrandadas

O texto aprovado na Comissão Especial retira algumas das regras originais que se consideram inaceitáveis; e abranda outras, com destaque para as mencionadas a seguir:

• O reajuste dos benefícios

Ao contrário do previsto na proposta original, a Comissão Especial manteve na Constituição, como regra permanente, os parágrafos dos artigos 40 e 201 que garantem reajustes que preservem, "em caráter permanente, o valor real" dos benefícios previdenciários. Na PEC, a sistemática de reajuste passaria a ser definida em lei, deixando de haver garantia constitucional de preservação do poder aquisitivo dos benefícios. O texto aprovado também manteve na Constituição, como regra permanente, a vinculação entre o piso das aposentadorias e o salário-mínimo.

• "Gatilho" demográfico para a idade mínima

A possibilidade de gatilho para elevar a idade de aposentadoria em caso de elevação da expectativa de sobrevida da população aos 65 anos de idade foi rejeitada no texto aprovado. Como já mencionado, se essa regra fosse mantida, a idade mínima poderia atingir 67/64 anos (homens/mulheres) em meados de 2030.

• Benefício de Prestação Continuada (BPC)

Atualmente, o BPC é um pagamento assistencial, de um salário-mínimo, para idosos a partir dos 65 anos ou para deficientes físicos que tenham renda inferior a um ¼ do salário-mínimo. A proposta original do governo era pagar um mínimo apenas quando o trabalhador atingisse 70 anos de idade e oferecer R$ 400,00 a partir dos 60 anos de idade. O relator da Comissão Especial optou "por não incluir no substitutivo quaisquer alterações referentes ao art. 203 da Constituição, mantendo-se, por conseguinte, o texto ora vigente".

No primeiro voto complementar, o relator inclui na Constituição o critério de elegibilidade do BPC para as pessoas com renda familiar *per capita* de ¼ de salário, previsto na legislação ordinária: *"Para os fins do disposto no inciso V do caput, considera-se incapaz de prover a manutenção da pessoa com deficiência ou idosa a família cuja renda mensal per capita seja inferior a um quarto do salário-mínimo"*.[171]

Entretanto, no segundo voto complementar passa a caber à Lei Ordinária definir "os critérios de vulnerabilidade" para a concessão do benefício, um enigma a ser decifrado, cuja regulamentação, como mencionado, pode abrir espaços para novos retrocessos e mesmo revisitar a proposta inicial.

• Aposentadoria Rural

Depois das críticas técnicas qualificadas dos parlamentares da oposição, o relator posicionou-se contrariamente às alterações propostas pela PEC. "Não concordamos com a proposta contida na PEC em relação à sua forma de contribuição nem com o aumento na idade mínima da mulher (...). Mantemos, assim, os atuais requisitos de 55 anos, se mulher, e de 60 anos, se homem". Assim, a idade mínima permanece em "sessenta anos de idade, se homem, e cinquenta e cinco anos de idade, se mulher, para os trabalhadores rurais e para os que exerçam suas atividades em regime de economia familiar, nestes incluídos o produtor rural, o garimpeiro e o pescador artesanal".[172] O voto também dirime dúvida surgida quando da leitura da primeira versão, especificando que eles não são atingidos pelas regras de transição.[173]

---

[171] Art. 203, parágrafo único.

[172] Art. 201, § 7º, I.

[173] Art. 201, § 7º, I.

Na questão do tempo de contribuição, a Comissão Especial mantém 15 anos para as mulheres, mas amplia de 15 para 20 anos a contribuição para os homens, regra extremamente restritiva por desconsiderar a realidade da agricultura familiar.

A Comissão Especial também retrocedeu na fixação de contribuição monetária (mínimo anual de R$ 600,00) na hipótese de não haver comercialização da produção rural durante o ano civil, ou de a comercialização da produção ser insuficiente para atingir esse valor mínimo. Ficou mantido na Constituição o parágrafo do artigo 195, que define a forma de contribuição com base na venda dos produtos agrícolas, sem exigência de valor mínimo.

- **Mudança no conceito de "proteção à maternidade"**

O relator mantém a proposta original que substitui na Constituição [174]o conceito de "proteção à maternidade" por "salário-maternidade", o que, na prática, pode restringir esse direito. Posteriormente, emenda recuperou o texto constitucional mantendo a expressão "proteção à maternidade, especialmente à gestante".

Medidas consideradas inaceitáveis, porque altamente lesivas aos interesses dos trabalhadores, que foram mantidas

Nos demais casos, o núcleo das medidas excludentes da proposta original formulada pelo Poder Executivo é preservado pela Comissão Especial, como se verá a seguir.

- **Idade Mínima e tempo de contribuição: aposentadoria parcial para poucos**

Atualmente se exige idade mínima de 65/60 anos (homem/mulher) e 15 anos de contribuição. No caso dos trabalhadores rurais, exige-se 60/55 anos (homem/mulher) e 15 anos de comprovação de trabalho na agricultura familiar. A proposta aprovada para os trabalhadores urbanos exige 65/62 anos de idade e 20/15 anos de contribuição, respectivamente para homens e mulheres.

---

[174] Art. 201, inciso II.

Portanto, o texto aprovado na Comissão Especial eleva o tempo de contribuição de 15 para 20 anos para o trabalhador urbano do sexo masculino. Essa elevação trará dificuldades para a aposentadoria. Estudos da Anfip realizados por Denise Gentil[175] revelam que os trabalhadores que hoje se aposentam por idade só conseguem contribuir, em média, com **5,1 parcelas por ano**, em função do desemprego, da informalidade e da rotatividade.

Com essa média (5,1 meses de trabalho/contribuição em 12 meses), serão necessários 48 anos para se completar 20 anos de contribuição. "Assim, ao elevar tal tempo de contribuição para 20 anos (240 parcelas de contribuição), o governo obriga os trabalhadores a continuarem no mercado, em média, por mais 11,8 anos, para alcançar os cinco anos adicionais de contribuição exigidos pela PEC (60 parcelas de contribuição). Homens que completam 65 anos de idade tendo 15 anos de contribuição, com a reforma, terão que continuar trabalhando até alcançar, em média, a idade de 76,8 anos", afirma Gentil.

Para o caso das mulheres, o substitutivo do relator manteve a elevação da idade mínima de aposentadoria para 62 anos, porém manteve o tempo de contribuição, revertendo para os mesmos 15 anos da regra atual. Mesmo assim – diz Gentil –, ainda se observa que as mulheres serão mais atingidas que os homens, visto que para as mulheres que se aposentam por idade na regra atual, a proporção de aposentadorias postergadas é de 74,82%.

Ainda segundo a mesma autora, as medidas aprovadas irão dificultar e, por conseguinte, reduzir a quantidade de concessões de aposentadorias para os mais pobres, principalmente mulheres, trabalhadores rurais e professores, o que ampliará sobremaneira a desigualdade, sobretudo nas regiões Norte e Nordeste.

É importante reafirmar que estudos comparativos internacionais citados por Costanzi e Sidone estimam que, no caso dos homens,

---

[175] ANFIP. Uma contribuição à avaliação das inconsistências do modelo de projeção atuarial do governo federal e dos impactos de exclusão social da PEC 06/2019. Denise Gentil. Brasília: ANFIP. Nota técnica ANFIP – Junho de 2019.

somente em 2040 todos os países da União Europeia deverão ter idade legal de aposentadoria de 65 anos ou mais. Atualmente, em torno de 25% dos países do bloco praticam idade mínima inferior a 65 anos, sendo que no Brasil, campeão mundial em desigualdade, esse patamar foi estabelecido 1998 para os aposentados pelo INSS. No caso das mulheres, em 2008, 60,7% dos países da União Europeia possuíam idade legal de aposentadoria para as mulheres inferior a 65 anos de idade; estima-se que esse patamar irá cair para 42,9% (2020) e para 7,1% (2040).

Nos países subdesenvolvidos, como o Brasil, a situação é bem diferente. Em 2014, **a idade mínima menor que 60 anos (mulheres) era praticada em 37% dos países da África; 66% dos países da Ásia; em 55% dos países da Oceania; e em 19% dos países** da América Latina e Caribe.

Com relação ao tempo de contribuição exigido para a aposentadoria parcial, as regras impostas no Brasil são indecentes na comparação com nações desenvolvidas. Como mencionado, a idade mínima ("carência mínima") para ter a aposentadoria parcial em Portugal, Alemanha, Suécia e EUA é de, respectivamente, 57, 63, 61 e 62 anos. Com relação ao tempo de contribuição, para ter a aposentadoria parcial, Portugal e Itália exigem 15 anos de contribuição; a Alemanha exige 5 anos de contribuição. Por outro lado, os EUA e a Índia, não exigem contribuição monetária, mas 10 anos de "cobertura"; e a Argentina, "10 anos de serviço".

- **Idade Mínima e tempo de contribuição: a aposentadoria integral inalcançável**

A Comissão Especial manteve a exigência de 40 anos de contribuição, tarefa inalcançável para a maioria dos brasileiros. Como mencionado, estudos realizados por Denise Gentil revelam que os trabalhadores aposentados por idade só conseguem contribuir, em média, com 5,1 parcelas por ano. Logo, para completar 40 anos de contribuição, serão necessários 94 anos.

- **Fórmula de cálculo: rebaixamento do valor dos benefícios**

Atualmente, o cálculo para definir o valor das aposentadorias considera média salarial do trabalhador de 80% dos maiores salários desde julho de 1994, descartando os 20% menores, sobretudo, relacionados ao início da carreira laboral. Depois, considera 70% da média salarial mais 1% a cada ano de contribuição.

No texto aprovado na Comissão Especial, a base de cálculo passa a considerar a média de 100% dos salários de todo o período contributivo, não mais a média dos 80% do período contributivo. Assim, todas as contribuições entrarão no cálculo, sem descartar as mais reduzidas, o que rebaixa o valor da aposentadoria e das pensões.

Outra medida que aprofunda esse rebaixamento do valor de benefícios é a determinação de que o segurado que completa 20 anos de contribuição terá valor de benefício equivalente a 60% da média salarial. Cada ano a mais de contribuição acrescenta 2% da média ao valor do benefício. É preciso acumular 40 anos de contribuição para ter a aposentadoria integral.

Em suma, o trabalhador contribui por um período maior e recebe benefício menor. Cálculos realizados pela *Folha de São Paulo* para um trabalhador com 65 anos de idade, 20 anos de contribuição e média salarial de R$ 2.240,90: hoje, receberia 90% da média salarial (R$ 2.016,81); com a reforma, esse mesmo trabalhador teria média salarial de R$ 1.899,41 e receberia 60% da média (R$ 1.139,65).[176]

- **Regras de transição curtas e severas: corrida de obstáculos insuperáveis**

A Comissão Especial mantém a orientação original de extinguir a Aposentadoria por Tempo de Contribuição e revogar todas as demais regras de transição, incluindo o Fator Previdenciário Progressivo (instituído em 2015) que prevê a elevação gradual da Fórmula 85/95 para

---

[176] Mudanças na aposentadoria. Proposta altera regras para quem vai se aposentar; veja o que muda para você. Antonio Temóteo e Thâmara Kaoru. UOL. Julho de 2019. Disponível em: https://economia.uol.com.br/reportagensespeciais/reforma-da-previdencia-o-que-muda-na-aposentadoria/index.htm?fbclid=IwAR108NiWA_dYU_o6P-wG9rUPnz0muqHRO5alIoO1NTxJHYqGgEBfI11XgM#aposentadoria-por-idade&cmpid=copiaecola. Acesso em 13.07.2019.

90/100 a partir de 2027. O relator acrescentou mais uma modalidade de transição, além das três definidas anteriormente.

(a) **Idade mínima:** começa aos 56 anos de idade e sobe seis meses até atingir 62 anos, em 2031, com tempo mínimo de contribuição de 30 anos (mulher); começa aos 61 anos de idade e sobe seis meses até atingir 65 anos, em 2027, com tempo mínimo de contribuição é de 35 anos (homens).

(b) **Sistema de pontos:** a soma da idade com o tempo de contribuição deve ser de 86 pontos, subindo um ponto a cada ano até chegar a 100 pontos em 2033, exigindo-se 30 anos de contribuição (mulher); soma da idade com o tempo de contribuição deve ser de 96 pontos, subindo um ponto a cada ano até chegar a 105 pontos em 2028, exigindo-se 35 anos de contribuição (homens).

(c) **Tempo de contribuição e pedágio (regras válidas apenas para quem está a dois anos de pedir a aposentadoria):** exigem-se 30/35 anos de contribuição (mulher/ homem) e "pedágio" de 50% do tempo que falta para se aposentar. E

(d) **Tempo de contribuição, idade e pedágio:** 57/60 anos e pagar "pedágio" de 100% sobre o tempo que faltar para completarem 30/35 anos de contribuição (homens e mulheres).

Todas essas regras de transição são muito duras e severas, pois, de modo geral, requerem o acúmulo de 105 pontos para o homem (65 anos de idade e 40 anos de contribuição, por exemplo) e 100 pontos para as mulheres (65 anos de idade e 35 anos de contribuição).

Observe-se que, no caso dos homens, os 105 pontos passam a contar em 2028 e, no caso das mulheres, os 100 pontos passam a valer a partir de 2033. Assim, os homens passam dos atuais 96 para 105 pontos (um acréscimo de 9 pontos em 10 anos); e as mulheres passam dos atuais 86 para 100 pontos (um acréscimo de 14 pontos em 14 anos). Trata-se de uma difícil corrida de obstáculos, pois todo ano aumenta a pontuação exigida.

A questão do "pedágio" de 100% para os trabalhadores mais pobres, que dobra o tempo que resta para a obtenção da aposentadoria, configura regra draconiana, se comparada ao "pedágio" exigido para militares e parlamentares, da ordem, respectivamente, de 17% e 30%.

• Pensão por morte inferior ao salário-mínimo

O texto aprovado na Comissão Especial limita o pagamento de pensões, hoje integral, a 60% do benefício mais 10% por dependente. O valor da pensão pode, assim, ser inferior ao salário-mínimo. A única exceção de pagamento superior ao salário-mínimo é o caso da "pensão por morte do segurado, homem ou mulher, ao cônjuge ou ao companheiro e aos seus dependentes", quando se tratar da única fonte de renda auferida pelo "conjunto de dependentes".[177] Portanto, a garantia não é individualizada: basta que um dependente tenha outra fonte de renda para que a pensão possa ser paga sem respeito ao piso.

A Comissão mantém a regra trazida pela PEC de uma cota familiar de 50% do valor da aposentadoria acrescida de cotas de dez pontos percentuais por dependente, até o máximo de 100% por cento. As cotas por dependente cessarão com a perda desta qualidade e não serão reversíveis aos demais dependentes, preservado o valor de 100% por cento da pensão por morte, quando o número de dependentes remanescente for igual ou superior a cinco. O texto inclui a possibilidade de que o benefício seja equivalente a 100% da aposentadoria, "quando houver dependente inválido, com deficiência grave, intelectual ou mental".

• Vedada a acumulação de pensão e aposentadoria

A Comissão Especial ratifica a proposta original e veda a acumulação de mais de uma pensão por morte deixada por cônjuge ou companheiro, no âmbito do mesmo regime de Previdência social. Em caso de acumulação de benefícios de regimes distintos é assegurada a percepção do valor integral do benefício mais vantajoso. Entretanto, trata-se

---

[177] Art. 201,V.

de dispositivo transitório. O texto aprovado determina que "lei complementar estabelecerá vedações, regras e condições para a acumulação de benefícios previdenciários".[178]

• Regras duras para a aposentadoria das pessoas com deficiência

A Comissão Especial muda a regra de aposentadoria dos deficientes e o valor que vão receber.

Atualmente, no caso da aposentadoria por idade, exige-se idade mínima de 60/55 anos para homens/mulheres, mais 15 anos de contribuição. O valor do benefício é de 70% da média salarial (80% maiores salários de contribuição desde julho de 1994), mais 1% a cada ano de contribuição, até o limite de 100%.

No caso da aposentadoria por tempo de contribuição, o período contributivo varia de acordo com o grau da deficiência:

– Grau leve: 33/28 anos de contribuição (homem/mulher);

– Grau moderado: 29/24 anos de contribuição (homem/mulher); e

– Grau grave: 25/20 anos de contribuição (homem/mulher).

O relator mantém a proposta original do governo, que endurece as regras de acesso à proteção previdenciária das pessoas com deficiência que não estão em "condições de miserabilidade". O texto aprovado veda "a adoção de requisitos ou critérios diferenciados para concessão de benefícios" para esse segmento e estabelece regras transitórias até que "lei complementar" defina a "possibilidade de previsão de idade mínima e tempo de contribuição distintos da regra geral para concessão de aposentadoria exclusivamente em favor dos segurados" com deficiência.

Com o texto aprovado na Comissão Especial, a aposentadoria por tempo de contribuição é extinta. Passa-se a exigir idade mínima de 65/62

---

[178] Art. 201, § 15.

anos (homens/mulheres) mais tempo de contribuição que varia acordo com o grau de deficiência, definido após o trabalhador ser "previamente submetido à avaliação biopsicossocial realizada por equipe multiprofissional e interdisciplinar". Após essa avaliação, os benefícios serão concedidos, desde que o segurado (homem ou mulher) comprove:

– 35 anos de contribuição, no caso de deficiência avaliada como "deficiência leve";

– 25 anos de contribuição ("deficiência moderada"); e

– 20 anos de contribuição ("deficiência grave").

O valor do benefício será de 100% da média salarial calculada sobre todo período contributivo desde julho de 1994

O texto também determina que "o pagamento do benefício de prestação continuada à pessoa com deficiência ficará (...) ficará suspenso quando sobrevier o exercício de atividade remunerada, hipótese em que será admitido o pagamento de auxílio-inclusão equivalente a dez por cento do benefício suspenso, nos termos previstos em lei". A única medida que ameniza o texto original é a supressão das regras de transição da pessoa com deficiência.

• Aposentadoria por invalidez de primeira e de segunda classe

A Comissão Especial mantém o projeto original que retira das garantias do RGPS à cobertura dos eventos doença e morte, modificando o conceito atual de "invalidez" para "incapacidade temporária ou permanente para o trabalho e idade avançada".[179] Atualmente o aposentado por invalidez recebe 100% de sua média salarial, calculada com os 80% maiores salários de contribuição desde julho de 1994.

O texto considera todos os salários de contribuição desde julho de 1994 para calcular a média salarial, o que acaba reduzindo o valor, se

---

[179] Art. 201, I.

comparado à regra atual. No caso da invalidez ter ocorrido fora do local de trabalho, o segurado terá direito a 60% da média de todos os salários de contribuição, com acréscimos, caso tenha contribuído por mais de 20 anos (2% a mais no valor por ano excedente). Nas hipóteses de acidente de trabalho, doenças profissionais e doenças do trabalho, o valor da aposentadoria será de 100% da média salarial.

Com isso se cria uma aposentadoria de primeira classe e outra de segunda classe. A primeira contempla o trabalhador que tiver a incapacidade permanente, quando decorrer de acidente de trabalho, de doença profissional e de doença do trabalho ao exercício profissional. A segunda, caso a invalidez tenha sido ocasionada fora do local de trabalho.

• Abono Salarial: exclusão de quem ganha mais que o Salário Mínimo

A proposta original de pagar o Abono Salarial apenas para quem receba um salário-mínimo (e não dois salários-mínimos, segundo a lei vigente) foi acatada pelo relator que propôs teto de acesso de R$ 1.364,43. Assim para os empregados de baixa renda (até R$ 1.363,43) cujos empregadores contribuam para o Programa de Integração Social ou para o Programa de Formação do Patrimônio do Servidor Público, é assegurado o pagamento anual de abono salarial em valor de até um salário-mínimo.[180]

Essa definição de que o valor pode ser "de até um salário-mínimo" significa que ele também pode ser inferior ao salário-mínimo. Na da PEC original, o texto garantia abono de 1/12 do valor do salário-mínimo por mês trabalhado no ano. No substitutivo, essa garantia é suprimida, possibilitando que o 1/12 correspondente ao mês trabalhado tenha valor menor do que a mesma fração do salário-mínimo, o que representa redução nas garantias em relação ao texto original.

---

[180] Art. 239, § 3º.

- **Benefícios não programados (Auxílio-acidente, Auxílio-doença e outros que exigem comprovação de incapacidade temporária para o trabalho)**

Além de postergar a definição para a legislação complementar, a Comissão Especial também abre a possibilidade de que esse atendimento seja feito pela iniciativa privada. Atualmente, a Constituição limita tal possibilidade ao seguro acidente de trabalho. Com o texto aprovado, benefícios como a pensão por morte, o auxílio doença (incapacidade temporária), a aposentadoria por invalidez (incapacidade permanente), o salário-maternidade, entre outros, mediante lei complementar, poderão ser atendidos pelo setor privado, abrindo uma enorme avenida para a privatização do sistema. Atualmente, mais de 40% das despesas do RGPS são relacionadas aos benefícios não programados, dentre os quais se destaca a pensão por morte.[181]

O texto do relator abre espaço para que os trabalhadores tenham de contratar um seguro particular para ganhar esse benefício. *"Lei complementar poderá disciplinar a cobertura de benefícios não programados, inclusive os decorrentes de acidente do trabalho, a ser atendida concorrentemente pelo Regime Geral de Previdência Social e pelo setor privado"*.[182]

A possibilidade de que esse tipo de cobertura seja oferecido, de maneira individual, pelo mercado de seguros privados, diminuindo a atual cobertura do Estado, é saudada com entusiasmo por "especialistas" desse segmento. "Essa é uma mudança de conceito. Há de se notar que a proposta não afasta o regime para acidentes. A estrutura tradicional do INSS será mantida. O que a reforma permite é a existência de um sistema concorrente a ser feito pelo setor privado", afirmou um deles. "A gente precisa começar a desenvolver uma cultura previdenciária de que o Estado não vai dar mais suportes às demandas", disse outro desses especialistas, para quem "as pessoas devem colocar na cabeça que elas precisam contratar seguros. Obviamente há custo, uma parte [dos trabalhadores] não

---

[181] PEC 6/2019: o substitutivo aprovado na Comissão Especial. Atualização da Nota Técnica 211, a partir da votação do substitutivo na Comissão Especial da Câmara dos Deputados. São Paulo: DIEESE (Nota técnica n. 211-A, Julho 2019).

[182] Art. 201, § 10.

vai fazer o seguro, mas com o desenvolvimento da educação previdenciária, as pessoas vão começar a entender a necessidade", declarou.[183]

• Indefinição da inclusão previdenciária do trabalhador que recebe menos que o salário-mínimo mensal

Pela Constituição Federal, "o segurado somente terá reconhecida como tempo de contribuição ao Regime Geral de Previdência Social a competência cuja contribuição seja igual ou superior à contribuição mínima mensal exigida para sua categoria, assegurado o agrupamento de contribuições".[184] Ocorre que há várias categorias que têm proventos mensais inferiores ao salário-mínimo. Esse segmento – que atinge, especialmente, as donas de casa – tende a se ampliar com a implantação da reforma trabalhista, que institui diversas modalidades precárias, que não asseguram o salário-mínimo mensal (como, por exemplo, o contrato por horas de trabalho).

A Comissão Especial fixa diretrizes transitórias apenas para as donas de casa "pertencentes às famílias de baixa renda" e joga a decisão para a lei complementar: "A lei poderá instituir sistema especial de inclusão previdenciária, com alíquotas diferenciadas, para atender aos trabalhadores de baixa renda e àqueles sem renda própria que se dediquem exclusivamente ao trabalho doméstico no âmbito de sua residência, desde que pertencentes a famílias de baixa renda".[185]

• Aposentadoria Especial (atividades prejudiciais à saúde) requer tempo de contribuição e idade mínima

A aposentadoria especial é concedida a quem trabalha exposto a agentes químicos, físicos ou biológicos, em condições prejudiciais à saúde.

---

[183] Com reforma, trabalhador pode ter de pagar seguro para doença ou acidente. *Folha de São Paulo*, 10/05/2019. Disponível em: https://economia.uol.com.br/noticias/redacao/2019/05/10/reforma-da-previdencia-capitalizacao-mercadoprivado-seguros.htm?fbclid=IwAR34NmNRA6vuqn7TIgl04XyrP2YzjM3ykoWVgO2eMDsL1RI2XSrRlY_8vT4 . Acesso em 13.07.2019.

[184] Art. 195, § 14.

[185] Art. 201, § 12.

O texto aprovado introduz uma mudança de grande monta: as regras atuais vigentes na Constituição Federal tratam das atividades que prejudicam a saúde **segundo categoria profissional que apresentam diferentes graus de periculosidade.** O texto aprovado refere-se a "atividades (...) exercidas com efetiva exposição a agentes nocivos químicos, físicos e biológicos prejudiciais à saúde, ou associação destes agentes, **vedados a caracterização por categoria profissional ou ocupação e o en-quadramento por periculosidade".**[186]

Atualmente, não se exige idade mínima, o que é correto nesses casos, e exige-se tempo mínimo de contribuição variável (15, 20 ou 25 anos), dependendo da atividade profissional. O aposentado recebe 100% da média salarial, dos 80% maiores salários de contribuição desde julho de 1994.

A Comissão Especial exige idade mínima, o que é um despropósito, pois o trabalhador pode ficar doente e incapaz para o trabalho a qualquer tempo, dependendo do grau de periculosidade da atividade que exerce. Em caráter transitório, até que lei complementar regulamente, o texto aprovado inova, ao estabelecer idades mínimas (55, 58 e 60 anos), conforme o grau de prejuízo à saúde, combinadas com o tempo mínimo de contribuição e de exposição ao agente nocivo (15, 20 e 25 anos respectivamente). Mais especificamente, foram instituídas três categorias de atividade especial, para as quais se exigem: (1) 55 anos de idade e 15 anos de contribuição; (2) 58 anos de idade e 20 anos de contribuição; (3) 60 anos de idade e 25 anos de contribuição.

A regra de transição adota o sistema de pontos (soma da idade com o tempo de contribuição) que sobe um ponto por anos a partir de 2020. (1) No caso da Atividade especial de 15 anos de contribuição: pontuação inicial de 66 pontos, chegando a 81 pontos. (2) Atividade especial de 20 anos de contribuição: pontuação inicial de 76 pontos, chegando a 91 pontos. (3) Atividade especial de 25 anos: pontuação inicial de 86 pontos, chegando a 96 pontos.

---

[186] Art. 201, II.

- ## Aposentadoria dos professores da rede particular (RGPS)

Atualmente, não há exigência de idade mínima para os professores da rede particular da educação básica (infantil, fundamental e médio), o que não é adequado. Esses profissionais podem aposentar-se com 30 anos de contribuição (homens) e 25 anos (mulheres). Também podem aposentar-se quando a soma da idade e do tempo de contribuição for de 81/91 pontos para mulheres/homens.

A Comissão Especial contempla a possibilidade de aposentadoria diferenciada (idade e tempo de contribuição) para os professores, mas os critérios serão definidos por lei complementar. Enquanto, não editada a norma infraconstitucional, os professores seguirão as mesmas regras dos demais trabalhadores da iniciativa privada, com redução de cinco anos na idade mínima e no tempo de contribuição: idade mínima de 60/57 anos (homem/mulher) e 30 anos de contribuição para ambos os sexos.[187]

II – ANÁLISE DAS MUDANÇAS OCORRIDAS NO PLENÁRIO DA CÂMARA DOS DEPUTADOS (PRIMEIRO TURNO)

Em 10 de julho de 2019, o texto-base da "reforma" da Previdência foi aprovado por 379 votos a 131. Essa derrota do campo progressista, por placar expressivo, que "ultrapassou as expectativas mais otimistas", foi possível, em grande medida, porque, para azeitar o rolo compressor do governo no Congresso, foram utilizados métodos políticos da "velha política" baseados na negociata.

Segundo informações da imprensa, o Executivo acelerou a liberação de emendas orçamentárias e ofereceu um lote extra aos congressistas, cujo montante atinge ao menos R$ 5,6 bilhões.[188] Segundo

---

[187] Art. 201, § 8º; e Art. 40, § 5º.

[188] "Governo promete liberar R$ 5,6 bi em emendas, e deputados pedem mais". *Folha de São Paulo*, 10/07/2019. Disponível em: https://www1.folha.uol.com.br/mercado/2019/07/governo-promete-liberar-r-56-bi-em-emendas-e-deputados-pedem-mais.shtml?utm_source= facebook&utm_medium=social&utm_campaign=co

informações dos partidos da oposição, no dia 8 de julho foram publicadas as primeiras portarias autorizativas de empenho da referida emenda. Até o dia 12 de julho, R$ 619,4 milhões já haviam sido pagos.

É curioso que, um dia após essa vitória acachapante, a imprensa passou a apresentar o "contraditório" tão necessário na democracia. É exemplar a veiculação de estudo técnico qualificado segundo o qual **"a reforma da Previdência pode ter efeito recessivo sobre a economia brasileira,** caso não ocorra um aumento relevante do investimento privado em resposta à melhora da confiança".[189]

Também é exemplar artigo do secretário do Tesouro Nacional, também publicado no *day after*, cujo título é convidativo: **"Reforma evita caos fiscal, mas sozinha não devolve crescimento sustentável".** Contradizendo o afirmado nos últimos anos, agora o secretário sentencia que "é preciso ter em mente" que a reforma da Previdência **"está longe de ser suficiente para colocar o país em uma trajetória de crescimento sustentável".**[190]

Nos dias 11 e 12 de julho, quando foram votadas as emendas aglutinativas e os destaques ao texto-base sobre temas específicos – que são votados separadamente –, a unidade da oposição conseguiu derrotar o governo em alguns poucos pontos importantes. Essas vitórias da minoria evitaram danos, mas não evitaram, por enquanto, a derrota acachapante da sociedade.

Entre as medidas de contenção de danos arrancadas a fórceps pela oposição, destacam-se, especialmente:

---

mpfb&fbclid=IwAR1XxGayk4p1C6GE0-nr1JzPjYhqP-bvDOzMwacLtQKPLOacw At1ORECS5o. Acesso em 13.07.2019.

[189] "Reforma traz risco recessivo, diz estudo". *Valor*, 11/07/2019. Disponível em: https://www.valor.com.br/brasil/6339249/reforma-traz-risco-recessivo-diz-estudo?utm source=Facebook&utm_medium=Social&utm_campaign=Compartilhar&fbclid=IwAR38oML 1KfoQm4ja9b5iPrzg2tNeLyguzavc9haPV2-pC_7EvNEFRRiDcc0.Acesso em 13.07.2019.

[190] Mansueto Almeida. "Reforma evita caos fiscal, mas sozinha não devolve crescimento sustentável". *Folha de São Paulo*, 11/07/2019. Disponívl em: https://www1.folha.uol.com.br/mercado/2019/07/reforma-evita-caos-fiscal-mas-sozinha-nao-devolve-crescimento-sustentavel.shtml. Acesso em 13.07.2019.

- O tempo de contribuição mínimo de contribuição ao INSS exigido para os homens terem direito a aposentadoria parcial caiu de 20 para 15 anos. Como destacado, essa revisão é de grande monta, pois, caso prevalecesse o tempo de 20 anos, ao menos 56% dos homens não conseguiriam cumprir esse requisito. Entretanto, é preciso alertar **que se trata de regra transitória para quem for filiado ao RGPS até a entrada em vigor da lei**: "Art. 18. O segurado de que trata o inciso I do § 7º do art. 201 da Constituição Federal **filiado ao Regime Geral de Previdência Social até a data de entrada em vigor desta Emenda Constitucional** poderá aposentar-se quando preencher, cumulativamente, os seguintes requisitos: I – sessenta anos de idade, se mulher, e sessenta e cinco anos de idade, se homem; e II – quinze anos de contribuição, para ambos os sexos". **No caso do filiado após a edição da lei, os 20 anos de contribuição estão mantidos**: "Art. 19. Até que lei disponha sobre o tempo de contribuição a que se refere o inciso I do § 7º do art. 201 da Constituição Federal, **o segurado filiado ao Regime Geral de Previdência Social após a data de entrada em vigor desta Emenda Constitucional** será aposentado aos sessenta e dois anos de idade, se mulher, sessenta e cinco anos de idade, se homem, quinze anos de tempo de contribuição, se mulher, **e vinte anos de tempo de contribuição, se homem**".

- O tempo de mínimo de contribuição ao INSS exigidos para as mulheres terem direito a aposentadoria integral caiu de 40 para 35 anos – o que continua elevado e inalcançável para a maioria dos segurados do INSS.

- A pensão por morte para os segurados do INSS **que não tenham renda formal** (emprego com carteira assinada, algum benefício do INSS ou contrato de aluguel) volta a ter valor equivalente ao salário-mínimo. Para quem tenha renda formal, a pensão por morte poderá ser menor que o salário mínimo, como estava definido na PEC n. 6.

Entre os dispositivos rejeitados pelo plenário da Câmara dos Deputados devem ser lembrados, especialmente:

- O destaque que procurava alterar a regra que prevê que o cálculo da aposentadoria considere a média de todas as contribuições feitas pelo trabalhador ao longo da vida (e não mais as 80% maiores contribuições).

- O destaque que procurava alterar o novo cálculo do valor da pensão por morte, segundo o qual a pessoa terá direito a 50% do benefício, mais 10% por dependente adicional, até o limite de 100%. Em alguns casos, portanto, a pensão por morte pode ser menor que um salário mínimo, o que não acontece hoje.

- O destaque que previa regras de transição mais brandas para trabalhadores do INSS e do setor público.

- O dispositivo que procurava reduzir de 100% para 50% o pedágio em uma das regras de transição para trabalhadores da iniciativa privada e servidores públicos conseguirem aposentar-se.

- O destaque que procurava alterar a regra que prevê que só será contada para a aposentadoria, se a contribuição ao INSS for igual ou maior que o valor mínimo mensal. Essa medida afeta principalmente os trabalhadores que não têm jornada fixa.

Por fim, é importante considerar, em primeiro lugar, que a idade mínima para professores que consigam enquadrar-se em uma das regras de transição mais brandas foi reduzida. Com a mudança, as mulheres precisarão ter ao menos 52 anos, e os homens 55 anos, para se enquadrar na transição que determina o pagamento de "pedágio" de 100% sobre o tempo de contribuição que faltar para se aposentarem quando a reforma entrar em vigor.

Em segundo lugar, a Câmara dos Deputados aprovou destaque que amenizou as regras de transição para policiais federais, rodoviários federais, agentes penitenciários federais, agentes socioeducativos federais, policiais legislativos e policiais civis do Distrito Federal da ativa. A idade mínima caiu de 55 anos (ambos os sexos) para 53 (homens) e 52 (mulheres), desde que cumpram um pedágio de 100% sobre o tempo de contribuição que falta para poder aposentar-se. O "combate aos privilégios" também aqui naufraga, quando se exige desses profissionais idade mínima doze anos inferior à exigida ao segurado do INSS (homem) e dez anos inferior à exigida para a segurada (mulher). Entretanto, não houve atendimento integral da demanda dos policiais estaduais e guardas municipais que esperavam uma retribuição do governo que os incluísse em regras mais brandas para aposentadorias e pensões, o que não ocorreu.

NOTA FINAL

Em síntese, as medidas aprovadas não mudam a essência da proposta original do governo, que continua muito ruim para uma sociedade constituída por expatriados dos frutos da riqueza que contribuem para gerar. Em última instância, o governo aposta na morte do cidadão trabalhador antes da aposentadoria. Essa é a via velada pela qual se pretende fazer o ajuste fiscal. Quem viver, vagará pelas ruas como zumbi sem proteção, somando-se aos milhões de desempregados, desalentados e subempregados. Hoje, 15% dos trabalhadores com mais de 60 anos são "inaposentáveis".[191] Caso as novas regras sejam aprovadas, esse contingente crescerá de forma exponencial nas próximas décadas.

"Estão sapateando em cima do túmulo de classes sociais empobrecidas que estão nas ruas, desempregadas. E ficam rindo. Isto aqui é a perda de uma dura conquista constitucional. O texto constitucional [atual] foi votado com muita luta, com muita dureza, por décadas" – bradou a deputada federal, Jandira Feghali (PCdoB-RJ), diante da comemoração entusiástica da tropa de choque do governo.[192]

A tramitação da "reforma" da Previdência evidencia que o real problema do Brasil não é algum inexistente "déficit" da Previdência. O problema é o déficit de democracia e o déficit de capitalismo: o sistema político não representa a sociedade, e o capitalismo requer consumidor. Postas as coisas na perspectiva correta e com o objetivo de alcançar o melhor – não o pior – para os brasileiros pobres, o ministro Paulo Guedes

---

[191] "Os inaposentáveis: o limbo da Previdência Brasileira". *El País*, 10/05/2019. Disponível em: https://brasil.elpais.com/brasil/2019/05/09/politica/1557424323_548185.html. Acesso em 13.07.2019.

[192] "Oposição convoca sociedade a lutar para que o plenário barre a reforma da Previdência". *Jornal GGN*, 05/07/2019. Disponível em: https://jornalggn.com.br/noticia/oposicao-convoca-sociedade-a-lutar-para-que-o-plenario-barre-a-reforma-da-previdencia/?fbclid=IwAR3t2LEjfQGfbPMMDw76AP2xNJyfrh5_oBpCTuAjpj0bEC7Oc68kSCBPOHE. Acesso em 13.07.2019.

tem alguma razão, quando diz que "nós somos 200 milhões de trouxas, explorados por duas empreiteiras, quatro bancos, seis distribuidoras de gás, uma produtora de petróleo".[193]

A tarefa fundamental é evitar, usando o limite das nossas forças, a tragédia da destruição da Seguridade. Ainda restam pontos considerados inaceitáveis, porque altamente lesivos aos interesses dos trabalhadores, que aprofundarão a desigualdade que está em toda parte e é a maior chaga brasileira: desigualdade da renda; desigualdade de acesso à justiça; desigualdade regional; desigualdade de acesso à segurança; desigualdade de acesso à saúde, ao saneamento, à mobilidade, à cultura, e por aí vai. As desigualdades do Brasil são, portanto, uma procissão de desigualdades. Sem falar na desigualdade de gênero, na desigualdade racial. O Brasil é um país de longo passado escravocrata que não conseguiu resolver sequer as desigualdades do século 19. Hoje, a taxa de desemprego de uma mulher negra no Brasil é três vezes maior do que a taxa de desemprego de um homem branco, só para ficar nesse exemplo. Outro exemplo? A brutal assimetria entre o assassinato de pretos e brancos: de cada dez brasileiros assassinados, sete são negros.

Mas o resultado do jogo até aqui não é o resultado final. Em agosto e setembro, a "reforma" ainda tramitará na Câmara dos Deputados (segundo turno) e no Senado (dois turnos). Se o texto-base for modificado no Senado, terá de voltar para a Câmara.

Há, pois, uma derradeira possibilidade para que a sociedade reaja no sentido de impedir a consumação dessa catástrofe humanitária à vista. Resta, ainda, tempo de luta e tempo de resistência. Essa é a única razão de esse livro existir.

---

[193] "Somos 200 milhões de trouxas explorados, diz Paulo Guedes sobre o Brasil". *Folha de São Paulo*, 04/07/2019. Disponível em: https://economia.uol.com.br/noticias/redacao/2019/07/04/ministro-paulo-guedes-dia-pop-starsptm?fbclid=IwAR19rVnSeVxBCnOFe09wDXo4f3kdaSWmdVGeaomRU8b5XAwBtmETm3Ss02w. Acesso em 13.07.2019.

REFERÊNCIAS BIBLIOGRÁFICAS

ANFIP. *Análise da Seguridade Social 2015*. Associação Nacional dos Auditores da Receita Federal do Brasil e Fundação Anfip de Estudos da Seguridade Social. Brasília: Anfip, 2016.

ANFIP. *A Previdência Social e a Economia dos Municípios*. Álvaro Sólon de França *et al*. Brasília: Anfip, 2019. Disponível em: https://www.anfip.org.br/wp-content/uploads/2019/04/2019-Economia-dos-munici%CC%81pios_b.pdf. Acesso em 27.06.2009.

ANFIP; DIEESE. *Previdência*: reformar para excluir? Contribuição técnica ao debate sobre a reforma da previdência social brasileira. Brasília: Anfip – Associação Nacional dos Auditores Fiscais da Receita Federal do Brasil; Dieese – Departamento Intersindical de Estatística e Estudos Socioeconômicos. 2017. Disponível em: http://plataformapoliticasocial.com.br/previdencia-reformar-para-excluir-completo/. Acesso em 27.06.2009.

ANFIP; FENAFISCO. *A Reforma Tributária Necessária – justiça fiscal é possível*: subsídios para o debate democrático sobre o novo desenho da tributação brasileira. FAGNANI, Eduardo (org.). Brasília: Anfip; Fenafisco. São Paulo. Plataforma Política Social. 2018. Disponível em: http://plataformapoliticasocial.com.br/justica-fiscal-e-possivel-subsidios-para-o-debate-democratico-sobre-o-novo-desenho-da-tributacao-brasileira/. Acesso em 27.06.2009.

ARAÚJO, Eliane; BRUNO, Miguel; PIMENTEL, Débora. Regime cambial e mudança estrutural na indústria de transformação brasileira: evidências para o período (1994-2008). *Revista de Economia Política*, v. 32, n. 3 (128), jul.-set./2012.

REFERÊNCIAS BIBLIOGRÁFICAS

AUSTERIDADE E RETROCESSO. *Finanças públicas e política fiscal no Brasil* (2016). São Paulo: Fórum, 21. Fundação Friedrich Ebert Stiftung (FES); GT de Macro da Sociedade Brasileira de Economia Política (SEP); Plataforma Política Social. set. 2016.

BNDES. *Fundos financeiros baseados em receitas de petróleo e gás (Relatório II)*. Bain & Company; Tozzini Freire Advogados, 2009. Disponível em: www. tozzinifreire.com.br (Trabalho Realizado com recursos do Fundo de Estruturação de Projetos do BNDES).

BRASIL. MINISTÉRIO DO TRABALHO E PREVIDÊNCIA SOCIAL. Evolução Recente da Proteção Previdenciária e seus Impactos sobre o Nível de Pobreza. Nota técnica. Resultado do RGPS de outubro/2015. *Informe de Previdência Social*, v. 27, n. 11, nov. 2015.

BRUNO, Miguel *A Previdência Social brasileira sob os impactos da financeirização e da transição demográfica*. São Paulo: Plataforma Política Social. Disponível em: http://plataformapoliticasocial.com.br/a-previdencia- social-brasileira-sob-os-impactos-da-financeirizacao-e-da-transicao-demografica/. Acesso em 27.06.2019.

CALIXTRE; André; FAGNANI, Eduardo. *A política social e os limites do experimento desenvolvimentista (2003-2014)*. Campinas: IE/Unicamp (Texto para Discussão 295). 2016. Disponível em: http://www.eco.unicamp.br/docprod/downarq.php?id=3524&tp=a. Acesso em 27.06.2019.

CAMARANO, Ana Amelia; CARVALHO, Daniele Fernandes. *O que estão fazendo os homens maduros que não trabalham, não procuram trabalho e não são aposentados?* Nota Técnica. Boletim Mercado de Trabalho – Conjuntura e Análise Brasília., ago 2014.

CAMPOS, Roberto. *A lanterna na popa – memórias*. Rio de Janeiro: Topbooks, 1994.

CEPAL. *Panorama Fiscal de América Latina y el Caribe 2015: dilemas y espacios de políticas*. Santiago de Chile: Comissión econômica para la América Latina y el Caribe, 2015.

COSTANZI, Rogerio Nagamine; SIDONE, Otávio José Guerci. *Previdência: Tendências Internacionais das Reformas*. Brasília: IPEA. Nota técnica n. 49. Disoc – Diretoria de Estudos e Políticas Sociais, jun 2018. Disponível em: http://repositorio.ipea.gov.br/handle/11058/8580. Acesso em 27.06.2019.

REFERÊNCIAS BIBLIOGRÁFICAS

DWEK, Esther; ROSSI, Pedro. *A aritmética da PEC 55*: o alvo é reduzir saúde e educação. Brasil Debate, 16 nov. 2016. Disponível em: http://brasildebate. com.br/a-aritmetica-da-pec-55-o-alvoe-reduzir-saude-e-educacao/. Acesso em 27.06.2019.

EUROPEAN COMISSION. *The 2015 Ageing Report:* Economic and budgetary projections for the 28 EU Member States (2013-2060). 2015.

EUROPEAN COMISSION. *The 2018 Ageing Report:* Underlying Assumptions and Projection Methodologies. Nov. de 2017. (Institutional Paper, n. 65).

EUROPEAN COMISSION. *The 2018 Ageing Report*: Economic and Budgetary Projections for the 28 EU Member States (2016-2070). 2018 (Institutional Paper, n. 79).

FAGNANI, Eduardo. *Política social no Brasil (1964-2002):* entre a cidadania e a caridade. Campinas: Instituto de Economia da Unicamp (Tese Doutorado), 2005.

FAGNANI, Eduardo; TONELLI VAZ, Flávio. Previdência e Seguridade social: velhos mitos e novos desafios. *In*: FAGNANI. Eduardo; FONSECA, Ana (Org.). *Políticas sociais, universalização da cidadania e desenvolvimento: educação, seguridade social, infraestrutura urbana, pobreza e transição demográfica*. São Paulo, Fundação Perseu Abramo, 2013.

FAGNANI. Eduardo. O fim de um ciclo improvável (1988-2016) – a política social dos governos petistas e a derrocada da cidadania pós-golpe. In: Os cinco mil dias do lulismo: transformação ou transformismo? São Paulo: Fundação Lauro Campos, 2017.

FAGNANI, Eduardo. O propósito velado da "reforma" da Previdência. São Paulo: Le Monde Diplomatique Brasil. Edição 141, abr. 2019. Disponível em: https://diplomatique.org.br/o-proposito-velado-da- reforma-da-previdencia/ Acesso em 27.06.2019.

FIBGE Síntese de indicadores sociais 2003. Rio de Janeiro: Fundação Instituto Brasileiro de Geografia e Estatística, 2004.

FIBGE. Perfil dos idosos responsáveis pelos domicílios no Brasil – 2000. Rio de Janeiro: Fundação Instituto Brasileiro de Geografia e Estatística, 2002.

FILGUEIRAS, Vitor Araújo; KREIN, José Dari. *Reforma da Previdência para quem?* Proposta para uma reforma efetiva e pragmática. 2016. Disponível em:

REFERÊNCIAS BIBLIOGRÁFICAS

http://plataformapoliticasocial.com.br/reforma-da-previdencia-para-quem/. Acesso em 27.06.2019.

GALIZA, Marcelo; VALADARES, Alexandre Arbex. Previdência Rural: contextualizando o debate em torno do financiamento e das regras de acesso. *Nota Técnica* n. 25. Brasília: Ipea, 2016.

GENTIL, Denise Lobato. *A política fiscal e a falsa crise da Seguridade Social Brasileira:* análise financeira do período. Rio de Janeiro. UFRJ (Tese Doutorado), 2006.

GENTIL, Denise Lobato; PUTY, Claudio. A Previdência Social em 2060: As inconsistências do modelo de projeção atuarial do governo brasileiro. ANFIP; DIEESE, 2017. Disponível em: http://plataformapoliticasocial.com.br/previdencia-social-como-acreditar-nas-previsoes-do-governo-para-2060/. Acesso em 27.06.2019.

GIAMBIAGI, Fábio. *Brasil, raízes do atraso*. Rio de Janeiro: Elsevier, 2007.

IETS. *A Agenda Perdida:* diagnósticos e propostas para a retomada do crescimento com maior justiça social. IETS: Rio de Janeiro, 2002.

IMF – INTERNATIONAL MONETARY FUND. The Challenge of Public Pension Reforms. *In*: *Advanced and Emerging Market Economies* – Occasional Paper. 2012.

IMF. Legacies, Clouds, Uncertainties. World Economic Outlook. Washington D.C.: International Monetary Fund. out. 2014. Disponível em: http://www.imf.org. Acesso em 27.06.2019.

IPEA. *Duas décadas de desigualdade e pobreza no Brasil medidas pela PNAD/IBGE.* Brasília: Ipea, Comunicado n. 159. 2013. Disponível em: http://www.ipea.gov.br/portal/images/stories/PDFs/comunicado/131001_comunicado ipea159.pdf. Acesso em 27.06.2019.

LINDERT, PETER. *Growing Public: Social Spending and Economic Growth Since the Eighteenth Century*. Vol. 1: The Story. Cambridge: Cambridge, 2004.

MATIJASCIC, Milko. *Previdência Pública Brasileira em uma Perspectiva Internacional*: custeio, benefícios e gastos. Brasília, Texto para Discussão, n. 2.188. Rio de Janeiro: Ipea, 2016.

MATIJASCIC, Milko; KAY, Stephen; RIBEIRO, José Olavo. Aposentadorias, pensões, mercado de trabalho e condições de vida: o Brasil e os mitos da

REFERÊNCIAS BIBLIOGRÁFICAS

experiência internacional. *In:* FAGNANI, Eduardo; LUCIO, Clemente Ganz; HENRIQUE, Wilnês (Org.). *Previdência Social: como incluir os excluídos?* Uma agenda voltada para o desenvolvimento econômico com distribuição de renda. São Paulo: LTR, Debates Contemporâneos – Economia Social e do Trabalho, 4. 2007.

MAZZUCCHELLI, Frederico. *Os Dias de Sol:* a trajetória do Capitalismo no Pós-guerra. Campinas: Facamp Editora, 2014.

MESA-LAGO, Carmelo. Las reformas de las pensiones en América Latina y la posición de los organismos internacionales. *Revista de la Cepal* n. 60. 1996.

MESA-LAGO, Carmelo Estudio comparativo de los costos fiscales en la transición de ocho reformas de pensiones en América Latina. *Serie Financiamiento del Desarrollo,* n. 93, Cepal, mar. 2000.

MESA-LAGO, Carmelo. La reforma estructural de las pensiones de seguridad social en América Latina antes y después de la reforma provisional, *Socialis,* n. 4, abr. 2001. p. 17-27.

MESA-LAGO, Carmelo. *Myth and Reality on Social Security Pension Reform:* The Latin American Evidence. *World Development*, 30:8, 2002, p. 1309-1321.

MESA-LAGO, Carmelo. *As reformas de previdência na América Latina e seus impactos nos princípios de seguridade social.* Tradução da Secretaria de Políticas de Previdência Social. Brasília: Ministério da Previdência Social, XVII, 2006.

MOTHÉ, Thais de Oliveira Barbosa. *Três Ensaios Sobre o Envelhecimento Populacional no Brasil à Luz do Princípio da Demanda Efetiva.* Tese de Doutorado ao Programa de Pós-Graduação em Economia, Universidade Federal do Rio de Janeiro, como requisito parcial à obtenção do título de Doutor em Economia. Rio de Janeiro, 2018.

NOBREGA, Maílson da. *O futuro chegou.* São Paulo: Globo, 2005.

OIT. *La reversión de la privatización de las pensiones:* reconstruyendo los sistemas públicos de pensiones en los países de Europa Oriental y América Latina (2000-2018). Genebra: OIT, 2019.

ORSZAG, Peter R.; STIGLITZ, Joseph E. *Repensando a Reforma Previdenciária: dez mitos sobre os sistemas de Previdência Social.* Apresentado na Conferência do Banco Mundial: novas ideias sobre a seguridade da terceira idade. 14-15 set. 1999. Disponível em: http://fundacaoanfip.hospedagemdesites.ws/site/wp-content/uploads/2012/03/mitos_previdenciasocial.pdf. Acesso em 27.06.2019.

PESSÔA. Samuel. *PAC: o País vai crescer?* Entrevista. *In:* Rio de Janeiro: *Rumos*, jan.-fev, 2007.

PIERSON, Christopher. *Beyond the Welfare State?* University Park: The Pensylvania State Univ. Press, 1991.

PMDB. *Esperança e mudança:* uma proposta de governo para o Brasil. Revista do PMDB, ano II, n. 4. Rio de Janeiro: Fundação Pedroso Horta. 1982.

PMDB. *Uma ponte para o futuro.* PMA – PONTE PARA O FUTURO. Brasília, 29 out. 2015. Disponível em: https://www.fundacaoulysses.org.br/wp-content/uploads/2016/11/UMA-PONTE-PARA-O-FUTURO.pdf. Acesso em 27.06.2019.

PNUD – PROGRAMA DAS NAÇÕES UNIDAS PARA O DESENVOLVIMENTO. *Relatório do Desenvolvimento Humano 2015 – O trabalho como motor do desenvolvimento humano.* Disponível em: http://hdr.undp.org/sites/default/files/hdr15_overview_pt.pdf. Acesso em 27.06.2019.

STN – SECRETARIA DO TESOURO NACIONAL. *Gasto Social do Governo Central de 2002 a 2015.* Brasília: Ministério da Fazenda, 2016.

TEIXEIRA, Aloísio . *Do seguro à seguridade*: a metamorfose inconclusa do sistema previdenciário brasileiro. Rio de Janeiro: UFRJ-IEI (TD n. 249), 1991.

TEIXEIRA, Aloísio e outros. *O financiamento da Seguridade Social em 1989*: novos caminhos, velhos. Rio de Janeiro: UFRJ-IEI (TD n. 196), 1989.

TEIXEIRA, Marilane. *A desestruturação do mercado de trabalho.* São Paulo. *Le Monde Diplomatique Brasil.* Edição 141. abr. 2019.

WORLD BANK. *Envejecimiento sin Crisis*: políticas para la protección de los ancianos y la promoción del crecimiento. Oxford: Oxford University Press, 1994.

A Editora Contracorrente se preocupa com todos os detalhes de suas obras!
Aos curiosos, informamos que este livro foi impresso no mês de julho
de 2019, em papel Pólen Soft 80g, pela Gráfica Rettec.